彭富春／著

論儒道禪

人民出版社

责任编辑：洪 琼

图书在版编目（CIP）数据

论儒道禅／彭富春 著 . — 北京：人民出版社，2019.1（2022.5 重印）

ISBN 978－7－01－020220－4

I. ①论… II. ①彭… III. ①哲学思想－研究－中国 IV. ① B2

中国版本图书馆 CIP 数据核字（2018）第 289674 号

论儒道禅
LUN RU DAO CHAN

彭富春 著

人民出版社 出版发行

（100706 北京市东城区隆福寺街 99 号）

北京盛通印刷股份有限公司印刷 新华书店经销

2019 年 1 月第 1 版 2022 年 5 月北京第 4 次印刷

开本：710 毫米 ×1000 毫米 1/16 印张：17

字数：250 千字 印数：8,001-10,000 册

ISBN 978－7－01－020220－4 定价：79.00 元

邮购地址 100706 北京市东城区隆福寺街 99 号

人民东方图书销售中心 电话（010）65250042 65289539

目 录

序　言　论儒道禅的思想核心

一、中国智慧

当代有一种强烈的呼声：重新思考中国古老的思想！

在一个全球化的世界里，我们为什么要探讨中国独特的思想？这在于世界是由东方和西方共同构成的，中国是这一整体中不可或缺的一部分。只有中西思想的对话，才能形成新的全球性的话语。在一个现代化的时代里，我们为什么要思考古老的中国理论？这在于任何一个当下重大的思索都应回到历史的源头，在那里获得创造性的启示。这就是我们重新探索中国古典思想的根本原因。

众所周知，中国古典思想有极其悠久和丰富的历史。先秦思想作为中国思想的开端就已经是百家争鸣、百花齐放。除儒家和道家之外，还有墨家、法家、名家和阴阳家等。到两汉时代，中国思想基本成型，故有汉人、汉字和汉文化之说。其中，也出现了"罢黜百家、独尊儒术"的格局。到了唐代，中国思想形成了儒道禅三家鼎立之势。宋明时期儒道禅虽然各自不同，但在对立中相互吸收、融合和创新，不仅儒学得到丰富和发展，出现了宋明新儒学，而且道家和禅宗也有前行。其中，萌芽了一些突破传统的思想新潮。

在这样一个历史的语境中，什么是中国思想的主干？对此有不同的回答。有人说是儒家，也有人说是道家，还有人说是儒道互补。事实上，中国思想既非无限的多，也非只是有限的一，而是儒道禅三家。因此，既不

论儒道禅

是独尊儒术，也不是唯崇道家，甚至也不是儒道互补，而是儒道禅三家构成了中国思想的主干和核心。

但儒道禅自身的思想结构也是极其庞杂的。按照一般对于思想的区分，思想可分为道与术两个方面。道是大道、道理、道说。它是关于存在的真理，是关于人在世界中存在的规定的知识。术是方法、手段和技术，是从属大道并为实现大道而服务的。据此，儒道禅自身也可以分为道与术两个维度。如儒家之道包括了仁义礼智信，而术主要为六艺，它包括了礼、乐、射、御、书、数。道家主要论说道与德，但道教则发展了术，如吐纳、导引、符箓、丹道等。禅宗和佛教的戒定慧三学也包括了道与术。其慧学是道，是一种特别的般若智慧；其定学是术，是一种关于禅定的技术。

但我们讨论儒道禅的时候，主要不是关注其术的学说，而是关注其道的学说，也就是关注它们是如何言说关于人的存在的真理的。大致来说，儒家主要是社会之道，是关于人在家国之中如何生存的学说；道家主要是自然之道，是关于人在天地之间如何生存的学说；禅宗是主要是心灵之道，是关于人如何从心出发在天地家国中生存的学说。千百年来，正是儒道禅的思想给中国人建立了世界，让人在此世界中思考、言说和存在。

作为一种独特的智慧形态，儒道禅既非哲学，也非宗教。中国思想不是哲学，这在于它不是西方意义上的理性的科学，亦即关于一种说明根据的思想的系统表达。同样，中国思想也不是宗教，它没有一个作为最终存在根据的上帝或者诸神成为信仰。但它兼具哲学与宗教的某种特性。中国思想具有哲学性，这是因为它虽然没有一个外在的知识系统，但具有内在的知识结构。中国思想具有宗教性，这是因为它虽然没有一个最高的神，但具有一个最高的天。

儒道禅思想的核心集中在孔子的《论语》、老子的《道德经》和慧能的《坛经》，这三本经书构成了儒道禅的思想的开端。《论语》是儒家的开端，《道德经》是道家的开端，《坛经》是禅宗的开端。

二、孔子《论语》：仁爱

作为中国思想主干之一的儒家经历一个漫长的演变过程。儒家的创始人是孔子，他的继承者包括了孟子和荀子，他们一起构成了原始儒家。孔子的核心思想是关于仁爱的学说。比较而言，孟子主张性善论，建立了内圣的心性论，荀子则主张性恶论，倡导了外王的礼乐论。汉代的儒学的代表为董仲舒，他将儒学与阴阳家相结合。宋明儒学一方面吸收了道家的学说；另一方面也接纳了佛教的理论，为儒学的基本思想建立了各种本体论的根据。如张载的气本体、程朱理学的理本体、王陆心学的心本体等。20世纪的新儒学实际上是新宋明儒学，它们力图返本开新，主要是开出民主与科学。

但作为儒学思想的核心文本是孔子的《论语》。

《论语》是语录体，是孔子及其弟子的言行录。它虽然都是片言只语，但其中心却不离大道。它的所有话语都是道的现实化、日常化的展开和显示。孔子的道既包括了天道，也包括了人道。天道是天命，也就是天的无言的命令和规定。人道就是礼乐传统，也就是关于社会的法律、道德和信仰的规范。作为一个人，就是要去学道，知道，行道，并成为一个有道的人。

孔子所讲的道具体化为仁爱之道。仁者，爱也，因此仁爱并列。去爱就是去给予、去奉献，甚至去牺牲。仁爱在孔子那里主要包括了三个层面：第一，爱亲人。亲人是具有血缘关系的人，是天生的且具有等级关系的人。爱亲人主要是爱父母，爱兄长。这就是孝悌。其中尤其是孝道是根本。作为子女对于父母的爱，孝可以理解为对于自己生命本源的感谢与回馈。因此，孝道一向被理解为天经地义的。第二，爱他人。这主要是爱君臣，爱朋友。他们是在父母兄弟之外的人，并不具备血缘关系。君臣是在王朝政权中形成的权力的上下等级关系；朋友则是那些志同道合的人。他们虽然不是亲人，但类似亲人。如君臣如父子，朋友如兄弟。第三，爱天地万物。它们不是人，而是物。这主要是天地间的一切存在者，如山水、植物和动物等。孔子说，仁者乐山，智者乐水。这其中包括了人对于天地山水的爱。

一个具有仁爱之德的人就是君子。不过，孔子指出，一个君子有三达德：仁、智、勇。这也就是说，君子在有仁爱之德的同时，还有智慧和勇敢。孔子说，仁者无忧，智者无惑，勇者无惧。这是对于君子三达德的阐释。

《论语》是一本君子之书，它就是教人如何成为一个君子。

三、老子《道德经》：自然

与儒家一样，道家也是中国思想的主干之一。老子是道家的创始人，其后继者有列子、庄子等，他们形成了原始道家。如果说老子更多地言说道自身的秘密的话，那么列子则主要主张绝对的虚无，而庄子则重点描述人体悟大道的经验。魏晋玄学是一种新道家思想，它一方面发展了道家的虚无与自然，另一方面吸收了儒家社会与政治理论。此后虽然道家自身并无独立的发展，但道教却以宗教的形态弘扬了道家的一些理论。20 世纪道家虽然在国内缺少创新，但在国外却获得了回响。老庄的道引发了西方思想家布伯和海德格尔等人的思索。

作为道家的核心文本是老子的《道德经》。

《道德经》是诗歌体。它主要言说了道与德。道自身建立根据和本源，而德则是道自身的实现。《道德经》基本上阐明了道与人的关系。一方面，道生天地，由此生万物，生人类；另一方面，人法大道，也就是根据大道去思考、去言说、去生存。

老子所讲的道在根本上是自然之道。自然并非指由矿物、植物和动物所构成的自然界整体，而是指自然而然，也就是存在的本性。老子说，人法地，地法天，天法道，道法自然。其中所说的道法自然并非是指道法它自身之外的作为自然界的自然，而是指道法自身的本性。在这样的意义上，人法自身的本性，地法自身的本性，天法自身的本性。这就是说，天地人都各自法自身的本性，亦即法道，法自身的自然。

一个得道之人就是圣人。圣人虽然也是人，但他不是一个一般的人，而是一个特别的人。他是处于道与民众之间的人。一方面，圣人自身听道、观道、体道、言道、行道；另一方面，他将此道传播给天下民众，让他们行走在大道上。

《道德经》是一本圣人之书，它就是教人如何成为圣人。

四、慧能《坛经》：心性

与儒家和道家不同，禅宗在唐代才成为中国思想的主干之一。佛教虽然产生于印度，但繁盛于中国。汉魏还只是印度佛学的引进，到了唐代才是中国大乘佛教的创立。此时出现了唯识宗的唯心论，天台宗的圆融说，华严宗的一即一切的思想。但真正具有革命性的事件是禅宗开辟了中国佛教历史新的道路。六祖慧能是禅宗真正的祖师，他创立了明心见性的法门。此后的五家七宗不过是这一法门的具体化和多样化。明清以来，禅宗虽然存在，但并不兴盛。到了现代，禅宗遇到了新的生机。太虚大师的人间佛教要让佛教从鬼神回到人间，解决人生问题。不仅在中国，而且在国外，禅宗也得到了弘扬。铃木大拙将唐宋的禅宗传播到欧美，而海德格尔则在禅宗那里似乎遇到了一种与西方思想根本不同的东方思想的知音。

禅宗的核心文本是慧能的《坛经》。

《坛经》是语录体，是慧能所讲的佛法和接引弟子言行的记录。慧能思想的主题同样是道，也就是关于成佛的正道。一般的佛法三学包括了戒学、定学和慧学，大乘的六度则扩展为布施、持戒、忍辱、精进、禅定、般若。慧能的禅宗继承了佛法的正道，但他所讲的禅并非禅定，而是慧学或者是般若。般若作为一种独特的智慧，其根本是缘起性空和性空缘起。空并非一无所有，而是指三法印（诸行无常、诸法无我、寂静涅槃）和一法印（实相无相、实相无不相、实相无相无不相）。这是一种独特的道，既不同于儒家的仁爱之道，也不同于道家的自然之道。

慧能的禅宗之道实质上是一种心灵之道。其核心是即心即佛，亦即佛就是心，心就是佛。慧能所宣扬的般若智慧可简单地表述为：心色如一，空有不二。何谓心色如一？这是说，心灵和存在是同一的。用佛经的话来说，心生则种种法生，心灭则种种法灭。何谓空有不二？这是说，无论是心灵还是存在，它们既是空的，也是有的。正如佛经所说，色即是空，空即是色。色不异空，空不异色。

一个觉悟的人就是成佛之人。佛并不是释迦牟尼一人，也不是各种佛菩萨的偶像，而是一个觉悟的人。慧能认为，菩提自性，本来清静，但用此心，直了成佛。只要人的心觉悟了诸法实相，也就是心色如一和空有不二，人就成佛了。慧能的心灵之道重在明心见性，也就是觉悟本心和本性。其关键是人完成由迷误到觉悟的心念的转变。这一转变就在一念之间。慧能将之称为无念法门。它包括了三无，亦即无念、无相和无住。无念是无邪念，而有正念；无相是不执著于一相，无住是不停滞于一行。

《坛经》是一本成佛之书，它就是教人如何顿悟成佛。

五、儒道禅整体

如上所述，儒家主要言说了社会的智慧，道家主要言说了天地的智慧，禅宗主要言说了心灵的智慧。这三家构成了中国历史上精神世界的整体。为何不多不少？为何不可或多或少？这在于中国历史上的精神世界的结构显示了其相应的现实世界的结构。

中国人有其独特的世界的整体。它就是一般所说的天地人结构。

人生活天地之间。这是一个既定的事实。但谁创造了天地？什么是天地的开端？没有谁创造天地，也没有什么构成天地的开端。天地自身如此，自然而然。它们已经存在了，而且就是如此存在。一般认为，天在上，地在下。其实天包围了地，地中立于天。天地虽然一体，但还是有所分别。大地有山川、植物、动物，还有人；天空有日月星辰，还有阳光雨露。天地不仅提供了一个空间，而且其自身的运转形成了时间，日夜的变化，四季的轮回。

人虽然生活在天地之间，但其最直接的世界却并非天地，而是自己所建立的社会。人活着意味着人生在世，也就是生存于人自身的世界。首先，人生活在家里。人作为子女都是父母生的，当然人也会作为父母生出自己的子女。如此循环，无穷无尽。在家里，就有父子、夫妻和昆弟的人伦关系。其次，人生活在国里。国是由无数的家庭构成的整体。每家虽然都是独立的，但只有在国之中才能长存下去。在国之中，人与人形成了新的关系。这就是君臣和朋友关系。

人不仅生活在天地之间，家国之中，而且生活在心灵世界里。天地没有心灵，只有人类才有心灵。因此，在天地人的世界之外，并不存在一个孤独的心灵，仿佛上帝或者神灵一样。心灵作为人的特性，它思考存在，并诉诸语言。作为如此，它照亮了人与天地。一方面，人知道了自己是谁；另一方面，人知道了世界是什么。心灵开辟了一条天地人之间的通道，让人与天地相遇。但心灵不仅反映、显示存在，而且指引、创造存在。心灵绝不只是被动的，而是主动的。人的心灵能够去构造天地人。在这样的意义上，心灵在与天地人关联的同时又有自身不同于天地人的独立的本性。这一本性正是心灵的奥妙。

根据上述简要分析，中国的天地人结构实际上可区分为三个维度。首先是天地。这是由天地之间的矿物、植物和动物（包括人）所构成的自然整体。其次是社会。这是家与国所形成的国家，是人出生、结婚生育、劳作休息和死亡的地方。最后是心灵。这是天地之间的人的最伟大的特性。它既相关于天地人的存在，也有自身超离天地人的独特本性。

儒家、道家和禅宗的思想就刚好对应于天地人整体中的三个维度。其中，道家主要对应于天地，儒家主要对应于社会，禅宗主要对应于心灵。这是儒道禅之所以是中国历史上精神世界的三大主干的根本原因。它符合了一般建筑术的原理。一个建筑结构是由其必须的要素构成的。此要素不多不少，而不是或多或少。因此，中国思想的整体不可能由儒道禅之中的任何一家来代替。如果唯有儒家的话，那么就只有社会，而缺失了天地与心灵；如果唯有道家的话，那么就只有天地，而缺失了社会与心灵；如果唯有禅宗的话，那么就只有心灵，而缺失了天地与社会。中国历史的精神世界既不可能缺少儒道禅中的任何一个维度，也不可能在儒道禅之外增加任意一个维度。这在于天地、社会和心灵构成了一个封闭整体，不可能嵌入任何一个与这个整体不相吻合的部分。例如，这样一个天地人的整体就不同于一个天地人神的整体。天地人的整体没有上帝和诸神的存在，也不可能引入上帝和诸神的到来。数百年来，基督教在中国一直在传道，但是，圣灵始终没有降临到中国的精神世界。

六、欲望、技术、大道的游戏

人生活在世界中。但人是如何存在的？这就需要我们进一步探讨其具体的存在活动。

一般而言，人生而有欲。欲望是人最本能性、最直接性的活动。它是人的生命的原始冲动。饮食男女，人之大欲。饮食作为食欲，是满足个人生存的需要；男女作为性欲，是满足种族绵延的需要。在这种基本的生命欲望的基础上，人还发展了其他各种物质的和心理的欲望，如财产、名誉和权力的欲望等。

人的欲望意味着自身的欠缺。这就是说，欲望不能在欲望者自身满足，否则只是一种的虚幻的安慰。它只能指向欲望者自身之外的欲望物，并在欲望物中实现。这个欲望物或者只是某个男人、女人，或者是某个产品。但这个实现的过程就是使用工具和手段的过程，亦即广义的技术活动。人通过技术改造一个物和人，使之成为为自己的可欲之物。

但是，如果只是凭让欲望和技术无限制地活动的话，那么人的世界就会产生冲突、战争，乃至死亡和毁灭。因此，这就呼唤大道亦即智慧的到场。所谓智慧作为人的存在的规定，就是确立哪些是必然存在的，哪些是必然不存在的。这也就是区分真理与谬误、是与非，生命与死亡等。智慧给人的欲望划分边界，指明哪些欲望是可以是实现的，哪些欲望是不可以实现的；智慧同时给人的技术划分边界，指明哪些技术是可以使用的，哪些技术是不可以使用的。但人的欲望和技术的发展也推动了智慧的发展。一种旧的智慧死亡了，一种新的智慧诞生了。如此交互发展，循环不已。这就是生活世界中的欲望、技术与大道的游戏。

中国人生活在天地人的世界整体之中，也从事着欲望、技术和大道的游戏。但是，中国对于欲望、技术和大道的游戏有着独特的规定。

孔子反对贪欲，但主张合理的欲望。同时，他也支持社会使用技术满足人的基本欲望，促使人口繁衍，人民富裕。孔子继承了上古的礼乐之道，并把它改造成自身的仁爱之道，且具体化为忠孝之道。

老子也反对贪欲，过多的欲望会损害人的身心，因此人们需要实行寡欲。他也反对技术，技术所制造的产品只会刺激人的欲望，因此人们应该见素抱朴。他所宣扬的大道不是人为之道，而是自然之道。它自然而然，显现于天地。圣人领悟此道并引导人民行走于此道。

慧能当然也反对贪欲，他沿袭了佛教的戒律，如戒掉贪嗔痴三毒。慧能所关心的不是物质生产的技术，而是人心灵觉悟的技术。但它不是一种传统的禅定方法，而是一种创新性的无念法门。慧能所阐明的是心灵之道。人的本性本心就是佛，只要人能在一念之间由迷转悟，明心见性就能顿悟成佛。

在欲望上，孔子、老子和慧能虽然都一致在反对贪欲，但对于欲望限制的程度有所不同。孔子肯定人的基本欲望，老子主张减少人的基本欲望，而慧能则严守佛教关于欲望的独特戒律。

在技术上，孔子、老子和慧能基本不同。孔子肯定技术，老子反对技术，而慧能所说的技术不是关于物的技术，而是关于心的技术。

在大道上，孔子、老子和慧能各行其道。孔子是社会之道，老子是天地之道，慧能是心灵之道。正是因为如此，孔子是从家国出发，走向天地和心灵；老子是从天地出发，走向家国和心灵；慧能是从心灵出发，走向家国和天地。由于各自的重心不同，也使孔子、老子和慧能的智慧的表现形态不同。孔子是为仁的智慧，主张知其不可为而为之。老子是虚无的智慧，倡导通过否定人而达到天。慧能是空性的智慧，力图以无念来体悟心性自身。

在孔子、老子和慧能的思想中，欲望、技术和大道也形成一种游戏活动。但在这一活动中，大道始终是规定者，欲望和技术是被规定者。这个游戏可以说是以大道为主的单边游戏，而非欲望、技术和大道三者共同主导的三边游戏。

七、中国智慧的边界

儒道禅的智慧有自身的边界。边界是一条特别的线，它不仅是事物最外在的线，而且是其最大可能的线。这条线既是事物的起点，也是事物的终点。正是边界确定了一个事物作为这一个事物，而不是另外一个事物。我们力图确定中国智慧的边界，指出它说出了什么，同时它没有说出什么。

中国智慧的边界在根本上是由天地人的世界整体所确定的。

孔子思想的核心是家国。家是父母、子女、兄弟，是一个以血缘关系为纽带的生命共同体。在中国历史上，它不仅是生活共同体，而且是生产共同体。在家中，由血缘关系自然性地确定了人伦辈分。这就使人与人的关系形成了一个上下等级序列。他们不是平等的，而是差异的。在这样一种关系中，父权是最高的，具有绝对的权威性。子要从父，弟要从兄。这就是孔子所说的孝悌。孝悌作为为仁之本，一个根本的特性就是顺从和服从。

国不仅是无数小家的集合，而且自身表现为一个大家。在国家中，最主要的关系就是君王和臣民的关系。君臣关系虽然并非血缘关系，是一种政治权力的等级关系，但它实际上如同父子关系。君王如父，臣民如子。在这样一种关系中，王权是最高的，具有绝对的权威性。臣民要服从君王。正如儿子对父亲要孝一样，臣民对于君王要忠。忠诚也是孔子所说的仁的一个德性。忠同时意味着顺从和服从。

在这样一个家国结构中，每一个人都是被父子和君臣关系所牢固确定的。除了少数人，大多数人都是充当儿子和臣民的角色。作为如此，人就不可能自己规定自己，而只能被父亲和君王所规定。一个非独立人不能自己支配自己的思想、言说和行为，就不能成为一个自由的个体。

老子思想的核心是天地。人来到世界同时也是来到天地。天地是人必须生存的地方，人不可能生活在天地之外，而只能生活在天地之内。天地不仅是人生存的世界，而且也是道的直接显现。道虽然是世界的本源，但自身遮蔽。道只有通过天地显明自身，由此使自身从不可见的变成可见的。因此，道让天地成为人的直接规定。

老子思想要求人合于天地，去掉人之有为，达到天地之无为。凡是人之有为的，是必须不思考、言说和存在的，凡是天地之无为的，是必须思考、言说和存在的。这彻底消除了人之有为的途径，唯一呈现出天地之无为的大道。

事实上，人虽然存在于天地之间，但人与天不同。一方面，人与天地具有同一性；另一方面，人与天地具有差异性。如果只知道他们之间的同一性而不知道其差异性的话，那么人们就会陷入蔽于天而不知人的迷误之中。显而易见，人不能等同于矿物、植物，甚至也不能等同于一般的动物。人是一个特别的存在者，他有独特的心灵、语言和生存。人虽然也能从天地之间获得启示，但他并不能如同其他的天下万物一样去存在。人除了遵循天地之道外，还要开辟自身所属的独特的道路。

慧能思想的核心是心性。他所说的心性是自心自性，是人本来就有的心和性。如果人能明心见性的话，那么他就能顿悟成佛。因此，心性是规定性的。虽然慧能主张心色如一，但实际上他重心不重物；同样，虽然慧能主张空有不二，但实际上他重空不重有。

更重要的是，慧能没有将心色如一和空有不二置于人生活的现实世界之中。一方面，心性远离天地和家国，成为一颗孤独的心灵；另一方面，心灵只是观照自身，缺少创造和改变现实的强大力量。当禅宗只是心灵禅的时候，它就仿佛一种精神致幻剂，只能逃避世界，自我麻醉和安慰。

中国天地人世界整体的边界也确定了欲望、技术和大道游戏的边界。

中国的大道的主干是儒家、道家和禅宗的大道。

孔子的道虽然分为天道（天命）和人道（礼乐），但主要的是人道。他的创造性在于将礼乐传统赋予仁爱的意义。因此，孔子之道的核心是仁爱之道。但仁爱之道是在家国之中实现的，并具体化为孝与忠。虽然孔子思想从理论上出发也设定了从道不从父，从道不从君，但在事实上这是根本不可能的。这在于父和君就是道的替身。孔子的社会之道限制了个人的生存。

老子的道虽然是虚无的，但也是存在的。道生一、一生二、二生三、三生万物。对于人而言，作为自然的大道显现为作为天地的大道。因此，大道的自然实际上转化为天地。人遵自然而行便成为遵天地而行。但天地阻碍了人自身的生成。

慧能的道是心灵之道。他只是建立心灵自身的王国，而没有开辟人通往现实世界的通道。

中国大道自身的边界也设定了欲望的边界。对于孔子而言，欲望要符合家国之礼；对于老子而言，欲望不能冲破天地之道；对于慧能而言，欲望要服从心性的戒律。这使人们不可能源于生命自身的本性而产生强烈的欲望冲动。

中国大道自身的边界也设定了技术的边界。技术是人对于事物的改造和创造。孔子的重心在于家国，他考虑的是如何为仁，而不是如何造物；老子的基础在于天地，人只能顺应天地，而不是违背天地；慧能的核心是心性，他只有关于心灵净化的法门，而没有关于改造万物的技术。这使世界不可能产生技术革命性的突破。

由此看来，在中国现实的天地人世界整体中，既没有极端的生命欲望的冲动，也没有极端的技术手段的创新。这就使欲望和技术无法冲破大道的限制，促进大道的生成与发展。在中国历史上，大道缺少时代的中断而形成划时代的话语。这使中国一直处于前现代，而不能进入现代。

八、新的中国的智慧

儒道禅作为中国传统的智慧绵延了千百年之久，但在近代遭遇到前所未有的危机。天道衰亡，孔子死了，老子和慧能也隐身而去。

为了克服中国传统智慧的危机，人们把目光投向了中国之外，也就是学习遥远的西方。西方包括了两种：一种是近现代的民主与科学思想，另

13

论儒道禅

一种是马克思主义的历史唯物论。民主思想意在反对中国传统思想中的君权和父权等，强调人给自己做主，实现个人自由。科学的思想旨在克服中国传统思想中的蒙昧和迷信，主张认识人与世界的真理，遵循事物的规律。历史唯物论认为社会存在决定社会意识，因此，一切都要从现实生活出发。同时，哲学家不仅要解释世界，而且要改变世界。这些思想引导中国历史由前现代转向了现代。

在这种情形下，中国传统儒道禅的智慧有何作为？显然，全盘否定或者全盘肯定中国传统智慧都是一种极端的做法，并不符合传统智慧的真实状况。这在于中国传统智慧既有活着的部分，也有死去的部分。因此，思想真正的任务是去分辨这两个部分，而且让活着的活着，让死去的死去。

在这样的要求中，时代呼唤的就不是旧的中国的智慧，而是新的中国的智慧。它既要回到传统，也要走出传统。中国传统智慧对于我们当代最大的启示为：在那个天地人的世界里，人如何思考了自己的存在之道。

新的中国智慧最关键的是植根于当下的现实。我们所处的时代是一个全球化的时代，也是一个高新技术的时代。在这样一个时代里，虚无主义、技术主义和享乐主义流行。新的中国智慧必须为克服这些问题提出自己的思想方案。

当然，新的中国智慧还要和西方对话。西方历史是一个包括了古希腊、中世纪、近代、现代和后现代的整体。所谓中西思想的对话就是越过中西思想的边界，让中国思想与西方思想相遇、撞击、争论，由此产生新的话语。这使新的中国智慧既具有中国特性，也具有世界意义。

一种新的中国智慧将是古老的儒道禅思想在当今时代的新生。

首先，就天人关系而言，它主张天人共生。这既不同于天人合一，人与天处于一种无差别的同一状态；也不同于天人相分，人与天成为对立面。它既不赞同天胜人，也不支持人胜天。天与人将是共生。天自身生成，人也自身生成。同时，天与人相互生成。天的生成促成人的生成，人的生成也促成天的生成。这种天人共生且生生不息。

其次，就人我关系而言，它主张人我共在。人与我现在不是生活在家国，而是在国家，不是臣民，而是公民。一个公民就是一个自由的个体，他有自己的权利和义务。每一个个体都是唯一的，是不可替代和不可重复的。作为如此，我与人形成了自由的关系。我不是人的主人，人不是我的奴隶，反之亦然。我与人是世界共同体中的伴侣。我的存在给予他人的存在，他人的存在也给予我的存在。如此这般，人我共同推动了世界的存在与发展。

再次，就心物关系而言，它主张心物一体。心是人心，物既包括了身内之物，是人自身的身体；也包括了身外之物，如自然、社会和精神的存在物。人的存在活动既不是没有心灵的绝对的物质活动，也不是没有物质的绝对的心灵活动，而是心灵与物质两者的交互活动。在这种活动中，一方面心灵自身不仅得到了生长，而且推动了物质的创造；另一方面，物质自身不仅赋予了生命，而且促进了心灵的升华。在心物一体中，人成为世界的人，世界成为人的世界。

新的中国智慧作为新的大道将参与到新的欲望、技术和大道的游戏之中。它将指引人的欲望的实现，让人的生命之树常青；它将指引人的技术的使用，让万物变得更加完美。同时，新的大道也接受欲望和技术的推动，不断改变自身，生而又生，新而又新。

上 篇

《论语》论述

第 一 章　道

　　道是中国思想的基本问题，也是孔子思想的核心主题。

　　但一般认为，孔子关注的只是现实生活，宣扬的是一些仁爱学说，很少谈到道本身。"夫子之文章，可得而闻也；夫子之言性与天道，不可得而闻也。"(5.13)① 人们只知道孔子关于文献的学问，而不知道他关于性与天道的思想。但这并不意味着孔子没有言说性与天道。因为性与天道的问题是中国思想中的最高部分，所以孔子关于它的言说是有界限的。他必须考虑向谁说和如何说的问题。他因材施教，可能对大部分学生没说，而对小部分学生说了。因此，人们认为孔子可能有隐瞒和秘传。他所隐瞒和秘传的也许就是关于性与天道的学说。但孔子自己和他人都否定了这一点。其实，孔子在《论语》的许多地方都谈到了道。但人们对此也不以为然，认为即使孔子谈到了道，也没有如同老庄那样对道本身进行专门的思考和论述。这种说法有其正确性。但孔子的日常言谈既平常也非常，微言而大义。

　　孔子体道的根本路径是下学而上达。下学是形而下，上达是形而上。他下学万事万物的知识，上达到那唯一的道本身。孔子一方面将形而下的问题上达为形而上的问题，另一方面将形而上的问题化为形而下的问题。这是理解孔子思想的关键之处。没有下学，就没有上达的基础；同时，没有上达，就没有下学的目的。这两者不可偏废。如果片面地把孔子把握

---

① 　本书以下所引《论语》均只在引文后标明其所在的篇章编号。

成下学者的话，那么他只是一个博学者；如果片面地把孔子说成上达者的话，那么他只是一个玄学家。但孔子是下学形而下和上达形而上的完美结合。在人间去体道，由道来行人间。

道在孔子思想中占据主导性的地位。它规定了天命、礼乐、为仁和为政等个别问题。

一、道的意义

道在汉语中是一个被广泛使用的语词。其本意是人所行走的道路，也就是往来通行的地方。其转意是人和物存在的原则和方法，以及关于它们思考的理论和言说。

但道在孔子的思想中具有独特的意义。它大致有如下几种：

第一，道路。它是大地上的道路。如道听而途说等。这种道路为人所行走。

第二，天道。它是天自身的道路，或者是自然自身展开和显示的道路。它的语言表达为天和命。天道对于人的规定就是天命。

第三，人道。它是人所行走的道路。但它不是大地上的道路，而是世界上的道路。

人的道路有很多。世界上呈现出不同的道路，人也行走在不同的道路上。但只有合乎天道的人道才是正道。这种正道在历史上是已经实行过的。如先王之道、文武之道。先王之道是夏商周三代先王所行走的道路；文武之道也属于先王之道，但主要是周文王和周武王所行走的道路。

在中国历史上，为先王所行走的道在根本上是礼乐文化。因此，道具体地理解为礼乐之道。

但孔子以仁释礼。因此，道不仅被规定为礼，也被解释为仁。孔子的人道既是礼乐之道，也是仁爱之道。

人道最集中地体现为一个国家的道路，也就是天下之道。天下之道可能合乎天道，也可能不合乎天道。孔子将它区分为有道和无道。合乎天道的天下之道是有道，是道的实现；不合乎天道的天下之道是无道，不是道的实现。有道是无欲的，无道是有欲的。因此，有道和无道的区别实际上是道与欲的区别。有道和无道具体地表现为礼乐等的不同。"天下有道，则礼乐征伐自天子出；天下无道，则礼乐征伐自诸侯出；自诸侯出，盖十世希不失矣；自大夫出，五世希不失矣；陪臣执国命，三世希不失矣。天下有道，则政不在大夫；天下有道，则庶人不议。"（16.2）有道和无道区分的关键在于，谁是天下的规定者。当天子是规定者的时候，天下是有道的；当诸侯是规定者的时候，天下是无道的。为什么？天子是天地之子，是替天行道者。而诸侯是被天子所支配的。天子统治天下是合乎礼乐的，是合于道的；而诸侯统治天下是不合乎礼乐的，是不合于道的。有道是正义的、光明的；无道是邪恶的、黑暗的。

不仅国家可区分为有道和无道，而且人也可以区分为有道和无道。不同的人可能走不同的道路，有道者从道，无道者从欲。这可表现为直道和枉道。直道是遵道而行，枉道是背道而驰。鉴于走不同的道，人也区分为不同的类型。其主要类型就是君子和小人。君子怀道，小人怀欲。君子与小人行走在不同的道路上。"道不同，不相为谋。"（15.40）这在于他们的道路无法交集。

第四，道理。它是思想、学说和主张等。无论是天道，还是人道，它们不是遮蔽的，而是显示的。但天道和人道唯有被思考和言说出来，它们才能显现出来。道理作为语言形态在本性上是关于天道和人道的思考，并且就是它们的表达。当然，不同的人会形成不同的思想学说，言说不同的道理。孔子也有他自身的道。"吾道一以贯之。"（4.15）这意味着，孔子不仅有自身的道，而且只有唯一的道。它贯穿了孔子思想的始终。人们甚至将孔子唯一的道表述为忠恕之道。

第五，言说。如夫子自道。这种道指人的语言言说行为。

天道、人道和道理虽然各不相同，但它们都被道本身所规定。道实际上是事物自身生成的道路，也就是存在的真相和真理。天道、人道和道理是道自身的不同层面。天道在天，人道在人，道理在言。三者是可以相通的。

二、中庸即道

什么是道自身的本性？在孔子看来，道自身的本性正是中庸。据此，孔子之道就是中庸之道。

在日常语言中，中庸常被误解。它一般被认为是一种没有是非判断的折中的态度，或者是一种平常的和平庸的状态。总之，中庸的日常用法并不具备积极的意义，而只有消极的意义。当人们要确定一种是非判断的时候，他正是要放弃中庸；当人们要成为卓越和优秀的时候，他正是要突破中庸。

与日常语言的用法不同，儒家思想对于中或者中庸赋予了特别的内涵。最早儒家注重了中或者中庸的方法论意义，认为它摆脱了左右偏见，是一种不偏不倚把握事物本身的方法。但孔子则把中庸看成了德的显现。"中庸之为德也，其至矣乎！民鲜久矣。"（6.29）它不是一般的德，而是至德，也就是最高的德。但德是道的实现，尤其是在人身上的实现。因此，中庸作为至德就是至道。一方面，中庸是道自身的根本本性，它贯穿天道和人道；另一方面，中庸是人存在于世的方法，它规定并指导了人们的生活、思想和言说。但中庸遮蔽自身，同时被遮蔽。因此，民众鲜有中庸之德。唯有有道者才有中庸之德。

但中庸就其自身而言究竟有什么含义？中一般指中央、中心、中间等。这往往会被理解为与边缘相对的核心。如果对事物区分为核心和边缘的话，那么这不免落入了二元论的窠臼。但中庸的中并非如此，所谓的中是正中或中正。中意味着它不是事物之外，而是事物自身。当一个事物如其自身的本性去存在的时候，它就是中。同时，当人们对一个事物如其自身而把握的时候，这也是中，而且具体化为切中。在我们分析了中的意义之后，还要分析庸的意义。虽然庸一般和平庸相关，甚至还会关联到庸俗，但这并非是庸的本意。庸真正的意义是平常的和普遍的。正是如此，它才可能变形为平庸的和庸俗的。庸的普遍性不仅是空间意义上的，即遍及天人，而且是时间意义上的，即成为永久。于是，庸就是普遍性和永恒性的结合。这种普遍性和永恒性不是其他什么事物的特性，而就是中的本性。由此而来，中和庸是相互规定的。中是庸的中，庸是中的庸。按照对于中和庸的如此理解，无论是就它们各自分别而言，还是就其结合的整体而言，都是指事物自身的普遍性和永恒性的道。

当中庸理解为事物的正中性、普遍性和永恒性时，它就是事物的本体。所谓本体是事物自身存在的根据，它使一个事物作为一个事物成为可能。正是中庸使一个事物成为一个事物。它让天成为天，让人成为人。据此，天道是中庸，人道也是中庸。在这样的意义上，中庸就是天与人存在的真相与真理。因此，中庸之道应理解为：中庸即道，道即中庸。

因为中庸是至德，所以人要遵循中庸之道。孔子正是根据中庸之道作为自己的行为原则。他保持中道，遵道而行。"君子之于天下也，无适也，无莫也，义之与比。"（4.10）君子之所以对于万事万物既不既定顺从，也不既定反对，是因为他没有怀有自己的欲望而设定既有的立场和观点。君子并非取消是非，而是顺从大道，践行正义。

孔子也用中庸之道判断他人。"不得中行而与之，必也狂狷乎？狂者进取，狷者有所不为也。"（13.21）中行即中道而行者。狂者过之，狷者不及。这两种类型的人都违反了中庸之道。"过犹不及。"（1.16）不及中道和超过中道都不是中庸之道。这两者并无优劣可言，而是彼此一般。

因此，孔子以中庸为尺度来指导那些非中庸者。"求也退，故进之；由也兼人，故退之。"（11.22）无论进退，都是为了使之去掉非中庸，而达到中庸。

孔子还用中庸之道来评论事物。"《诗》三百，一言以蔽之，曰：'思无邪。'"（2.2）《诗》毫无偏邪，就是纯正。这里所谓纯正无非就是人的心灵中正的表达。"《关雎》，乐而不淫，哀而不伤。"（3.20）欢乐就是欢乐，它是中正的。淫荡则是欢乐的极端化，它不是中正的；哀伤就是哀伤，它是中正的。伤痛则是哀伤的极端化，它不是中正的。《关雎》保持了中正，避免了非中正。

中庸之道还形成了一种典型的语言表达式：一个事物是什么，同时不是什么。这就是说，一个是事物是其自身，而不是非其自身。在肯定中，一个事物保持自身；在否定中，一个事物去掉非自身。

三、道与欲

在论道的同时，孔子也说到了其对立面：欲。

欲望是人生存的一个原初的事实。人生而有欲，人死而无欲。虽然人的欲望有很多，但生之大欲是食欲和性欲，也就是食色二字。人的基本生存就是欲望的冲动和满足过程。其中，食欲和性欲占有首要的地位。由欲望出发，人制造实现欲望的工具，并接受大道的指引。因此，人首先是好欲，而不是好道。孔子说："吾未见好德如好色者也。"（9.18）这符合人日常存在的现实性。好德是好道，好色是好欲。一般人被欲望所规定，当然是好色超过好德。唯有那些特别的人如圣人被大道所规定，才能够好德超过好色。

但孔子所批判的欲或者欲望并非是人的一般的欲望，而是过分的欲望，亦即贪欲。人的欲望有其自然和社会的边界。在边界之内，欲望是正常的；在边界之外，欲望是不正常的。贪欲是超过了边界的欲望。贪欲不仅超出了一般欲望的边界，而且会演变为欲望的欲望。这种欲望就成为无限的欲望。

人当然有欲望，而且每个人都有各自的欲望。但欲望只是人的一部分，而不是人的全部。同时，不是欲望规定人，而是人规定欲望。但当人只是被欲望所充满的时候，人就被欲望所左右了。人的欲望受制于所欲望之物。人被欲望所支配也就是被欲望之物所支配。人不是以自身为依据，而是以外物为依据。于是人就不是自己的主人，而是物的奴隶。这样的人是软弱的，而不是刚强的。孔子说："枨也欲，焉得刚？"（5.11）这就是说，无欲则刚，有欲不强。

贪欲不仅会扭曲人自身，而且会导致人与他人的纷争。孔子说："放于利而行，多怨。"（4.12）利益是所欲之物为欲望自身所带来的利益。人从欲望出发，为了获得所欲之物，必然导致争夺。利益获得者和未获得者之间就会产生怨恨。一个充满怨恨的世界一定不是一个和平的世界，而是一个大乱的世界。

如果欲望而非大道去规定天下的话，那么天下就不是有道，而是无道了。孔子反对由欲望所导致的世界的无道。无道有多种表现，如怪、力、乱、神等。"子不语：怪、力、乱、神。"（7.21）怪是怪异，与平常相对。力是强力，与德性相对。乱是叛乱，与安治相对。神是鬼神，与人类相对。孔子不语也就是不谈论。但不语不仅是不谈论某物，而且是不思考某物，也不让某物去存在（至少不作为世界的根本存在者）。同时，孔子罕见言说利益。"子罕言利，与命与仁。"（9.1）这不仅是指极少言说利益，而且是指否定利益。孔子不仅谈论命运和仁爱，而且赞成命运和仁爱。所谓的利是欲望，所谓的命和仁是大道。

根据孔子的观点，君子小人之别在根本上也是大道和欲望的差别。"君子喻于义，小人喻于利。"（4.16）义是道义，利是利欲。君子被大道所规定，小人被利欲所规定。

孔子对于人好欲不好道表示忧心。"德之不修，学之不讲，闻义不能徙，不善不能改，是吾忧也。"（7.3）但孔子主张一个真正的士不应为欲望所支配，而要被大道所指引。"士而怀居，不足以为士矣。"（14.2）人不要以欲害道，而要以去欲求道。人要放弃自身的生存之欲而成就大道的实现。

四、道与技

人为了实现自己的欲望，必须使用工具。这就是最广义的技术和技艺。同时，人为了达到大道也必须借助工具。正是因为如此，技一方面和欲望发生关联，去满足欲望；另一方面和大道发生关联，去推进大道。可以说，没有工具和技术，欲望是空洞的，大道也是虚幻的。

但孔子及其弟子所说的技或者艺主要不是指一般的技艺，而是指六艺，亦即礼乐射御书数。礼是礼制；乐是音乐；射是射箭；御是驾车；书是文字书写；数是理数和气数。每一种技艺都有自身的独特内容和相应的训练方法。

孔子要求人们能够"游于艺"（7.6）。人能畅游于技艺之中，是人对于技艺的高度把握，而达到了人技合一。这种自由自在的状态能给人带来身心的愉悦。人从技艺中不仅可以满足欲望，而且可以通达大道。"百工居肆以成其事，君子学以致其道。"（19.7）百工制造实现欲望的器具，而君子学习通达大道的技艺。君子所学虽多，但主要是六艺。通过六艺的学习，君子最终把握大道。

孔子为了谋生，也掌握了一些技艺。"子云：'吾不试，故艺。'"（9.7）但孔子追求的是道不是艺。这在于"虽小道，必有可观者焉；致远恐泥，是以君子不为也"（19.4）。人如果只是拘泥于技艺的话，那么他就只能成为一个匠人。这阻碍他成为一个有道的君子。因此，人要超出技艺，走向大道。

五、人与道

道给人的存在划分了边界。它指出哪些是可以存在的，哪些是不可以存在的。它既划分了欲望的边界，也划分了工具的边界。人由此行走在正确的大道上。

孔子强调了道对于人生的重要性。孔子说，一个人要"志于道，据于德，依于仁，游于艺"（7.6）。道、德、仁和艺是人生最重要的几个事情。道是大道，是天地人的根本。人要志向于道。德是德性，是道在人身上的实现。人要根据于德。仁是仁爱，是人道，是全德。人要依靠于仁。艺是技艺，尤其是六艺。艺是通达道的手段。人要畅游于艺。但比起德、仁、艺等来说，道具有优先的地位。此外，道贯穿于德、仁、艺之中。因此，"朝闻道，夕死可矣！"（4.8）人一旦闻道就可以去死，可见道就是人生的终极意义。

既然道是人的生命的根本规定，人就要主动积极地追求道。"人能弘道，非道弘人。"（15.29）虽然道不远人，但道不是现成地摆在那里，或者主动地向人走来。道只有依靠人的思考和行为才能将自身显示出来，并成为人的规定。当人弘扬了道，道也弘扬了人。这就是说，当人是道的思考者和实践者的时候，道指引人而让人成为一个真正的人。

如果人求道的话，那么他就要去欲。这在于道与欲是对立面。"士志于道，而耻恶衣恶食者，未足与议也！"（4.9）士追求的是道而不是欲。当人还充满欲望并贪恋物质享受的时候，他就不可能去追求道。这种人也不可能成为一个真正的士。

为了道，人不仅要去掉欲望，而且要放弃满足欲望的技艺或者手段。

论儒道禅

"君子谋道不谋食。耕也，馁在其中矣；学也，禄在其中矣。君子忧道不忧贫。"（15.32）如果一个人不谋道而谋食物的话，那么他可能既无道也无食；如果一个人谋道而不谋食的话，那么他可能既得道也得食。这在于虽然道不是食物，但能带来食物。相反，食物不是道。如果没有道的指引的话，那么人的谋食的行为也会成为一个没有功用的行为。在这样的意义上，比起欲望和技艺，大道对于人是更重要的。

孔子赞美先王大禹无欲而有道的伟大事迹。"禹，吾无间然矣。菲饮食而致孝乎鬼神，恶衣服而致美乎黻冕，卑宫室而尽力乎沟洫。禹，吾无间然矣。"（8.21）大禹不追求自己欲望的满足和享受，而是效力于鬼神和人民。他顺天之道，顺人之道。

孔子也赞叹学生颜回是无欲有道的典范。"贤哉，回也！一箪食，一瓢饮，在陋巷，人不堪其忧，回也不改其乐。贤哉，回也！"（6.11）颜回不因生存物质的匮乏而忧愁，反而因与道同在而快乐。他不忧人所忧，而乐己所乐。

孔子不仅肯定他人无欲而有道，而且自己切实地实行去欲求道。"富而可求也，虽执鞭之士，吾亦为之。如不可求，从吾所好。"（7.12）他对于欲望进行区分。一种是可以实现的欲望，是合于道的欲望；另一种是不可以实现的欲望，是不合于道的欲望。他当然是选择道而不是欲。孔子还区分了道和欲所带来的快乐和不乐。"饭疏食饮水，曲肱而枕之，乐亦在其中矣。不义而富且贵，于我如浮云。"（7.16）一种是无欲有道，其乐融融；一种是无道有欲，其乐空空。

虽然道是人的安身立命之所，但依据天下有道和无道，人们也要树立不同的处世态度。"笃信好学，守死善道。危邦不人，乱邦不居，天下有道则见，无道则隐。邦有道，贫且贱焉，耻也；邦无道，富且贵焉，耻也。"（8.13）鉴于天下有道和无道，人要选择是否显隐。其标准是人与道同一。天下有道，是道自身的显现。因此，人也要显现于世，富且贵。天下无道，是道自身的遮蔽。因此，人也要遮蔽于世，贫且贱。显和隐还具体化为人的不同的言行。"邦有道，危言危行；邦无道，危行言孙。"(14.3)无论是天下有道还是无道，人的行为都应该是正直的。但与行为不同，人的言语应有所分别。有道时要正直，无道时要谦逊。

孔子的以道制欲的思想为其内圣（为仁）外王（为政）提供了根本性的基础。

第二章 天命

孔子关于天道的思考集中表现在他的天命观上。其天道就是天命。

孔子反对作为人格神的天。在孔子之前，人们信奉帝和天。帝就是上帝、天帝。它虽然无名无姓，无形无体，却是天地间的最高主宰，支配了世界和人的命运。与帝不同，天虽然具有自然形态，但是它被人格化和神秘化。因此，它成为一个最高的人格神。虽然孔子也说到天，但他所说的天与传统的天有根本的差异：后者的天是神性的，而前者的天是非神性的。

孔子不仅淡化了天的人格神的意义，而且也反对各种天地间的鬼神观念。他关注的是人的日常生活世界的问题，而不是那种超出了这个世界的各种奇异和神秘的现象。这些神秘现象虽然可能是存在的，但比起平常的事件，它们对于人类的生活缺少重要性。同时，神秘现象既然神秘，那么人也就无法找出其原因并解决它。因此，对于神秘现象的关注只能沉溺于一种虚幻的好奇之中。孔子意识到了这一点，故他最基本的态度是人与鬼神世界相分离。"务民之义，敬鬼神而远之，可谓知矣。"（6.22）在天地间，鬼神是人之外的特别的存在者。其中，鬼是不死的死者；神是不死的生者。虽然它们是人的相关者，但它们都遮蔽自身，不显现自身。此处的智慧在于，人远离鬼神正是回到了人们所在的生活世界自身。

于是，不是鬼，而是人，不是死，而是生，才是孔子思考的主题。孔子强调："未能事人，焉能事鬼？""未知生，焉知死？"（11.12）此处并非意指只需事奉人，而不需事奉鬼，而是强调只有事奉了人，才能事奉鬼。
这在于鬼是人的终结。事人之道，方能事鬼之道。此处也并非意指只需知
道生，而不需知道死，而是强调只有知道了生，才能知道死。这在于死是
生的终结。知生之道，方能知死之道。因此，在生活世界中，人比鬼具有
优先性，同时生比死具有优先性。人只有解决了人和生的问题，才能解决
鬼和死的问题。但只要人活着，人就无法完全解决人和生的问题。这实际
上否定了鬼和死在生活世界中的重要性。显然，人及其生活是最根本的事
情。为什么？在孔子那里，只有一个人的世界，也就是人生活的世界。孔

清·黄慎《苏武牧羊图》

论儒道禅

子不相信此岸和彼岸两个世界的分离。对他而言，既没有一个与人对立的鬼的世界，也没有一个在生之后的死的世界。

鉴于这种对于鬼神的态度，孔子并不注重对于鬼神的祈祷。"王孙贾问曰：'与其媚于奥，宁媚于灶，何谓也？'子曰：'不然。获罪于天，无所祷也。'"（3.13）在天地之间，有神有人。但天是最高的，规定了神和人。神不是最高的，而只是天地间的一个特别存在者。虽然神可能和人发生关联，但人在根本上是服从天的规定。人不仅无须祈祷一般的神，而且也无须祈祷最高的神。当孔子生病了，子路请求代为祈祷鬼神。但孔子认为对于上下神祇的祈祷无助于疾病的治疗。

孔子相信，既非天帝，也非鬼神，而是天才是世界的主宰。那么天到底意味着什么？

虽然孔子的天具有多重意义，但其主要的只有两种：一种是自然之天，另一种是类人之天。

就自然之天而言，它是天地的存在及其运转。"天何言哉？四时行焉，百物生焉，天何言哉？"（17.19）。天没有任何意志和言说，顺任时间和空间的变化和万事万物的生成。事实上，天就是四时和百物，是自然界自身。人不同于天，但人生天地间。

如果说天就是天地万物的话，那么什么是天的本性？天的本性不是其他什么特性，而就是生。天的生是生而又生，生生不息。它如同奔腾的河流。"逝者如斯夫！不舍昼夜。"（9.17）流逝不仅是过去，而且是包括了过去、现在和将来的无限整体。流逝是这种永远的生成。天旋地转，日出日落，月明月暗，春去秋来，暑尽冬临。如此反复不已，轮回永恒。

就类人之天而言，天依然保持了某种程度上的人格的意味。天有类似人的知情意，但又超出了人的知情意。

天有认知。如，"知我者其天乎！"（14.35）此处所指的天是有意识的，能理解人的。

天有情感。如，"天厌之！天厌之！"（6.28）这里的天怀有爱与恨。

天有意志。如，"天丧予！天丧予！"（11.9）这所说的天具有主动行为的能力。

天是人的文化的根据。"天之将丧斯文也，后死者不得与于斯文也；天之未丧斯文也，匡人其如予何。"（9.5）天可让文化丧失，也可让文化保存。

天是人的道德的基础。"天生德于予"（7.23）。天将道德赋予了我，或者说，我的道德是天生的。"固天纵之将圣，又多能也。"（9.6）天让孔子成为圣人。

天授命于帝王。"天之历数在尔躬，允执其中。"（20.1）天把天下的重任托付给了帝王。

天是帝王的法则。"唯天为大，唯尧则之。"（8.19）天树立了榜样，帝王仿效它。

为何天具有类人的知情意并能成为人的规定？这在于天人具有一种神秘的关系。这就是说人在天中，天在人中。一方面，人在天中，故人要顺从天；另一方面，大在人中，故天知晓人的一切。在这样的意义上，天无处不在，无时不在。天成为人的规定。

作为人的规定的天就是命，故孔子有天命之说。

命是什么？命是命令，也就是支配、安排和规定等。对于孔子而言，命并非人的命令，而是天的命令。所谓的命在根本上就是天命。

作为自然的命令，天命规定了世界万物的发生和人的生活。"道之将行也与？命也；道之将废也与？命也。"（14.36）一种道理或者主张是否可以实现，并不在于主张者或者反对者的个人意志，甚至也不在于大众的接受或者拒绝，而是在于天命自身是如何安排的。天命是主宰一切的力量，但它绝对不是任何人格神的作用，而是自然的运作。

天命限定了人的生命，也就是人的生死。对于人而言，天命是人无法控制的力量。"死生有命，富贵在天。"（12.5）人或生或死，或富或贵，并非是人自身的意愿，而是天命的限定。孔子探访重病的伯牛时感叹道："亡之，命矣夫！斯人也而有斯疾也！斯人也而有斯疾也！"（6.10）一个人不应该有这样的疾病，但一个人事实上却有了这样的疾病。人的身体的疾病及其康复不是人的意志可以改变的，而是天命所安排的。

如此理解的天命具有必然性的意义。作为自然的命令，天命是正义的和永恒的。它只是善的，不是恶的，并成为人类一切价值的基础和生活追求的目标。

但天命不仅有必然性的意义，而且也有偶然性的意义。时命是天命在某种历史时间中的表现形态，也就是时势和时运。天下有时是有道的，有时是无道的。但时命不是必然的，而是偶然的；不是永恒的，而是短暂的。于是，时命有时是公正的，有时是不公正的，有时是善的，有时是恶的。一般而言，它主要凸显的不是前者，而是后者。如果说天命是肯定的、积极的话，那么时命是否定的、消极的。孔子自身就经常有关于时命不济的经验，如大道不行等。但时命最终要归于天命。

实际上，天命和时命一起构成了人的命运。可以说，人们就是生活在天命和时命所规定的道路上。

因为天命有必然性和偶然性，所以它有明有幽。就它光明的一面而言，它是显现的，是可知的；就它幽暗的一面而言，它是遮蔽的，是不可知的。命运的光明和幽暗特性是同时存在的。光明中有幽暗，幽暗中有光明。这就形成了命运的神秘性。

孔子强调人要"畏天命"（16.8），这要求人承认天命的存在。它不仅先于人的存在，而且高于人的存在。因此，人不可轻视它，反抗它，而要敬畏它，听从它。

但孔子主张，人不仅要敬畏命运，而且要认识命运。"不知命，无以为君子也。"（20.3）君子是知道命运的人，同时也可以说，小人是不知道命运的人。当人知道自己的命运的时候，命运就不再是黑暗的，而是光明的；不是外在于人的，而是内在于人的。只有敬畏并认识了天命，人才可能成为一个真正的人。

更重要的是，人要立命。人要按天命的规定而行，而不要越过天命的边界而为。人由此能够把握自己的命运，让人的道路和命运的道路合而为一。

第 三 章　礼乐

如果说孔子所说的天道是天命的话，那么他所说的人道就是礼乐。

在孔子之前，人们早已用礼乐来规范人的生活。人从生到死有许多重大的礼节，如冠礼、婚礼、丧礼和祭礼等。同时，人的日常生活也有许多礼仪规定。一般而言，礼别异，乐同和。礼不仅标明了差异，而且划分了等级，确定了天地人(或天地君臣父子)之间的先后高低秩序。与礼不同，乐让天地人和谐生存，故大乐与天地同和。虽然乐与礼不同，但乐并不独立，而是属于广义的礼制，并被礼所规定。因此，乐要合于礼制，而不能违反礼制。在这样的意义上，人们既可以分称礼与乐，也可以将礼乐合称为礼。

但礼究竟是什么？它是世界最根本的游戏规则，从而支配了人们的存在、思想和语言。它表现为法律、道德、信念和生活习惯等。礼是一个极为复杂的系统。一般而言，礼包括了礼制和礼仪等。一方面，它具有道的层面，是礼制，是关于天地人的制度；另一方面，它具有技的层面，包括了礼仪（礼器、礼貌）等具体的活动方式。另外，礼既有成文的，也有非成文的。

礼作为人道给人的存在确定了一个边界：哪些是可以存在的，哪些是不可以存在的。具体地说，礼给欲望和工具确定了边界。因此，作为区分意义的礼就是礼节。但当礼要求人们尊重的时候，它就是礼敬和礼让；当它是人的仪表的表现的时候，它就是礼文。

礼作为人道虽然合乎天道，但并非是自然形成的，而是人类制作的。

在中国历史开端处，夏、商、周三代的圣王制礼作乐。因此，礼乐之道也是先王之道。"礼之用，和为贵。先王之道，斯为美；小大由之。"（1.12）先王的礼乐之道区分天地人并使之和谐存在。这为人类开辟了一条文明的大道。

但礼并非是一成不变的，而是与时俱进的，它从建立经修改到完善，经历了一个过程。后代对于前代的礼均有所损益。"殷因于夏礼，所损益，可知也；周因于殷礼，所损益，可知也。其或继周者，虽百世，可知也。"（2.23）损为废除，益为增加。但周是集大成者。"周监于二代，郁郁乎文哉！吾从周。"（3.14）因此，

清·任颐《雪中送炭图》

论儒道禅

先王之道的高峰是文武之道。其中一个重要的人物是周公。他最终完成了周代的礼乐制度，由此也成为孔子梦想中的圣人。

但孔子生活在一个天崩地裂和礼崩乐坏的时代，也就是一个无道的时代。天崩地裂是天道衰微，礼崩乐坏是人道破坏。礼制规定了天子、诸侯、大夫不同的权利和义务，但诸侯、大夫却敢逾越礼制，而天子也无力干预。孔子批评季氏用天子才能享用的舞乐："八佾舞于庭，是可忍也，孰不可忍也？"（3.1）孔子还批评季氏祭拜天子才能祭拜的泰山："呜呼！曾谓泰山不如林放乎？"（3.6）如此等等，不一而足。

针对这种情况，孔子的根本使命就是恢复礼制，让礼重新成为世界的绝对规则。不仅国家要遵守礼制，个人也要遵守礼制。"非礼勿视，非礼勿听，非礼勿言，非礼勿动。"（12.1）礼成为人的生活的边界。合于礼的生活是允许的，是能言说、思考和存在的，不合礼的生活是不允许的，是不能言说、思考和存在的。通过对于礼制的重建，孔子希望建构一个有序和美好的世界。

当然，孔子的思想并非是对于传统的礼制简单的复归，而是对它的创造性的转化。

孔子认为，礼或者礼乐并非只是表现在器物层面。"礼云礼云，玉帛云乎哉？乐云乐云，钟鼓云乎哉？"（17.11）礼器是广义的礼的一部分。但礼的重点不是物，而是人。这就是说，礼不是那些用于礼仪的器物，而是那些合于礼制的人。但人的礼也不只是在于礼节和礼貌，而也是在于合于礼制的身心整体活动。"礼，与其奢也，宁俭；丧，与其易也，宁戚。"（3.4）人的内外统一关键在于人的现实存在，也就是一种合于礼制的生活。

既然礼是人的存在的原则，那么礼对于人性的塑造是重要的。仁、知等虽然是人的主要德性，但也要服从礼的规范。"知及之，仁不能守之，虽得之，必失之。知及之，仁能守之，不庄以涖之，动之不以礼，未善也。"（15.33）不仅这些德性要以礼约束，而且人的其他美德也要如此，如恭、慎、勇、直等。"恭而无礼则劳，慎而无礼则葸，勇而无礼则乱，直而无礼则绞。"（8.2）尽管人拥有很多美德，但如果没有礼的规定的话，那么这些美德的极端化会使它自身变成恶行。唯有礼使人的美德成为美德，而让人的人性得到健康成长。

孔子要求以礼立人。"不知礼，无以立也。"（20.3）因为礼是天地人的根本规则，所以人唯有知礼守礼才能在天地间站立和建立。"君子博学于文，约之以礼，亦可以弗畔矣夫！"（6.27）人用礼来约束自己的言行，就会行走在正确的大道上。

孔子认为不仅要以礼立人，而且要以礼治国。"能以礼让为国乎，何有？不能以礼让为国，如礼何？"（4.13）以礼治国就是依据天地人的秩序来治理国家，而不是使用暴力和刑罚。

第四章 学习

　　天道在此，人道在此。但人唯有学习，才能知天道，知人道。

　　孔子强调了学习的重要性。这在于人知道主要是通过学习。"生而知之者上也，学而知之者次也；困而学之，又其次也；困而不学，民斯为下矣。"（16.9）他虽然也承认生而知之，但最主要地强调学而知之。他甚至认为他自己也不是生而知之，而是学而知之。

　　对于人的整体而言，美德和智慧是其最重要的两个方面。人虽然具有了一般君子的美德，但如果他不学习的话，那么他的这些美德也会丧失。"好仁不好学，其蔽也愚；好知不好学，其蔽也荡；好信不好学，其蔽也贼；好直不好学，其蔽也绞；好勇不好学，其蔽也乱；好刚不好学，其蔽也狂。"（17.8）人们即使追求仁、知、信、直、勇和刚等美德，但没有经过学习的教化，这些美德也会成为恶行。这在于，只有通过学习，人们才知道这些美德的真正本性是什么，并能实现这些美德的本性。这表明了学习是人性陶冶中最根本的环节。

　　但学习是什么？学习就是去知道。一个不知道的人向已知道的人仿效或模仿，通过如此，把不知道的变成已知道的。

　　如此理解的学习当然包括了教与学两个必需的环节。教师和学生之间最主要的差别在于，一个是已经知道的，另一个是尚未知道和正在知道的。教师正是把已经知道的知识传授给尚未知道和正在知道的学生。但教师作为教育者自身也要受教育。这就是说，已经知道的人还要去知道。因此，一切教育的核心都是学习。

在教学中，孔子主张有教无类。他不分类别，对于一切愿意学习的人都施加教育。这在于，人就其本性而言都有可能去知道。

但教学过程应该因材施教。"君子之道，孰先传焉，孰后倦焉？譬诸草木，区以别矣。君子之道，焉可诬也？有始有卒者，其唯圣人乎！"(19.12)虽然学习有其共性，但也有其个性。因此，对于不同的学生应教授不同的内容，同时还要采用不同的方法和步骤。

孔子的教学注重了诱导。"夫子循循然善诱之，博我以文，约我以礼，欲罢不能。"(9.11)孔子还强调了启发。"不愤不启，不悱不发。举一隅不以三隅反，则不复也。"(7.8)无论是诱导还是启发，它们都是力图让学生由被动变主动，使学习成为积极性和创造性的行为。

如果说教与学作为师生关系是学习中的人我关系的话，那么学习与思考则是人自身作为的两个方面。一般而言，学习是对于新的事物的学习，把不知道的变为知道的；思考是对于旧的事物的反思，把不清楚的变为清

《韦编三绝》（塑像），北京孔庙

楚的。学习是思考的前提和基础，思考是对于学习的加工和升华。"学而不思则罔，思而不学则殆。"(2.15)如果没有学习的话，那么思考就是空洞的、毫无意义的。只有建立在学习的基础上，思考才能获得自身不绝的源泉。"吾尝终日不食，终夜不寝，以思，无益，不如学也。"(15.31)孔子自身的经验也表明，一种废寝忘食的艰苦思考不如学习能带来知识的收获。

除了一般性的思考之外，还有一种特别性的思考：反思。反思是内省，是人反身思考自己。孔子的弟子曾子说："吾日三省吾身——为人谋而不忠乎？与朋友交而不信乎？传不习乎？"(1.4)三省吾身强调的不是一蹴而就，而是多次和反复地反省自身。这是人每日必须和持久完成的功课。当然，人是用自己的心来反思自己。这里的心只是心自身。它是真实的、纯粹的和透明的。人用这个心去思考自己已经做了的事情。这也就是说，人要对于自己已有的行为、思想和语言进行再思考，并分辨出哪些是是的，哪些是非的。曾子在此指出了三件最主要的事情：忠、信和习。忠是对自身和对于他人的诚实；信是朋友之间的信义；习是对于老师所传之道的学习。

孔子所说的学习的内容包括很广，既包括书本文献，也包括日常生活。但孔子主要传授四个方面："文、行、忠、信。"(7.25)这也就是文献、行为、忠实、诚信。这既有智育，也有德育；既有内在德性，也有外在行为。

虽然孔子要求学习关于一般的事物的知识，但他强调的主要是关于道的知识。他最核心的教育理念在于，学习首先不是某种专业技能的训练，而是关于人性的培养和塑造，也就是如何求道成仁。"学而时习之"的学习主要是关于道的学习。因此，学习的根本目的是人自己获得道并提升自己的人格境界，而不是显示或者炫耀给他人。"古之学者为己，今之学者为人。"(14.24)为己者是为道义，为人者是为利欲。

但学道并不是追求获得某种神秘的思想和高深的理论，而是建立一种合于道的日常生活的行为。"君子食无求饱，居无求安，敏于事而慎于言，就有道而正焉，可谓好学也已。"（1.14）这里的学习事实上是要求人注意把握衣食住行、言语和行为等方面的边界，不要追求贪欲，而要践行大道。

学习不仅关涉个人生活，而且还关涉各种社会关系。鉴于人的关系的主体就是君臣、父子、夫妻等，学习就要学会对于这些社会关系的处理。"贤贤易色；事父母，能竭其力；事君，能致其身；与朋友交，言而有信。虽曰未学，吾必谓之学矣。"（1.7）这些学习无非是强调人们要服从父子、君臣和朋友之间礼的规范并生发仁的情怀。

在这样的意义上，孔子关于道的学习主要是关于人道的学习，也就是关于礼和仁的学习。从人道出发，人再进一步学习天道，知晓并把握天命。

但除了道的学习之外，孔子也重视技艺的学习。他所传授的六艺也可以理解为六种专业的技艺。其中，孔子认为文艺的学习对于人性塑造具有特别的作用和意义。"行有馀力，则以学文。"（1.6）文是文章、文学和文艺等。文在学习中虽然不是主要的，但是必要的。在广义的文中，诗歌和音乐担任了关键性的角色。"兴于诗，立于礼，成于乐。"（8.8）在这里，诗歌是开端，礼是中间或者是主体，而音乐是完成。

孔子认为诗的功能是多方面的。"诗，可以兴，可以观，可以群，可以怨。迩之事父，远之事君；多识于鸟、兽、草、木之名。"（17.9）这无非是说，诗歌有极其广泛的作用。它有认识作用，知晓自然与社会；具有道德作用，维持家国的伦理秩序；具有审美作用，培养并丰富人的情感。但最根本的，不学诗，无以言。人通过诗歌的学习而获得言说的能力。

当然，孔子所谓的诗歌是成为儒家经典之一的《诗经》。他认为，《诗经》最根本的特性是它表达了无邪纯正的情感，故它是合于人的本性的。人对于《诗经》的学习，也无非是陶冶性情，达到无邪纯正。

孔子也强调音乐的特别意义。音乐作为和谐的声音就其本性而言是欢乐的和快乐的。音乐对于人的熏陶可以让人保持欢乐的心情，让身心和世界维持和谐的关系。孔子认为优秀的音乐应该尽善尽美，美善合一。"子谓韶，'尽美矣，又尽善也。'谓武，'尽美矣，未尽善也'。"（3.25）这是孔子对于音乐内容的要求。同时，孔子对于音乐的形式也有要求。他认为音乐及其表演是一个包括了不同阶段的过程。"乐其可知也：始作，翕如也；从之，纯如也，缴如也，绎如也，以成。"（3.23）这个过程正是由开端、中间和结尾所构成的事物的整体。

孔子认为，学习是为了实践。人所学的知识应付诸行动。"诵诗三百，授之以政，不达；使于四方，不能专对；虽多，亦奚以为？"（13.5）学习和实践要相互补充和促进。"仕而优则学，学而优则仕。"（19.13）但孔子反对褊狭的功利主义。学习不是为了当官发财，这是因为学习不是学欲和学技，而是学道。

第 五 章　知

　　知在根本上是知道，也就是知晓人和世界的真理。

　　人只有知道了自己和世界的真理，才能在世界上行走。这意味着人只有认识了一个事物，才能从事于关于这个事物的活动。"盖有不知而作之者，我无是也。"（7.28）孔子反对不知而作，主张知而后作。但人并非生而知之，而是学而知之。除了学习文献等书本知识之外，人最重要的学习就是日常生活的学习，也就是由多闻多见而知道。"多闻，择其善者而从之，多见而识之，知之次也。"（7.28）多闻多见是人尽量打开自己与世界的通道，感受世界发生的事情，并对其进行分析，从而获得真实的知识。

　　但知道的过程是如何发生的？其实所谓知道就是由无知转变到有知。

　　孔子说："吾有知乎哉？无知也。有鄙夫问于我，空空如也。我叩其两端而竭焉。"（9.8）这虽然是孔子个人的知道经验，但是它描述了一般知道的普遍特性。知道的过程大致可以分为如下几个环节。

　　一、无知。无知并非一个价值判断，而是一个事实陈述。它没有任何消极的意味。孔子不仅否认自己生而知之，而且承认自己无知。"知之为知之，不知为不知，是知也。"（2.17）人知道自己知道，也知道自己不知道，由此区分知道与不知道的界限。这就是知道。但无知在追问之中能够变成有知。

　　二、空空。这是追问的开端。人没有任何对于事物的预先知识，即使有，也要完全排除。这在于人的先见阻碍了人们认识事物的真相。孔子认为人要杜绝知道的偏见有四种。"毋意，毋必，毋固，毋我。"（9.4）不凭空臆想，不必然如此，不固执己见，不自以为是。这四种情况虽然不同，但相互关联。其根本是毋我。毋我就是无我。克制私欲，合于大道。唯有空空如也，人才能彻底敞开自身，并能追问事情本身。

三、叩其两端。这是追问的过程。两端是事物的两端，如始终、左右等。这是事物存在的两重边界。一个事物正是在边界中与其他事物相区分，而成为自身。因此，叩其两端就是就是将一个事物和其他事物相分离，并追问事物自身的本性。

四、竭。这是追问的完成。人找到事物的本性，让其真相显露出来。同时，人自身由无知变成有知，知道了事物的真相。

在讨论知道时，孔子区分了知的类型。它一般可以分为三种。第一种是无知，也就是愚蠢。第二种是假知。它看起来知道事物的真理，但其实并没有知道事物的真理。它是一种貌似智慧的愚蠢。第三种是真知，也就是智慧。它真正地知道事物是什么或者事物不是什么。

孔子认为智慧和愚蠢是绝对不同的。"唯上知与下愚不移。"（17.3）上知是生而知之者，下愚是困而不学者。但困而好学者是能从愚蠢走向智慧的。

但在现实中，智慧和愚蠢并非泾渭分明。有人看起来是智慧，但实际上是愚蠢；有人看起来是愚蠢，但事实上是智慧。不是智慧而是愚蠢的人如臧文仲。"臧文仲居蔡，山节藻棁，何如其知也?"（5.18）动物没有类似人类的智慧，更没有超过人类的智慧。人崇拜动物就是愚蠢。不是愚蠢而是智慧的人如颜回。"吾与回言终日，不违，如愚。退而省其私，亦足以发，回也不愚。"（2.9）他看起来没有个人见解，但实际上能独立思考。还有人能智能愚。"宁武子，邦有道，则知；邦无道，则愚。其知可及也，其愚不可及也。"（5.21）他能依据世道的变化而或显或隐。

孔子认为一个智慧的人要善于辨明迷惑。所谓迷惑就是人被假象蒙蔽了真相。一些现象看起来是好的，但其实是不好的；一些现象看起来是不好的，但其实是好的。这需要人们借助智慧之眼来看清事物的本性，而区分真假，并作出正确的选择和决定。

人要辨明迷惑，就不要被自己的爱恶之情所左右。"爱之欲其生，恶之欲其死。既欲其生，又欲其死，是惑也。"（12.10）人的爱恶之情和他人的生死是分离的，前者不能决定后者。同时，一爱一恶本身也是矛盾的。

人也要克制自己的愤怒之情。"一朝之忿，忘其身，以及其亲，非惑与?"（12.21）愤怒之情是人自身最具毁灭性的情绪。它既能毁灭他人，也能毁灭自己。因此，人不要激起愤怒之情，更不要被愤怒之情所左右。

人还要看透各种谎言和恶言的遮蔽和影响，才能明远。"浸润之谮，肤受之，不行焉，可谓明也已矣。浸润之谮，肤受之愬，不行焉，可谓远也已矣。"（12.6）谎言和恶言掩盖了事物的本性，并能激起人的仇恨。人能抵制谎言和恶言的影响，就能对于事物看得明，看得远。这就能穿透

儒家经典《礼记》、《易经》、《尚书》，北京孔庙

迷惑而获得智慧。

　　作为一个有智慧的人，智者能辨明天地间的人神区别之所在。让鬼神归于鬼神的所在，让人归于人的所在。智者也知道什么样的人是君子，什么样的人是小人。智者当然也知道自己。他每天已经做了什么，还将要做什么。

第六章 言与行

　　言是言说。言虽然是人的言谈，但在根本上是被道所规定。因此，言说最终也是言道。

　　孔子也曾谈到过不言和无言。如"食不语，寝不言"（10.10）。这意在强调人要专注于吃饭和睡觉。又如"我欲无言"（17.19）。这意在引出天不言说。但孔子的语言观主要是慎言。人不要随意地言说，而要根据事物之道去言说，最后达到诚信的言说。

　　在所有的语言之中，"圣人之言"（16.8）具有至高无上的地位。圣人之言是代天地立言。它倾听了天地之道，而将之传达给人。因此，圣人之言给人们指引一条光明大道。正是因为如此，所以君子要敬畏圣人之言。

　　人不仅要倾听圣人之言，而且要学习一般的语言。对于孔子而言，《诗经》是一种纯正的语言表达，它教人如何去言说。

　　人的言说是一种语言行为。人用语言去言说事物。这就要求事物之名符合事物之实。孔子说："名不正，则言不顺；言不顺，则事不成；事不成，则礼乐不兴；礼乐不兴，则刑罚不中；刑罚不中，则民无所措手足。因此君子名之必可言，言之必可行。君子于他其言，无所苟而已矣。"（13.3）名字是事物的名字。名字不是可有可无的，也不是随随便便的。名字是事物的规定性。一个事物是这个名字所规定的事物。因此，命名就是去规定，让事物之名符合事物之实。人依此规定去言说、思考和行动。正名是修正事物之名，使不符合事物之名变成符合事物之名。人不仅根据事物之名去言说，而且根据事物之名去完成事物。

论儒道禅

宋·马和之《唐风》(之一)

　　人如何去言说？孔子认为，人的语言要切合其意义。"辞达而已矣。"（15.41）言辞的关键不是动听，而是真实地表达事物的本性。但在现实中有的语言根本不切中意义。"群居终日，言不及义，好行小慧，难矣哉！"（15.17）有的是花言巧语，有的是流言和谎言。

　　人言说不只是独白，而是向他人言说，故言说大多都是对话。因为是向人言说，所以人要学会区分不同的人与不同的言。"可与言而不与之言，失人；不可与言而与之言，失言。知者不失人，亦不失言。"（15.8）这里关键是区分可以言说的人和不可以言说的人。对于不同的人，人所言说的内容也不一样。"中人以上，可以语上也；中人以下，不可以语上也。"（6.21）人的言说不仅要区分人，而且要懂得言说的语境。"侍于君子有三：言未及之而言，谓之躁；言及之而不言，谓之隐；未见颜色而言，谓之瞽。"（16.6）这些不考虑语境的言谈都是不正确的言谈。语境不仅指一个具体的言说时机，而且也指人所处的世界和时代。人在有道和无道时有不同的言说方式。有道时人直接言说，无道时人谦逊言说。

在对话中，人不仅自己言说，而且要倾听他人的言说。倾听他人的言说，一方面是了解他人，另一方面也是了解自己。但对于他人的言说，人要进行分辨。"法语之言，能无从乎？改之为贵。巽与之言，能无说乎？绎之为贵。说而不绎，从而不改，吾未如之何也已矣。"（9.24）听不仅是倾听，而且是听从，也就是化为行动。

作为人的活动，言谈是人的存在的显示。言谈表现了道德。"有德者必有言，有言者不必有德。"（14.4）言谈也表现了智慧。"君子一言以为知，一言以为不知，言不可不慎也。"（19.25）言谈也能影响国家的安危。常言说："一言可以兴邦"，"一言可以丧邦"（13.5）。孔子认为此话虽然不能僵硬地理解，但也有其正确性。由此可见言谈是何等重要了。

人的言语不仅要和事物的意义合一，而且要和人的行为合一。有言语和行为是一致的，也有言语和行为是不一致的。"始吾于人也，听其言而信其行；今吾于人也，听其言而观其行。"（5.10）孔子反对言行不一。言行不一是令人羞耻的。"古者言之不出，耻躬之不逮也。"（4.22）"君子耻其言之过其行。"（14.27）言行不一可能是行为超过了语言，也可能是言语超出了行为，但一般是后者。一种夸大的语言是很难实现的。"其言之不怍，则为之也难。"（14.20）为了保证人的言行一致，孔子要求人少言多行。"君子欲讷于言而敏于行。"（4.24）讷就是慎言，是言说最恰当的行为。它能保证言行一致，而实现忠信。不仅言与行之间要一致，而且言与行都要与道一致。因此，人要谨言慎行，言道，行道，而不要言无道，行无道。

人的言行是否切实决定了人在世界上是否行得通。"言忠信，行笃敬，虽蛮貊之邦，行矣。言不忠信，行不笃敬，虽州里，行乎哉？"（15.6）孔子非常强调人的信。信主要是语言的信。信言是一种真实的语言。这首先是语言符合现实；其次是语言符合行动。因此，信不仅是言说的，而且是行为的。此外，人要信守和实现他对人的诺言。如果人诚信的话，那么他人就会信任他。他行走的道路就会通达。

第七章 为仁

为仁是人实现仁，是践行大道。

在孔子那里，作为天道的天命和作为人道的礼乐从外在奠定了人及其所生活的世界的基础，但仁则从内在奠定了人自身存在的基础。

孔子的仁学是对于礼乐之道创造性的改造。如果说礼乐是旧的人道论的话，那么仁爱则是新的人道论。孔子认为，无论是作为技的意义还是作为道的意义的礼都不能只是物的使用，而是人的活动。礼不等同于礼器，乐不等同于乐器。应该说，礼在于行礼的人，乐在于奏乐的人。但只有当人是仁爱之人的时候，礼乐才成为了礼乐。"人而不仁，如礼何?""人而不仁，如乐何?"（3.3）在这样的意义上，虽然礼是重要的，但仁是更重要的。没有仁，礼是空洞的，毫无意义的。唯有仁才使礼灌注了生命力而富有现实的力量。这就是人们所说的孔子以仁释礼。

一、仁不是什么

虽然仁是孔子言谈的核心语词，但他并没有给予仁一个明晰的和统一的定义。他对于仁的各种言谈都是在一具体的语境中针对某人某事而说的。于是，每一个关于仁的言谈都有所不同。但纵观孔子的言谈，我们可以看到仁一方面不是什么，另一方面是什么。

作为孔子所肯定的人的本性，仁既不是违反礼乐之道的行为，也不是人们一般否定的德性。孔子说："巧言令色，鲜矣仁!"（1.3）巧言令色看起来是美好的声音和颜色，但实际上并不美好，而是一种伪善。它作为一种掩盖了的恶，甚至恶于一种暴露的恶。它不是很少是仁，而是根本就不是仁。

仁既不是人们一般否定的德性，也不是人们一般肯定的德性。

孔子认为，仁不是忠与清。"令尹子文三仕为令尹，无喜色；三已之，无愠色。旧令尹之政，必以告新令尹。何如？"（5.19）孔子认为这是忠，但并非仁。"崔子弑齐君，陈文子有马十乘，弃而违。至于他邦，则曰：'犹吾大夫崔子也。'违之。之一邦，则又曰：'犹吾大夫崔子也。'违之。何如？"（5.19）孔子认为这是清，但并非仁。忠是人忠实于某人或某物，这意味着人与某人或某物建立了真实的存在关系。忠在此是人忠实于国家。清是人保持自身的纯洁，而分离于他物的污染。清在此是人洁身去乱。但清和忠可能是出于公心，也可能是出于私心。一种出于私心的清和忠与仁没有任何关联。

孔子强调，仁也不是人们某些难能可贵的品行。如人除去了克、伐、怨、欲，"可以为难矣，仁则吾不知也"（14.1）。虽然仁没有了好胜、自夸、怨恨、贪欲，但他只是消除了私欲，而没有体现大道。

孔子还表明，仁不是某种特别的政治才能。"孟武伯问：'子路仁乎？'子曰：'不知也。'又问。子曰：'由也，千乘之国，可使治其赋也，不知其仁也。''求也何如？'子曰：'求也，千室之邑，百乘之家，可使为之宰也，不知其仁也。''赤也何如？'子曰：'赤也，束带立于朝，可使与宾客言也，不知其仁也。'（5.8）虽然这三位孔子的弟子都表现了不同的治理国家的才能，但并不意味着他们已经具有了仁德。"

二、仁是什么

在指出了仁不是什么的同时，孔子说出了仁是什么。但孔子将所说的

论儒道禅

"仁是什么"实际上转换成了"仁是如何"。这也就是说，孔子试图说明仁是一种什么样的行为。仁的问题也就成了为仁的活动的问题。为仁作为一种行为都是在某种关联中发生的。因此，仁的规定就必须考虑仁与礼、仁与德、仁与己、仁与人等诸种关系。

第一，仁与礼。

在仁与礼的关系上，孔子主张克己复礼。孔子说："克己复礼为仁。一日克己复礼，天下归仁焉。为仁由己，而由人乎哉？"（12.1）孔子更进一步解释："非礼勿视，非礼勿听，非礼勿言，非礼勿动。"（12.1）

第二，仁与德。

在仁与德的关系上，孔子认为仁是人的德性。仁一方面是诸德之一，另一方面也是诸德之全。

仁是恭、敬、忠。孔子说："居处恭，执事敬，与人忠。虽之夷狄，不可弃也。"（13.19）

仁是刚、毅、木、讷。孔子说："刚、毅、木、讷近仁。"（13.27）

仁是恭宽信敏惠。孔子说："能行五者于天下，为仁矣。"（17.6）孔子进一步解释道："恭宽信敏惠。恭则不侮，宽则得众，信则人任焉，敏则有功，惠则足以使人。"（17.6）

第三，仁与己。

在仁与己的关系上，孔子指出仁是人的某种特别的言行。

仁者慎言。孔子说："仁者，其言也讱。"（12.3）孔子进一步解释道："为之难，言之得无讱乎？"

仁者先难。孔子说："仁者先难而后获，可谓仁矣。"（6.22）

仁者博学而切问。子夏说："博学而笃志，切问而近思，仁在其中矣。"（19.6）

第四，仁与人。

在仁与人的关系上，孔子说明仁实现在人与他人的交往关系之中。

宋·马和之《唐风》(之二)

首先，孔子认为仁是"爱人"(12.22)。

其次，孔子认为仁是立人和达人。"夫仁者，己欲立而立人，己欲达而达人。能近取譬，可谓仁之方也已。"(6.30)

再次，仁是恕人。"出门如见大宾，使民如承大祭。己所不欲，勿施于人。在邦无怨，在家无怨。"(12.2)

上述是孔子对于仁的主要论述。下面对这些论述作进一步的阐明。

第一，仁与礼。孔子主张克己复礼为仁。克己是克制自己的欲望，复礼是归复作为人道的礼制。因此，克己复礼是关于制欲行道最简单明确的表述。

第二，仁与德。孔子所陈述的仁作为人的德性，无非是克制欲望实现大道。

第三，仁与己。作为仁的某种特别的言行，实际上是人去欲行道的言行。所谓学问不过是学习技艺，借以去欲行道。

第四，仁与人。仁是爱人。但爱人如何可能？其关键在于人除去个人欲望，而实现大道。

根据上述孔子关于仁的言谈的分析，我们可以得出如下结论：仁实际上相关于人的欲望、技艺和大道的活动。在根本上说，仁是制欲行道。它包括了三个核心要素：第一，去欲；第二，学艺；第三，行道。

孔子说："富与贵，是人之所欲也。不以其道得之，不处也。贫与贱，是人之所恶也。不以其道得之，不去也。君子去仁，恶乎成名？"（4.5）为仁是遵道而行。在道的指引下，人区分符合道的欲望和不符合道的欲望，并实现符合道的欲望。同时，人区分符合道的技艺和不符合道的技艺，而使用符合道的技艺。在欲望、工具和大道的活动中，为仁就成为人自身和他人不断生成的活动。

作为生成，仁贯穿于人的心灵、语言和行为。但人们一般把仁只是理解为爱人，而且是一种爱人的情感。正是因为如此，所以仁只是理解为心之德和爱之理。这是对于仁的一种心性论的解释。但如果仁只是一种爱的情感的话，那么它还只是一种空洞的和尚未实现的仁。真正的仁不仅灌注在人的情感里，而且也贯彻到人们的行动和言语中。仁展开为人在现实生活世界中的各种存在方式。因此，仁的心性论应转变为仁的存在论。

正是因为仁是人的存在，以孔子要求人居住在仁中。"里仁为美。择不处仁，焉得知？"（4.1）居住是人生在世的基本存在方式。居住在仁之中，是居住在人的本性之中，也就是居住在人的真正的家园之中。因为仁是善的，所以这种居住是善的；因为美善合一，所以这种居住是美好的；因为里仁是合于真理的选择，所以这种居住也是智慧的。在这种意义上，仁是真善美的统一。

既然仁是人的存在的本性，那么人就应该始终与仁同在，正如人始终与道同在一样。"君子无终食之间违仁，造次必于是，颠沛必于是。"（4.5）虽然道是高远的，但它无时无处不遍及于人的一切活动之中。可以说，人的任何事情都有它的道。因此，人要遵道而行。对于人而言，仁是他最根本的道。这就要求人无论何时何地都依仁而行。唯有成为一个仁者，人才能成为一个君子。

因为仁是人存在的本性，所以仁不远我，而是近我。"仁远乎哉？我欲仁，斯仁至矣。"(7.30) 因为仁是人的规定，所以人都可能实现仁。"我未见好仁者，恶不仁者。好仁者，无以尚之；恶不仁者，其为仁矣，不使不仁者加乎其身。有能一日用其力于仁矣乎？我未见力不足者。盖有之矣，我未之见也。"(4.6) 好仁者是从肯定方面而言。他认为仁是天下最高的，喜好而实现它。恶不仁者是从否定方面而言。他力图排除自身各种不仁爱的事物。好仁和恶不仁都是为仁。虽然为仁很难，但每个人凭借自己的力量是可以实现的。

作为人的存在的本性，仁也是人存在的终极意义。"志士仁人，无求生以害仁，有杀身以成仁。"(15.9) 人的身体和生命是宝贵的，没有生命便没有了一切。但只有被仁所灌注的生命才是有意义的，否则是无意义的。一个理想的状态是生命和仁合一，也就是合于仁的生命或合于生命的仁。但现实的状态却会出现生命和仁的冲突，即为求生而害仁和为成仁而杀身。在这种两难的抉择中，孔子主张放弃生命而实现仁。

三、仁作为德

仁被理解为去欲行道。但去欲行道是人的活动。这就是说，仁是道在人身上的实现。得道者为德。德就是在人身上所实现的道。因此，仁是人的根本大德。

第一，非德与德。

孔子首先抨击了无德。乡原是无德的。这种人无是非，无善恶，也就是无道。流言是无德的。这种言说无根据，无责任。巧言也是无德的。这种言谈虚伪、伪善。上述无德的人与人言不仅不善，而且就是恶。

但还有一些现象既非无德（恶），也非德（善），而是一种超凡的能力和力量。但孔子认为人们区分有德者和有力者，尚德不尚力。"羿善射，奡荡舟，俱不得其死然。禹、稷躬稼而有天下。"（14.5）如此尚德不尚力才是君子。不仅对于人，而且对于动物，人们也要称德不称力。"骥不称其力，称其德也。"（14.33）动物在此具有类人的特性。

不过，孔子感叹"知德者鲜矣"（15.4）。人之所以很少知道德，是因为有两种情况。一方面是德自身隐而不现，不被人知晓；另一方面是人被私欲所蔽，不知晓德。虽然如此，但孔子对于德充满信心："德不孤，必有邻。"（4.25）一个有道的人不孤独，他与天地人在一起，同时他会召唤和聚集其他有道的人。

孔子所赞美的最高的道德称为至德。他认为中庸作为道就是最高的德。当然，孔子所理解的至德还有其他形态。如谦卑。"三分天下有其二，以服事殷。周之德，其可谓至德也已矣。"（8.20）如礼让。"泰伯，其可谓至德也已矣。三以天下让，民无得而称焉。"（8.1）

第二，仁作为全德。

孔子所说的仁不仅是诸德之一，而且也是诸德之全。

在孔子之前，人们也讨论并赞美了仁。但仁只是人的诸德之一，与人的其他德性并列在一起。孔子不仅继承了这一观念，将仁理解为人诸德之一，而且将仁理解为诸德之全。这是孔子创造性的贡献。这就是说，仁是人的德性的根本。这使它规定了人的其他德性。唯有仁，其他德性才能成为美好的德性。

仁既规定了仁自身，也规定了智。"仁者安仁，知者利仁。"（4.2）仁者有仁，他安居于自身就是安居于仁。智者明仁，他努力知道并追求仁。孔子认为仁是爱人，智是知人。但其实爱人就是知人，知人就是爱人。他说："举直错诸枉，能使枉者直。"（12.22）把正直的人置于不正直的人之上，区分了好人和坏人，这是知人，是智慧；能使不正直的人变得正直，导致了坏人变成好人，这是爱人，是仁爱。这两者达到了仁与智的统一。

仁不仅规定了知，而且规定了勇。"仁者必有勇，勇者不必有仁。"（14.4）一个仁者也必然会勇。仁者心怀大道，必见义勇为。一个勇者不必有仁。勇者勇敢而为，或出于道义，或出于气血。因此，只有为仁所激动的勇者才是真正的勇者。

可以说，智慧和勇敢都是仁的不同显现形态。

第三，三达德：仁、智、勇。

虽然仁是全德，统领智慧和勇敢，但仁、智、勇自身也有分别。它们是孔子所推崇和赞美的三种主要的道德，故被人们称为三达德。

孔子给予三达德自身的规定。"知者不惑，仁者不忧，勇者不惧。"（9.29）

首先，知者不惑。智者知道真理，故不迷惑假相。

其次，仁者不忧。仁者博爱万物，故不忧虑自己。

再次，勇者不惧。勇者气充天地，故不惧怕苦难。

第四，诸德举要。

在仁、智、勇三达德之外，孔子还强调了人的其他的一些美德。现举其大端，略加分析。

其一，义。此德指公正、合理和应该做的。

如"君子喻于义"（4.16）。"见义不为，无勇也。"（2.24）"信近於义，言可复也。"（1.13）

其二，礼。作为德的礼是被作为人道的礼制所规定的。它在内表现为礼敬、礼让，在外表现为礼貌和礼仪。

如"恭近于礼，远耻辱也"（1.13）。

其三，信。此德指诚实。人言物一致，言行合一。同时，人与人恪守承诺。人诚信而获得他人信任。

如"与朋友交而不信乎？"（1.4）"人而无信，不知其可也。"（2.22）

其四，忠。此德指人有中正诚实之心，且竭尽奉献他人。

如"为仁谋而不忠乎？"（1.4）"主忠信，毋友不如己者，过则勿惮改。"（9.25）"爱之，能勿劳乎？忠焉，能勿诲乎？"（14.7）

其五，敬。此德指肃整自己对人对物保持尊重。

如"居敬而行简，以临其民，不亦可乎？居简而行简，无乃大简乎？"（6.2）

其六，耻。此德指人为自己越过礼的边界而羞愧。

如"君子耻其言之过其行"（14.27）。

其七，温、良、恭、俭、让。此德为夫子之德。温是温和；良是善良；恭是恭敬；俭是节俭；让是谦让。这五种品德基本上相关于我与他人的关系，其核心是我对于他人的仁爱。

如"夫子温、良、恭、俭、让以得之"（1.10）。

在所列举的德中，义、礼、信和三达德中的仁、智结合，就形成了后世所说的五德（亦即五常）：仁、义、礼、智、信。

除了上述诸德之外，孔子还言谈了许多德。这些德包括了人的生活的方方面面。可以说，人的生活有多少种，人的德性就相应地有多少种。在上述诸德中，有的重复，有的相近，有的交叉，其关系错综复杂。

但所有这些德性都被仁所规定，也就是被道所规定。

第五，区分善恶。

作为德的仁就是人的德性，人的德性就是人的人性，亦即人的本性。孔子谈到人性时说："性相近也，习相远也。"（17.2）这意味着人有一个本性，且每个人的本性都相近。因此，人具有共同的人性。

关于人的本性，一般都在争论其有无善恶和是否善恶。有性善说、性恶说、性有善有恶说、性无善无恶说。孔子本人虽然并没有直接给人性一个明晰的规定，但根据孔子对于人的德性作为仁的论述，我们可以断定，人的本性就是善。这是因为仁是去欲行道，去爱人。一个爱人的人正是一个善者，非恶者。"苟志于仁矣，无恶也。"（4.4）孔子的思想其实为儒家占主导的人性本善说奠定了基础。作为人的本性，仁不仅是善良的，而且是美好的和智慧的。

孔子强调人要区分善恶。人都能有好恶之心。但"唯仁者能好人，能恶人"（4.3）。常人所好也许并非善者，而所恶也许并非恶者。但仁者所好必是善者，所恶必是恶者。仁人之所以能好能恶，是因为他凭借仁爱之道。对于一个人的善恶的判断，不能依据乡人皆好或皆恶之，而是要基于："乡人之善者好之，其不善者恶之。"（13.24）由此可以断定，这个人是善人，而不是恶人。

孔子反对伪善。"巧言、令色、足恭，左丘明耻之，丘亦耻之。匿怨而友其人，左丘明耻之，丘亦耻之。"（5.25）伪善是令人羞耻的。这在于它越过了德性善恶的边界。伪善本恶，但伪装成善。这具有欺骗性质，比无伪的邪恶更恶。

在反对伪善的同时，孔子认为也要辨明什么是真正的善，也就是什么是真正的仁。有人批评管仲不仁，但孔子认为他仁。他说："桓公九合诸侯，不以兵车，管仲之力也。如其仁，如其仁。"（14.16）管仲之仁在于其非暴力行为。孔子还说："管仲相桓公，霸诸侯，一匡天下，民到于今受其赐。微管仲，吾其被发左衽矣。岂若匹夫匹妇之为谅也，自经于沟渎而莫之知也？"（14.17）管仲虽无小仁，但有大仁。可以说，他不拘小节而怀有大道。

人不仅要区分善恶，而且要行善去恶。"见善如不及，见不善如探汤。"（16.11）同时人要"见贤思齐焉，见不贤而内自省也"（4.17）。唯有如此，人才能不断去欲行道，获得仁的德性。

对于善，人们当然应该以善报善，而不能以恶报善。但对于恶，也就是怨，人如何相报呢？这至少有两种可能：一种是以怨报怨，另一种以德报怨。但孔子认为："以直报怨，以德报德。"（14.34）以直报怨是以公正报答怨恨，亦即不以私欲而以大道报答怨恨。这种报答可能是以怨报怨，也可能是以德报怨。以德报德实际上也是以直报德。这是因为以怨报德是不公正的，唯有以德报德才是公正的。

四、爱亲人

如前所述，仁是人的大德。它作为道在人身上的实现，显露为人的美好的德性。它或者作为诸德之全，或者作为诸德之一。但仁不仅表现在人自身，而且也表现在人与世界的关系上。就人与世界的关系而言，为仁或者是仁的实现表现为爱，也就是让人和万物自身存在。

在世界中，仁包括了三个方面的爱。第一，爱亲人（孝悌），让亲人自身存在；第二，爱他人，让众人自身存在；第三，爱万物，让万物自身存在。

孔子的仁爱并没有什么神秘的地方，相反它就来源于人们熟知的日常的亲情，即父母和子女之间的爱。爱在根本上是一种给予和奉献。父母生育和保护了子女，而子女也要孝敬和照顾父母。这种爱是一种现实的已存在和发生的爱。每一个人事实上都处于这种爱中，去爱和被爱。这种爱是平常的、普遍的。可见，孔子的仁爱学说是从现实世界和每一个人的自身存在出发的。如果说仁是爱的话，那么亲亲就是爱的本源。

不过，在这样一种家庭的亲情关系中，实际上存在两种不同的爱的形态。它们不是同一的，而是差异的。其中，一种是由上到下的爱，亦即父母对于子女的爱、兄姊对于弟妹的爱。另一种是由下到上的爱，亦即子女对于父母的爱、弟妹对于兄姊的爱。如果说前者偏于慈爱和保护的话，那么后者则偏于敬爱和尊重。

在亲爱中，孔子虽然也注重父母对于子女的爱，但实际上更强调子女对于父母的爱。因此，他反复说明为仁的根本是孝悌，亦即子对于父的爱和弟对于兄的爱。"其为人也孝弟，而好犯上者，鲜矣；不好犯上，而好作乱者，未之有也。君子务本，本立而道生。孝弟也者，其为仁之本与！"（1.2）这在于为仁包括了三个基本环节。第一，亲亲。第二，仁民。第三，爱物。这三个环节构成了由近到远、由小到大的顺序。其中，孝悌作为亲亲是其根本。没有孝悌的亲亲，也就没有仁民和爱物。当人孝悌也就是亲亲时，为仁的根本也就建立了。由此而来，为仁的道路就生成了。人们就会仁民和爱物。这构成了亲亲、仁民和爱物的完整道路。

孝悌作为仁爱有其独特本性。与父爱从上到下的爱不同，孝悌是从下到上的爱。从上到下的爱可以是命令、规定、管理和统治；而从下到上爱则是听从、服从、温顺和柔和。如果把仁爱主要理解为父爱的话，那么仁爱就具有了去征服的欲望。只有当仁爱被把握为孝悌的时候，仁爱才是一种被驯服的意志，也就是不好犯上。由此而来，礼就不是被动地对于某种外在仪式的遵守，而是主动地对于内在规则的服从。如此释仁释礼，孔子便为整个社会的等级序列的建立提供一个最初的基础。因为家庭和国家具有相同的结构，所以当子孝顺父，便有臣忠于君。这也就是让家庭成为家庭，让国家成为国家。

但孝有一些什么具体的行为？

第一，孝是无违。

什么是无违？孔子说："生，事之以礼；死，葬之以礼，祭之以礼。"（2.5）从反面来讲，孝就是不要违背礼制。但从正面来说，孝就是要遵守礼制。

第二，孝是悦色。

孔子说："色难。有事，弟子服其劳；有酒食，先生馔，曾是以为孝乎？"（2.8）虽然人在父母前表现出愉悦的脸色是件难事，但孝道就体现在愉悦的脸色。人的脸色来源于心，同时相关于人的言和行。

第三，孝是敬。

孔子特别指出，孝不仅是养，而且也是敬。敬是敬重、尊重、爱护、关注和认真等。"今之孝者，是谓能养。至于犬马，皆能有养；不敬，何以别乎？"（2.7）是否孝敬是区分人与动物行为的标志。如果人们把孝只是当成养，而不是敬的话，那么人们就是不孝，且把人贬低为动物。

除了上述之外，孔子还指出了孝的其他方面的表现。对这些孝的表现可姑且不论，但我们要特别提及三年之孝。孔子说："父在，观其志；父没，观其行；三年无改于父之道，可谓孝矣。"（1.11）三年之孝也是三年之丧。为何三年？孔子解释了三年之丧的缘由。"子生三年，然后免于父母之怀。夫三年之丧，天下之通丧也。"（17.21）人有三年的父母怀抱之爱，故也要守三年的父母丧期。这实际上是子女用爱对于父母之爱的回馈。

五、爱他人

虽然孔子认为父子之间的亲情是仁爱中最根本的情感，但他并不试图将孝悌只是局限于家人之间，而是认为应该将孝悌的情感扩大到天下。这无非是说，人们不仅要爱自己的父兄，而且要爱天下所有的人。

"泛爱众，而亲仁。"（1.6）因此，所谓的孝悌或者仁成为一种在世界中普遍化的亲情。这要求人们要像爱自己的亲人一样爱天下所有的人。基于这种普遍化的孝悌情怀，人们才产生了"天下一家"、"四海之内皆兄弟"的观念。天下本非一家，但仁者将它看作一家；四海之内并非兄弟，但仁者将他看作兄弟。如此理解的仁就不仅包括了人对于亲人的爱，而且还包括了对于非亲人的爱，也就是对于天下人的爱。

爱人首先必须承认一个已给予的情景，人不可能离世孤独地生活。人离开人类而与动物为伍只是一种幻想。"鸟兽不可与同群！吾非斯人之徒与而谁与?"(18.6)人生活在世界之中,也就是生活在人与人之中。他人的存在如同自己的存在一样是一个不可否认的事实。人生活在世界之中就不可避免地要和人打交道。只有在人我的共在之中,人才能真正展开自身的存在。

人不仅要承认他人的存在,而且要理解他人的存在。"不患人之不己知,患不知人也。"(1.16)他人不理解我,是他人不通达我。这在他人。我不理解他人,是我不通达他人。这在我。当我理解他人时,我就通达他人了。

但人如何处理好人与他人的关系? 这关键在于人如何从自身出发去看待他人。

孔子强调,从否定方面讲,人不要把自己不意愿的给予他人。这就是"己所不欲,勿施于人"(12.2)。另外,"我不欲人之加诸我也,吾亦欲无加诸人"(5.12)。

从肯定方面讲,人要把自己意愿给予他人。"夫仁者,己欲立而立人,己欲达而达人。"(6.30)这被视为儒家的金规则。在当今世界,它仍然具有普世价值。

无论是否定方面,还是肯定方面,这一金规则都设定了人与人之间的同一性。这就是说,我所不欲的也正是他人所不欲的,同时,我所欲的也正是他人所欲的。这依据于这样一种假设:天同此理,人同此心,心同此欲。由此,人可以由己推人。

不过,人与人除了同一性之外,还有差异性。每一个人都是不一样的,每一个人的存在都是不同的。因此,也许我所不欲的,正是他人所欲的;或者相反,也许我所欲的,正是他人所不欲的。如果事情是这样的话,那么不仅"己所不欲,勿施于人",而且"己所欲,亦勿施于人"。虽然孔子没有做如此明确的表达,但他也表现了对于差异的尊重和允许。这就是所谓的忠恕思想。人们甚至认为,忠恕是孔子的一贯之道。

论儒道禅

何谓忠恕？所谓忠是忠实、忠诚和忠心。它指一颗真实无虚的心灵，内不欺己，外不欺人。所谓恕是宽恕。人不按自己的尺度去要求他人，而让他人如其自身去存在。这也就是说，人要承认和允许他人的差异性。孔子认为仁具有五种德性，而作为恕的宽就是其中之一。"恭、宽、信、敏、惠。恭则不侮，宽则得众，信则人任焉，敏则有功，惠则足以使人。"（17.5）这五种德性都是人对于他人的仁爱的不同态度。其中的宽就是宽恕。正是因为人能够容忍那些与自己不同的人，所以能够得到多数人而不是少数人的拥护和支持。宽恕也表现为不念旧恶。"伯夷、叔齐不念旧恶，怨是用希。"（5.23）宽恕还表现为薄责于人。"躬自厚而薄责于人，则远怨矣。"（15.15）宽恕不仅是允许他人作为他人独特地生活，而且是原谅他人的过错和恶行。

在共在中，人与他人建立了多种关系。人与人或是朋友，或是敌人，或既非朋友，也非敌人。其中，孔子强调了朋友之间友谊的重要性。友谊不仅是人与他人一种特别的关系，而且是一种特别的感情。友谊不同于亲情。亲情是建立在血缘基础上的。友谊也不同于爱情。爱情是男女之间的关系，既包括了心灵，也包括了身体。友谊在根本上是建立在同道的基础上的。这就是说，有友谊的人们有着共同的道的追求。同道使不同的人们建立了友谊并成了朋友。

朋友是仁的朋友，因此朋友能帮助仁的实现。为仁就要与仁者为朋友。"工欲善其事，必先利其器。居是邦也，事其大夫之贤者，友其士之仁者。"（15.10）友人相聚，故能共同谋道。"有朋自远方来，不亦乐乎？"（1，1）快乐的缘由不仅是与友人相聚，而且是与大道相聚。

对于孔子来说，人虽然要与他人建立友谊，但要区分好的和坏的朋友。"益者三友，损者三友；友直，友谅，友多闻，益矣。友便辟，友善柔，友便佞，损矣。"（16.4）好坏朋友的区分点虽然很多，但最重要的无非是一个人是否真实，亦即诚实。一个诚实的朋友不仅对于道是忠实的，而且对于人也是忠实的。人不仅要区分朋友，而且要懂交友之道。"忠告而善道之，不可则止，毋自辱焉。"（12.23）这无非就是说，人与人虽然是朋友，但也要恪守彼此的界限和交往的分寸。

当然，孔子的仁的最高理想是不仅是去爱朋友，而且是去爱天下。人去爱天下所有的人，并让他们得到自身所需要的爱。"老者安之，朋友信之，少者怀之。"（5.26）这里的人有其区分。但它不是按照血缘关系而确定的亲疏之别，而是按照不同年龄而划分的老少之别。当然，人们可以把他们看成类似的家庭成员。老者如同自己的父母，朋友如同自己的兄弟，少者如同自己的子女。这就是所谓的天下一家。与人的区分相应，仁爱也有其区分。对老者的爱是从下到上的爱；对朋友是平等的爱；对少者是从上到下的爱。不同的人都能从有仁爱的人那里获得不同形态的爱。

六、爱万物

仁爱不仅意味着人对于人类的爱，而且意味着人对于自然的爱。因此，仁爱是爱亲人，爱他人，爱万物。万物在天地之间，在山水之间。爱万物也就是爱山水和爱天地。

一个仁者或者智者也是山水自然的热爱者。"知者乐水，仁者乐山。"（6.23）人不仅是欣赏山水自身的美丽，而且是感受到自己与山水的共同和相似之处，从而产生了共鸣。

热爱山水实现于畅游山水之间。"莫春者，春服既成，冠者五六人，童子六七人，浴乎沂，风乎舞雩，咏而归。"（11.26）此虽在人间世界，没有神秘超越，与神灵合一，但别于日常生活，远离家国事务。人与天地同乐，与人同乐，与道同乐。这就是所谓的天地境界，圣人气象。这也说出了孔子的最高志向。因此，孔子赞与曾点。

孔子对于山水的热爱实际上是对于天的敬畏。唯天为大。天既是不可见的天道和天命，也是可见的天地山水。在天地山水间，人可以感悟天道的存在。"逝者如斯夫！不舍昼夜。"（9.17）天地就是生生不息。它自己生成，也让万物生成，同时让人类生成。这是天地的大爱。人敬畏天地就要爱天地，让天地生成。这就是说，让天地运转，让百物生长。

从爱亲人经爱他人到爱万物，仁成为一种博爱。但孔子的博爱是亲情的扩大化和普遍化，而不是超出了亲情的一种人类的兼爱和上帝的圣爱。

第 八 章 为政

如同为仁一样，为政是也是行道。但如果说为仁是一般性的行道的话，那么为政则是政治性的行道。

一、为何为政

作为社会整体中的一分子，人需要对于自己所在位置的权利进行划界并参与对于公共事务的管理。故人都是政治的动物。但在孔子所处的君臣的时代里，事实并非如此。人可以分为广义的君臣，亦即治理者和被治理者。人不是治理者，就是被治理者。

但也有例外。一些人不是治理者，也不愿意成为被治理者。他们逃避社会，当然也逃避政治，成为隐士。"贤者辟世，其次辟地，其次辟色，其次辟言。"（14.37）辟世是逃避人世而去隐居。辟地是逃避危邦而入安邦。辟色是逃避难看的脸色。辟言是逃避恶毒的言语。但隐士只能是个别的，而不能是普遍的。这在于人必须和他人共同生活在这个世界上。即使隐士也逃脱不了如此的命运。一方面，唯有社会存在，人才可能逃避社会；另一方面，隐士虽不直接但间接地与社会发生关联。

人不可逃离世界，就是不可逃离家国。世界是由家国组成。既然如此，人们就需要治理家国。家国存在的必然性就意味着政治存在的必然性。"不仕无义。长幼之节，不可废也；君臣之义，如之何其废之？"（18.7）长幼是天生的区分和序列。君臣虽然是后天的，但建立在长幼的基础上，因此也是符合天道的。在这样的意义上，为政既符合人道，也符合天道。

但在君臣的时代里，政治将人分为治理者和被治理者。为政主要不是被治理者的事情，而是治理者的事情。这就是说，政治不是民众的事，而是君子、志士仁人的事情。因此，君子必须为政。君子不只是有德者，而也是有位者。有德者必当其位。

天下或有道，或无道。在一个有道的时代里，人不过是顺道而为，容易为政。但在一个无道的时代里，人却要反抗无道，实现有道，很难为政。人是否要在无道的时代里为政？"欲洁其身，而乱大伦。君子之仕也，行其义也。道之不行，已知之矣。"（18.7）无道之时，人要么逃避，要么反抗。逃避者去隐居，反抗者去为政。但孔子主张去为政，要使无道变成有道。

在无道的时代里，人可能使无道变成有道，但也可能无法使无道变成有道。"是知其不可而为之者与？"（14.38）人之所以不可为，是因为世无道。人知不可而不为，此为消极。人知不可而为之，此为积极。替天行道，虽不能为，但也合天。

二、暴政德政

君子为政，必须区分暴政和的德政。

孔子指出暴政有四恶。"不教而杀谓之虐；不戒视成谓之暴；慢令致期谓之贼；犹之与人也，出纳之吝谓之有司"。（20.2）治者无道，而充满欲望。同时，对于被治者不采用教化和告诫，而是采用暴力和酷刑。如此的暴政不仅会伤害被治者，而且最终也会导致治者自己的灭亡。

在指出暴政的同时，孔子指出德政有五美。"君子惠而不费，劳而不怨，欲而不贪，泰而不骄，威而不猛。"（20.2）君子依照大道，克制贪欲。他不仅自己安泰威严，而且能使人民生活平安。

宋·马和之《唐风》(之三)

但孔子心目中最高的德政是圣政。所谓圣政是圣人所从事的政治。这包括了如下几种形态：

第一，让天下。"泰伯，其可谓至德也已矣。三以天下让，民无得而称焉。"（8.1）让天下区别于霸天下、王天下。霸天下是以暴力霸占天下，王天下是以王道治理天下。让天下是人自己把天下让给他人。让是礼让。人不贪得，不争夺。通过无欲，人达到大道。因此，让天下是至德。

第二，不占有天下。"巍巍乎，舜、禹之有天下也，而不与焉！"（8.18）舜、禹虽然拥有天下，但不参与天下。天下不是为己，而是为公。这表明他们无私欲，而有大道，因此崇高。

第三，无为而治天下。"无为而治者其舜也与？夫何为哉？恭己正南面而已矣。"（15.5）无为而治就是顺乎天道，而天下自治。治者正德而敬道，坐朝廷而任百官。

三、以德治国

但君子如何为政？

为政治国的方略一般可以分为两种：一种是以刑治国，另一种是以德治国（以礼治国和以道治国）。

孔子指出了刑和礼的差异。"道之以政，齐之以刑，民免而无耻；道之以德，齐之以礼，有耻且格。"（2.3）政令和刑法是外在的，而且主要是否定性的。统治者用政、刑治国，人民只会不去触犯政、刑的禁令，而没有道德的羞耻。道德和礼制是内在的，而且主要是肯定性的。统治者用德、礼治国，人民就会耻于不善，而追求至善。

鉴于孔子德政和刑政的根本对立，孔子反对刑政，主张德政。季康子问："如杀无道，以就有道，何如？"（12.19）孔子答道："子为政，焉用杀？子欲善而民善矣。君子之德风，小人之德草。草上之风必偃。"（12.19）在孔子看来，为政用杀不仅是残暴的，而且是多余的。这是因为为政以德不仅是仁厚的，而且是容易的。只要治者倡导善德，被治者就会自动追随善德。如此这样，国家就能得到治理。"为政以德，譬如北辰，居其所而众星共之。"（2.1）为政以德区别于非德，如以法和以力等。德是德性，是人的人性和物的物性。如果治者为政以德的话，那么他就遵循了人的人性和物的物性，人和物都会归顺他。

以德治国也是以礼治国。这是因为所说的德是被礼所规定的。以礼治国是治国的根本。"能以礼让为国乎，何有？不能以礼让为国，如礼何？"（4.13）以礼让来治理国家就会使天下太平。否则，天下大乱，礼制也会沦为空洞的条文。因此，治者要好礼，使礼成为治国的原则。

以礼治国要正名。正名是让事物之名合于事物的存在，合符礼制的规定。正名正是修正事物之名，使不符合礼的事物存在之名变成符合礼的事物存在之名。

一个合于礼制的国家才能各如其所是。孔子认为以礼治国就是要实现："君君，臣臣，父父，子子。"（12.11）君臣是国家的主要成分，父子是家庭的主要成分。君臣之间是上下关系，父子之间也是上下关系。"君君，臣臣，父父，子子"是说：君是君，臣是臣，父是父，子是子。这意味着国与家的每一分子都各安其位，各尽其职。君要明，臣要忠，父要慈，子要孝。这就是守礼，也就是遵道。但其对立面为：君不君，臣不臣，父不父，子不子。这意味着国与家的每一分子不各安其位，不各尽其职。君不明，臣不忠，父不慈，子不孝。这违背了礼，违反了道。如果这样的话，那么就会国不安，家不宁。

以德治国和以礼治国也是以道治国。德是道的实现，礼是人道的根本。道是人的道路，它规定人并改变人。"君子学道则爱人，小人学道则易使也。"（17.4）道治理了人，也就治理了国。

四、治理自己

孔子认为，为政以德要治理自己。这在于家与国、孝与忠、为仁与为政密切相关。

人无德行，便无德政。"居上不宽，为礼不敬，临丧不哀，吾何以观之哉？"（3.26）这种种行为表明一个人失去了做人的根本道德。一个无德之人是无法实施德政的。

相反，人有德行，便有德政。"《书》云：'孝乎！唯孝，友于兄弟，施于有政。'是亦为政，奚其为为政？"（2.21）孝悌是家的原则，忠君是国的原则。但孝悌是忠君的基础。当人把孝悌作用于忠君的时候，也可以说是间接从政了。

当然，除了一般的仁德之外，其他品德和才能也决定了人是否可以从政。孔子认为，果敢、通达和多艺是人为政的才能。果敢人对于选择能作出果敢的决定；通达是人能通达人情事理；多艺是人具有多面的才能。

既然人自身的德和才如此重要，那么人为政就要正身。人正身就是使自己从不端正变成端正，从而合于道，合于德，合于礼。人只有正身，才能正人，也才能正国。因此，正是为政的真正意义。孔子说："政者，正也。子帅以正，孰敢不正？"（12.17）这要求人先正身，再正人。孔子从正面和反面强调了正身的重要性："其身正，不令而行；其身不正，虽令不从。"（13.6）治者端正自身就是对于被治者最好的无言的命令。

五、治理民众

孔子认为，为政以德一方面要治理自己，另一方面要治理民众。

以德治理民众是建立在以德治理自身的基础之上的。治者自身有德，也会促使被治者有德。"上好礼，则民莫敢不敬；上好义，则民莫敢不服；上好信，则民莫敢不用情。"（13.4）以德治民在这里具体化为治者用礼义信治理民众。治者好礼义信，被治者就会被这些德性所感染，并与这些德性相呼应。此外，"临之以庄，则敬；孝慈，则忠；举善而教不能，则劝"（2.20）。治者庄重，民众就会敬重。治者孝慈，民众就会忠诚。治者举善，民众就会劝勉。以德治民成为治者和被治者之间的良性感应。德性召唤德性，德性呼应德性。

在以德治理民众时，治者自身要有诚信，同时要获得人民的信任。足食、足兵和民信三者，孔子认为民信是最重要的。在治者面临必需的选择时，他可以放弃足食、足兵，而不能丢掉民信。"自古皆有死，民无信不立。"（12.7）虽然充足粮食才能解决人民的生存问题，充足军备才能解决国家的安定问题，但唯有人民信任，政权才能稳定。唯有政权稳定，才能充足粮食，才能充足军备。但人民信任的前提是政权有诚信。这也就是治者要依道为政，以德治民。

当民众相信治者时，民众当然也会服从治者。这里关键还是在于治者以德治民，区分有道与非道，亦即区别正直和非正直。"举直错诸枉，则民服；举枉错诸直，则民不服。"（2.19）把正直的人置于不正直的人之上是合乎正义的。相反，把不正直的人置于正直的人之上是不合乎正义的。人民服从正义，不服从非正义。

如果治者为政以德的话，那么天下就会大道流行。人民无不均，无不安。"丘也闻有国有家者，不患寡而患不均，不患贫而患不安。盖均无贫，和无寡，安无倾。"（16.1）均匀比寡少更重要；安定比贫穷更重要。均匀是各得其分，安定是和谐生存。

一个有道的天下定能感召远近之人。"近者说，远者来。"（13.16）为何近者快乐？为政以仁，近处的人得其恩惠，故快乐。为何远者归来？为政以仁，远处的人被其感召，故归来。

六、为政步骤

孔子强调，为政要循序渐进，且有远大眼光。"无欲速，无见小利。欲速，则不达；见小利，则大事不成。"（13.17）无欲速即欲慢，遵循事物自身运行的道路而行走，最终达到目的。欲速是根据自身的欲望而行事，最后反而达不到目的。无见小利即见大利，大利是事物的整体利益，亦即道义。见小利则只是看到了事务的局部利益，遗忘了道义，从而阻碍了事物整体的完成。

关于为政的顺序性，孔子认为首先庶之，其次富之，最后教之。（13.9）

首先，庶是让人民种族繁衍。

其次，富是让人民生活富足。

最后，教是让人民礼乐教化。

　　这三者构成了为政的整体。它实际上包括了欲望、工具和大道的活动。治者为政就是让人民的基本欲望得到满足，同时提供满足此欲望的工具和手段。这里所说的庶相关于人自身族类的生产，富相关于人所需要的物质资料的生产。这里所说的教就是道德教化。通过这种教化，人民区分是非，并作出合于道的选择和决定。

　　在欲技道的活动中，人民展开了自己的生活。以德治国的最后目的无非是让人民美好地生存。

第 九 章　成人之道

孔子所言之道也是关于成人之道。成人一方面是指成为一个人的过程，另一方面也是指成为一个完成的人、亦即完美的人的目的。

一、人生之路

对于孔子和儒家而言，成为一个人就是成为一个仁人。但这是一个生命的过程，它从少年经中年直到老年。"士不可以不弘毅，任重而道远。仁以为己任，不亦重乎？死而后已，不亦远乎？"（8.7）仁之所以是任重，是因为它不只是爱自己，而也是爱天下；死之所以道远，是因为它作为生命的终结不是在近处，而是在远处。这要求人们生命不息，奋斗不止。

孔子以自身的经历描述了追求大道成为仁人的过程。"吾十有五而志于学，三十而立，四十而不惑，五十而知天命，六十而耳顺，七十而从心所欲，不逾矩。"（2.4）这需要更细致和明确的解释。

十有五而志于学。志向是一个人一生的目标。当人对于自己的人生开始觉醒的时候，人就开始筹划这一生的目标。所谓志于学并非志于关于一般知识的学习，而是志于关于道的学习。学就是学道。唯有道才是人一生中最重要的目标。

三十而立。立是站立。人站立于世界之中。但人何以站立？这凭借于礼。礼是人在世界之中的游戏规则。人知道了游戏规则，就能立于世界之中。

论儒道禅

四十不惑。不惑就是不迷惑于人生与世界的假相，从而认识了真理。人知道自己是谁，也知道世界是什么。

五十知天命。天命是天的命令，是人的命运。天命是人的存在的边界，也就是人生死的道路。人知道了天命，就是知道了人自己的命运，也就可以把握自己的存在。

六十耳顺。人耳顺而听闻各种言语，这表明人与世界是沟通的。人能听闻人的声音，并且能回答人的声音。此外更重要的是，人不仅能听懂天的意志，而且能听从天的意志。

七十从心所欲不逾矩。心无贪欲，而怀大道，故能从心所欲；既合天道，也合人道，故能不逾矩。人从心所欲但不逾规矩，这意味着心意和规矩的合一。不仅人的心意不逾规矩，而且规矩也不限人的心意。因为心意是人的意志，规矩是天道和人道的规矩，所以心意和规矩两者合一就是天人合一。这是一种自由自在的人生境界。

这一经历也许不仅具有个别性，而且具有普遍性。

如果说孔子的自述主要是从肯定方面而言的话，那么他针对一般人所说的君子三戒则主要是从否定方面而言。"君子有三戒：少之时，血气未定，戒之在色；及其壮也，血气方刚，戒之在斗；及其老也，血气既衰，戒之在得。"（16.7）

人的一生从生到死大致可以分为少年、壮年和老年。在不同的阶段中，既有生理的变化，也有心理欲望的变化。它们形成了人生各种不同的问题。孔子认为，血气及其变化是生理中最根本的。其实，血气并非其他东西，而就是人自身的生命力。血气的变化就是生命力的变化。血气在少年是未定，在中年是方刚，在老年是既衰。与此相应的是由血气生发出来的不同的欲望。它们分别是色、斗和得。色是好色，斗是争斗，得是贪得。这些欲望不是一般的欲望，而是超出自身边界的欲望。如果人们不注意有效地克制这些欲望的话，那么它们很可能在瞬间就会毁灭人的一生。

故对于这些欲望的戒防是人们求道成仁的必要条件。

二、人的区分

对于孔子而言，仁虽然是人的本性的规定，但并非所有的人能实现仁。故有些人是非仁者，有些人是仁者。同时，那些具有仁爱的人虽然都可以被称为是仁者，但并非完全是相等的，而是有差别的。他们之间存在一个高低的等级序列。

孔子对人进行了区分。这种区分不是社会上的职业的分工，而是德性和德行的不同。他说："圣人，吾不得而见之矣；得见君子者，斯可矣。"他又说："善人，吾不得而见之矣；得见有恒者，斯可矣。亡而为有，虚而为盈，约而为泰，难乎有恒矣。"（7.26）这里，圣人是天地之道的代言者和践行者。君子是有道德的人。善人是有仁无恶的人。有恒者是对某一事情专注而持久的人。无恒者不仅是多样变化之人，而且是虚伪不实之人。它实际上是小人。在另外的地方，孔子还指出过其他类型的人。我们看看孔子对于这些人是如何谈论的。

第一，小人。

小人有时指职业上的平民，如农民等。

小人有时指道德上的恶者，无仁义者。

第二，士与仕。

士者不仅是知识分子，而且是知道分子。这就是说，他不仅具有关于万物的一般知识，而且具有关于道的知识。当士不仅读书而且为政时，那么他就是仕了。

孔子对于士自身做了分类。最高的士："行己有耻，使于四方，不辱君命，可谓士矣。"其次的士："宗族称孝焉，乡党称弟焉。"再次的士："言必信，行必果，硁硁然小人哉！抑亦可以为次矣。"最后关于今之从政者：

论儒道禅

清·佚名《商山四皓图》

"噫！斗筲之人，何足算也？"（13.20）最高的士在此有两种规定。其一，他对己严格自律；其二，他对外能完成国君授予的使命，维护国家的利益。这里特别强调了士的耻辱意识，亦即欲与道的边界意识。此种士是国之士。其次的士入则孝，出则悌。此种士是家之士。再次的士言必信，行必果。此种士是己之士。现在为政者器量狭小，不是士。他们之所以器量狭小，是因为他们唯有个人欲望，而没有家国道义。

第三，隐士。

如果一个士不愿为政的话，那么他就不是仕；如果他逃避人世的话，那么他就是隐士。他虽然生活在世界之中，但是却隐藏自己，不为世界所见。

隐士有不同的逃避领域。他们或者避世，或者避地，或者避色，或者避言。有的逃避的范围大，有的逃避的范围小。

隐士自身也有不同的人格。孔子说："不降其志，不辱其身，伯夷、叔齐与！"（18.8）他又说："柳下惠、少连，降志辱身矣，言中伦，行中虑，其斯而已矣。"（18.8）他还说："虞仲、夷逸，隐居放言，身中清，废中权。我则异于是，无可无不可。"（18.8）伯夷类隐士不降其志，不辱其身。他们坚守正道，远离人世。柳下惠类隐士降志辱身，言行合于法度。他们寻找正道与人世的契合。虞仲类隐士隐居放言，既行正道，又通权变。但孔

子自身不属于其中任何一种类型。他无可无不可。可显可隐，唯道是从。

第四，仁者。

仁人就其实现了仁的一般特性而言是成人，就其具有贤德而言是贤人。一个仁人其实同时就是仁者和智者。一个没有仁爱的智者或者一个没有智慧的仁者都是不全面的。仁者和智者有一个共同的基础，就是相关于人本身。仁主要不是爱其他什么东西，而就是"爱人"，知主要不是知道其他什么东西，而就是"知人"。这也就是说，他们所热爱和所知道的主要都是人。

当然，仁者和智者对于世界和人生的态度是有差异的。"知者乐水，仁者乐山。知者动，仁者静。知者乐，仁者寿。"（6.23）孔子在此区分了智者和仁者三个方面的不同。一是不同的自然。智者爱水，仁者爱山。水是流动和灵活的，而山是雄伟和静穆的。二是不同的形态。智者是活动的，仁者是安静的。三是不同的生命。智者是快乐的，仁者是长寿的。但这种区分是相对的。不如说，仁者具有智者的本性，而智者也具有仁者的本性。一个仁人除了是仁者和智者之外，其实同时还是一个勇者。"知者不惑，仁者不忧，勇者不惧。"（9.29）一个仁者同时具有仁、智、勇三达德。

第五，君子。

君子在字义上是指统治者，即处于上位的人，而不同于处于下位的

论儒道禅

人。由于这种地位，君子具有了某种特别的权力，而能支配他人。一般而言，这种地位的获得往往是由血缘决定的。但在孔子那里，君子并非是指一个有权力的人，而是指一个有道德的人。同时，君子也不是基于血缘而天生的，而是依靠人性的陶冶而形成的。

第六，成人。

成人是一完成之人，亦即全人。孔子说："若臧武仲之知，公绰之不欲，卞庄子之勇，冉求之艺，文之以礼乐，亦可以为成人矣。"（14.12）他又说："今之成人者何必然？见利思义，见危授命，久要不忘平生之言，亦可以为成人矣。"（14.12）成人包括了四个方面的品性：智、不欲、勇、艺。智以知物，不欲以明德，勇以敢为，艺以有能。此外，成人为礼乐所修饰。今之成人不必德性完全，而是要把握关键。这也就是说能制欲为道。

第七，圣人。

最高境界的人是圣人。但很少有人能达到这样的境界。与此相应，很少有人可以被称为圣人。在孔子看来，圣人只是那些伟大的先王。他承认自己都不是圣人："若圣与仁，则吾岂敢？抑为之不厌，诲人不倦，则可谓云尔已矣。"（7.34）但这是他的自谦之辞。孔子所为为何？所为正是圣与仁。为之不厌，即为之有恒，也就是专注而持久地追求圣与仁。孔子所诲为何？所诲正是圣与仁。诲人不倦，即诲人有恒。这里不仅所诲是圣与仁，而诲人本身就是圣与仁。

作为人的最高的实现，圣人依天道而行。孔子赞美圣人尧帝："大哉尧之为君也！巍巍乎！唯天为大，唯尧则之。荡荡乎！民无能名焉。巍巍乎其有成功也！焕乎其有文章！"（8.19）天是最大的，天道是最崇高的。作为圣人，尧听从天道而引领人民。他的事业是伟大的，他的礼乐文明是光明的。

圣人博爱遍及人类。对于博施于民而能济众，孔子认为："何事于仁！

必也圣乎?"（6.30）所谓博施于民而能济众就是让民众生，让民众成。

上述七种人的分类是相对的。其中有重合，有交叉。他们基本可以归为两类：小人和君子。君子有一个家族。士、仁人、成人虽然各自重点不同，但都属于广义的君子。这在于他们都是求道成仁之人。

三、重论君子

孔子认为，君子在根本上是被道所规定的。既然君子追求道，那么他就要放弃对于欲望的追求。君子不仅不能欲望化，而且不能器具化或者工具化。"君子不器。"（2.12）器具化不仅使君子远离了道，而且也使他片面化和单一化，成为服务于某一特定目的的某一特定手段。

因为君子自身有道，所以也能让其居住的地方有道。"子欲居九夷。或曰：'陋，如之何?' 子曰：'君子居之，何陋之有?'"（9.14）居不仅是居住一地方，而且也是生活一地方。陋不仅是物质之简陋，而且是文化之粗陋。君子凭借有道，居住于一地方，就能不为此地方所限定，而是改变此地方。这也就是说，君子使此地方由无道之地成为有道之地。

在孔子的思想中，道具体化为仁爱，故君子追求道就是追求仁。一位君子在本性上是一位仁者。"君子以文会友，以友辅仁。"（12.24）文是道之文，是道自身的表达。以文会友，不过是道将大家聚集在一起，而成为志同道合的朋友。朋友是道的朋友，也是仁的朋友。于是，朋友的友谊推进了道，也推进了仁。这就是以友辅仁。君子不仅是仁者，而且也是智者和勇者。因为有仁、有智和有勇，所以君子能去除私欲，看破假相，克服危险。

作为一个君子，他内外兼修。他不仅有内在的美德，而且有外在的文采。孔子说："质胜文则野，文胜质则史。文质彬彬，然后君子。"（6.18）一个人的内在和外在的关系有一个适当的度。过分的质朴和过分的文雅都是不恰当的。只有当一个人内在和外在的表现适宜的时候，他才拥有一个真正的君子形象。

君子的质就是仁道，文就是礼文等各种表现。孔子说："君子义以为质，礼以行之，孙以出之，信以成之。君子哉！"（15.18）义是道义，是君子立身的本质。礼是礼制，是君子实行的原则。孙是谦逊，是君子言谈的要求。信是诚信，是君子完成的基础。一个君子就是这四个方面的完美结合。

在内在仁道的基础上，君子的外在礼文有其基本规定。"君子所贵乎道者三：动容貌，斯远暴慢矣；正颜色，斯近信矣；出辞气，斯远鄙倍矣。"（8.4）此处的道是君子的修身之道。这包括了三个方面：动容貌、正颜色、出辞气。三者是与人相见的三个次第：先容貌、次颜色、再辞气。

由于君子内仁外礼，在其形象上具有独有的特征。"君子有三变：望之俨然，即之也温，听其言也厉。"（19.9）望为远望。望其相貌，君子礼仪威严。即为接近。近其面色，君子仁德温和。听为倾听。听其言谈，君子道义严正。

一般而言，一个人言行就是其基本的存在方式和德性的显现，因此君子谨言慎行。君子言行的基本原则就是言行一致。人的言语既不要超过行为，成为虚夸，也不要不及行为，而成为隐瞒。

君子的言行一方面是对己，另一方面是对人。不管对己对人，君子都遵守内仁外礼。"有君子之道四焉：其行己也恭，其事上也敬，其养民也惠，其使民也义。"（5.16）恭是人对于自己的态度。恭是恭谦。人不自高自大，处于低下地位。这也意味着对于他人的礼让。敬是人对于君主的态度。敬是敬重。人尊崇他人的高等地位。这种地位不仅是政治的，而且是道德的、智慧的等。惠是人对于民众的一种态度。惠是恩惠。人给予他人物质或精神的利益。义是人对于民众的另一种态度。义是正义。人对于他人的使用合于道义的要求。

君子心系天下。"可以托六尺之孤，可以寄百里之命，临大节而不可夺也。君子人与？君子人也。"（8.6）他承担国家大命，无畏生死。

尽管君子行道的目的地是天下，但其出发点却是自己。君子要从修己开始。"子路问君子。子曰：'修己以敬。'曰：'如斯而已乎？'曰：'修己以安人。'曰：'如斯而已乎？'曰：'修己以安百姓。修己以安百姓，尧舜其犹病诸？'"（14.42）第一，修己以敬。修正自己，使自己保持恭敬。此无非去人欲，行天道。第二，修己以安人。修正自己，使他人安乐。他人与自己相对。第三，修己以安百姓。修正自己，使百姓安乐。百姓是人的整体。君子在此要处理好自己和他人的关系。其关键在于修己，然后扩充到他人。

孔子对于君子提出了全面修身要求。"君子有九思：视思明，听思聪，色思温，貌思恭，言思忠，事思敬，疑思问，忿思难，见得思义。"（16.10）第一，视、听。此为人由外到内的感知。第二，色、貌。此为人由内显外的相貌。第三，言、事。此为人的言行。第四，疑、忿。此为人的心灵。第五，见得。此为人在欲与道之间的抉择。九思是一个君子要遵守的细致的游戏规则。

四、君子和小人

为了确定君子的本性，孔子将他与小人相比较。君子和小人完全是对立的。君子不是小人，小人不是君子。孔子特别强调："女为君子儒！无为小人儒！"（6.13）一个儒生似乎已不是一般的人，而是一个特别的人，也就是知道并掌握六艺的人。尽管如此，但孔子也警告他们要注重君子和小人的区分。那么，君子和小人区别的界限在哪里呢？

首先，是明道的不同。

孔子说："君子有三畏：畏天命，畏大人，畏圣人之言。小人不知天命而不畏也，狎大人，侮圣人之言。"（16.8）天命是为天道所规定的命运。大人是王公和位高之人，是替天行道者。圣人代天立言。故圣人之言虽为人言，但为天言。君子与小人之别在此表现为对于天命、大人和圣人之言敬畏与否。

君子是被道德所规定的，而小人则是被利益所规定的。"君子怀德，小人怀土；君子怀刑，小人怀惠。"（4.11）"君子喻于义，小人喻于利。"（4.16）在上述对比中，君子相关于德、刑和义，小人相关于土、惠和利。前者是道德、法度和仁义；后者则是乡土、恩惠和利益。由此可见，君子考虑的是普遍的道义，而小人考虑的是私人的利欲。根据这种比较，君子和小人的德行是根本不同的。甚至可以说，君子是有道和有德的人，而小人是无道和无德的人。"君子上达，小人下达。"（14.23）君子上达于道，小人下达于欲。因此，君子有仁，小人无仁。"君子而不仁者有矣夫，未有小人而仁者也。"（14.6）君子追求仁，但偶然也会忽视仁。小人追求不仁，但也不会偶然想到仁。

其次，是为人的不同。

君子立足于自身，而小人则依赖于他人。"君子求诸己，小人求诸人。"（15.21）在人与人的关系上，君子团结而不勾结，小人则勾结而不团结。"君子周而不比，小人比而不周。"（2.14）同时，君子和谐而不同一，小人则同一而不和谐。"君子和而不同，小人同而不和。"（13.24）此外，君子利人，小人害人。"君子成人之美，不成人之恶。小人反是。"（12.16）

因为君子和小人为人根本对立，所以人与君子和小人相处是完全两种不同的经验。"君子易事而难说也。说之不以道，不说也；及其使人也，器之。小人难事而易说也。说之虽不以道，说也；及其使人也，求备焉。"（13.25）君子为道，待人公正而宽容。小人为欲，待人自私而刻薄。

最后，是处世的不同。

君子心胸坦荡，小人则心情忧愁。"君子坦荡荡，小人长戚戚。"（7.37）

这在于，君子与道同一，与人同在；而小人唯有私欲和个人。君子安泰，小人骄傲。"君子泰而不骄，小人骄而不泰。"（13.26）君子能居贫无困，小人则为贫所困。"君子固穷，小人穷斯滥矣。"（15.2）

五、君子之乐

君子有其乐。

孔子认为乐是人身心的最高状态："知之者不如好之者，好之者不如乐之者。"（6.20）知是人知道事物，是认识。好是人爱好事物，是意愿。乐是人喜乐事物，是审美。在此经验中，人与事物合一。

快乐或欢乐作为人的身心的愉悦可以分为两个方面。一是情态性的，人处于快乐之中；二是意向性的，人为某人某物而快乐。

就快乐自身的情态而言，它有的是内在的，有的是外在的；有的是偏向于身体性的，有的是偏向于心灵性的。"子在齐闻《韶》，三月不知肉味。曰：'不图为乐之至于斯也。'"（7.14）《韶》乐尽善尽美，显现大道。人专注音乐之美所带来的精神的愉悦，而忘却了味觉所带来的肉体的感受。

但无论何种情态的快乐，孔子都强调"乐而不淫"。欢乐要保持自己的本性，而不要越过自身的边界。

就快乐的意向而言，它就是爱。一方面，为之快乐的人或物走向人，激发人的快乐；另一方面，人走向为之快乐的人或物。在快乐中，人和为之快乐的人和物交互生成。

孔子区分了不同的快乐。

第一，爱道的快乐。

"学而时习之，不亦说乎？"（1.1）这里是学习的喜悦。人通过学习获得了知识，其最高形态是人与道的合一。所悦何事？人与道同。

人们称道的孔颜之乐的根本就是贫而乐道。

71

论儒道禅

孔子自述："饭疏食饮水，曲肱而枕之，乐亦在其中矣。不义而富且贵，于我如浮云。"（7.16）虽然贫穷，但是有道，因此快乐。虽然富贵，但是无道，因此鄙弃。

孔子赞美颜回："贤哉，回也！一箪食，一瓢饮，在陋巷，人不堪其忧，回也不改其乐。贤哉，回也！"（6.11）在贫困的生活里，人只有忧愁，而没有快乐。但颜回不仅没有忧愁，反而有快乐。所乐何事，所乐道也。颜回有道，当然有乐。

第二，爱人的快乐。

首先是爱亲人。"父母之年，不可不知也。一则以喜，一则以惧。"（4.21）人对于父母年龄一喜一忧，这在于生死悖论。人多活一天，也是早死一天。

其次是爱朋友。"有朋自远方来，不亦乐乎？"（1.1）谁是朋友？同窗为朋，同志为友。人之所以成为朋友，是因为人是同道。正是道使陌生的人成了朋友。道就是朋友之间的纽带。远来是分离后的聚集。所谓远就是分离，所谓来就是聚集。所乐的意向是远来的友人。所乐何事？人与友人相聚。

再次是爱众人。人不仅爱朋友，而且爱非朋友。人在这种爱中感到快乐，也使被爱的人在这种爱中感到快乐。这就会导致近悦远来（13.16）

第三，爱天地的快乐。

仁者智者乐山乐水，在山水中获得快乐。在山水之间，就是在天地之间。因此，人乐山乐水也是乐天乐地。

虽然君子要实现快乐人生，但孔子要强调分辨不同的快乐。道能给人带来快乐，欲也能给人带来快乐。但人要区分不同的快乐。"益者三乐，损者三乐。乐节礼乐，乐道人之善，乐多贤友，益矣。乐骄乐，乐佚游，乐宴乐，损矣。"（16.5）乐于以礼乐来调节，有规则之益；乐于说他人的长处，有善良之益；乐于多交贤友，有友情之益。与上述不同，乐于骄傲享乐，有傲慢之损；乐于游荡忘返，有放荡之损；乐于饮食享受，有肉欲之损。益者三乐是由道所激起的快乐，损者三乐是被欲望所激起的快乐。人要追求由道带来的快乐，抛弃由欲带来的快乐。

人生在世，一方面是快乐，另一方面是忧愁和惧怕。忧是担心事情之未成，惧是害怕事情之发生。

但君子唯乐，无忧无惧。孔子对于不忧不惧的原因作了说明。"内省不疚，夫何忧何惧？"（12.4）君子不忧不惧，这在于他无私欲，无愧于心；同时，行大道，处之泰然。

孔子自己的人生就是乐以忘忧。"其为人也，发愤忘食，乐以忘忧，不知老之将至云尔。"（7.19）发愤忘食是忘物，尤其是人忘记自己的身体食用食物。但人不仅忘记食物，而且专注于努力奋斗。乐以忘忧是忘心，特别是人忘记一颗忧虑的心。但人不仅忘记忧愁，而且专注于快乐。不知老之将至是忘时，特别是最后的时间，亦即衰老并死去的时间。但人不仅忘记衰老，而且践行大道。

君子不仅不忧不惧，而且无怨无恨。"人不知，而不愠，不亦君子乎？"（1.1）这里的人是与我相关的人，但不是与我同道的人，因此他人不是朋友。他人不知道我，也就是不理解我的所作所为。不知甚至会导致误解和曲解。愠是怨恨，是与喜悦、快乐相反的否定性的情态和意向。当他人不知道我时，我的一般的反应就是怨恨。但作为一个君子，人就应该与这种一般的反应相区分，不去怨恨。通过对于怨恨的否定，人能够自己规定自己，而成为自己的主人。

孔子自道："不怨天，不尤人；下学而上达。知我者其天乎！"（14.35）天不助而不怨天，人不合而不尤人。一切反归自身，立于自身。下学万物而上达天道。人之所以不知道我，是因为人们不知道我与道同在。孔子没有怨恨，只有爱，只有乐。

第 十 章 边界

孔子的思想具有一内在的隐秘的道路和结构。其主干是道（第一章）。道具体化为天道和人道。天道是天命（第二章），人道是礼乐（第三章）。人学道（第四章），知道（第五章），并言道行道（第六章）。人行道分为两个方面。一般性的行道是为仁（第七章），而特别性的行道是为政（第八章）。其完满的实现是成道(第九章)。我们现在需要区分孔子道的边界。

孔子思想有死的东西和活的东西。其中哪些是活着的？哪些是死去的？虽然对此人们几乎难以区分，但我们仍然需要分辨。

一、道：中庸之道与生生之道

孔子的道主要是中庸之道。中庸就是事物自身的本性，不偏不倚。因此，人理解和实践大道的时候，就要恪守中正，防止过与不及。在这样的意义上，中庸之道既是本体论，也是方法论。

此中庸之道影响了中国思想的基本语言范式，如阴阳、情理、体用等。在任何一种范式之间，人们力图反对走向极端，而要恪守中道，达到平衡。如阴阳和谐、情理交融、体用不二等。

尽管中庸之道在儒学之中享有崇高的地位，但它自身包含了不可克服的危机。中庸是事物自身，由此区分于他物。如此理解的中庸具有外在的否定性。事物是自身，而不是自身之外的他物。但是中庸缺少内在的否定性。作为中正，中庸没有自身的否定，而只是保持自身的肯定。因此，中庸一直是自我同一，而没有展开差异。如此这般，中庸自身没有生成。

如果事物的本性始终是与自身同一的话，那么它就是死的，而不是活的。但如果事物自身是活的话，那么它不仅要与他物相区分，而且要与自身相区分，由此产生差异，并展开生成。当我们真正理解了事物的本性的时候，它就不仅是中庸之道，而且是生生之道。生生之道意味着：生生即道，道即生生。

生生之道中的"生"是生产、生长和生成，是一个事物生成为一个事物。它不仅指有生命的现象，而且指非生命的现象，包括了天地间的一切存在者。但生主要是个体和人类的生命、生活和生存。因此，生生之道虽然是存在的生生之道，但主要是人的存在的生生之道。

生不仅是由旧到新，而且是由无到有。生生之道中的"生生"是生而又生，生生不息。它是克服了生成有限性的无限性。但生而又生之中包括了死亡的环节。生必有死，死必有生。死亡并不是一种可怕的事件，相反它是事物的寿终正寝，是圆寂和完成。死亡虽然是事物生成的终点，但也是其生成的起点。因此，所谓生生不息就是事物生与死的永恒轮回。一个事物生了、死了、又生了，如此这般。

生生之道不仅是无限的，而且是多元的。在生成之中，一个事物和另外的事物相区分，而形成自身。同时，一个事物与自身相区分，而由旧事物变成新事物。于是，每一个事物与他物相较都是不同的，每一个事物与自身相较也是不同的。这正如太阳每天都是新的。

如果说生生之道是万物之道的话，那么所谓的本体就是生本体（生生本体）。在中国思想史上，人们曾试图建立不同的本体论，如气本体论、理本体论和心本体论等。但所有这些本体论都是以某一特定的物作为本体，而理解和解释其他的物。这并不能把握万物自身的本性。唯有从生出发，人们才能找到理解万物自身本性的通道。因此，生本体论是唯一可能的本体论。诸如气本体论、理本体论和心本体论都必须建立在生本体论上。通过这种重新的建基，它们才获得了生命力，并能说明其自身所关涉的领域。

二、天命：必然性、偶然性与可能性

就天的维度而言，道是天命。

孔子强调了天命的必然性。必然性是事物一定如此且不可避免如此。偶然性则是事物不确定的既可能发生又可能不发生的性质。必然性和可能性构成了天命的两个方面。但如此理解的天命可能走向两种极端：一种是绝对的必然性，另一种是绝对的偶然性。

命运的必然性可能导致宿命论。不管人如何行为，他都不可抗拒命运的安排。正如人们所说的，听从命运的人，跟着命运走；不听命运的人，命运拖着走。这基本上否定了人的自由存在。

与此相反，命运的偶然性则可能导致运气论。如果一切都是偶然发生的话，那么人的存在就是没有任何根据的。一种没有根据的存在就是运气。运气决定了人如此或者不如此。人的运气也许好，运气也许不好。人的存在就如同博弈一般。

但天命既不能理解为片面的必然性，也不能理解为片面的偶然性，而是要理解为可能性。天命是天给人划定的可能性的道路。这条道路具有自身的边界。在边界之外，一切都是不可能的。这就是天命的必然性。这就是说，事物是必然不发生的。在边界之内，一切都是可能的。这就是天命的偶然性。这就是说，事物是可能发生的，也是可能不发生的。天命的可能性统一了必然性和偶然性。

作为可能性的道路，天命给予人最大的可能性。这在于，天命规定了人从生到死的漫长的道路。人生在世就是要化可能性为现实性，将偶然性变必然性。如此这般，人就知命并立命。人既非天命的奴隶，也非天命的主人，而是天命的参与者和实现者。

宋·马和之《唐风》（之四）

三、礼乐：等级性与公正性

就人的维度而言，道是礼乐。礼可分为礼制和礼仪（礼器、礼貌）等，但其根本是礼制，也就是关于礼的典章制度体系。它的特性是多样的，是法律、道德、宗教等的合一。

礼之所以重要，是因为它是人的存在的法则，亦即人生在世的游戏规则。它相关于天、地、神、人等世界整体中的根本要素。这就是说，人如何去对待天、地、神和人等。当然，其中最主要的是人如何对待他人。虽然说礼包括了天经、地义和人行，但它的主体是规定人与人的社会关系。

礼的规定是去区分，也就是别异和辨异。在社会整体中，礼区分了每一个人与他人的不同，而使人和他人都获得了自身的规定。作为一个人，他不仅是什么，而且也不是什么。在社会整体中，人的规定和区分可以分为两个方面：家和国。在家中，人区分为夫妇、父子和兄弟等；在国中，人区分为君臣。但君臣还可以细分为天子、诸侯、大夫、士和庶民等。于是，每一人都获得了自己的身份和位置。

但礼的区分和规定在根本上是一种等级制。礼所规定的个人并非是一个独立自由的个体，而是一个已经先天和后天所规定的社会角色。这一角色不是平等性的，而是上下性的。礼的区分事实上是上下的区分。家中的父子，父高于子；国中的君臣，君高于臣。这样一种上下的区分还导致相应的区分，如尊卑、贵贱、主从等。在这种上下关系中，每个人都要保持自己的身份和位置，不可逾越和置换。否则，人就是违背礼制。

礼对于人既定身份的规定是一种限制。天伦确定了人或者是父，或者是子，这是不可改变的；人伦确定了人或者是君，或者是臣，这也是不可改变的。这也使人与他人的社会关系陷入一种简单僵硬的模式：或父子关系、或君臣关系。这种上下级的关系不仅束缚了个体的发展，而且阻碍了社会的变革和进步。

作为人的存在的法则，礼在历史的每个阶段都是必不可少的。但礼制需要变革。有的要立，有的要改，有的要废。对于孔子所主张的先王之礼或周公之礼的变革的根本就是从等级到公正。现代世界需要的不是等级的游戏规则，而是公正或者是正义的游戏规则。

在世界之中，每个人都是有差异的，而非平等的。但是在一个公共的游戏规则面前，人人都是平等的。这就是说，每人自己或者委托他人参与公共的游戏规则的制定、修改和废除；每人都要遵守此公共游戏规则，没有特权；每人都一样地受到此公共游戏规则的保护、奖励或者惩罚。在此公共游戏中，每人的平等不是意味着平均齐一，而是意味着公正。人们一般将公正分为制度、程序和实质几个方面，但其根本是每个人根据游戏规则去活动，并得到相应的奖励或者惩罚。这才是人真正的各在其位、各得其所。

四、为仁：爱亲人与让生成

在孔子那里，仁是从爱亲人到爱众人再到爱万物的。其中，爱亲人的孝道是子女对于父母的爱。而孝道是为仁之本。

因此，我们必须深入思考父子之间的关系。父子之间究竟是一种什么样的关系？它当然是一种人际关系，但是一种特别的人际关系，也就是血缘关系。父母和子女虽然是具有差异的个体，但通过血缘，两者之间建立了亲密的关联。父母的生命在子女身上获得了延续和更新。父母对于子女的爱可以看作是对于自身生命的爱护的延伸形态。同时，子女对于父母的爱也可以被认为是对于自己生命的来源的回溯和感恩。这是由血缘的本性所规定的人的生命的特性。但血缘关系也正是在人类身上所固有的自然的关系。它是已有的、既定的，是不可改变和永远延续的。血缘如同土地一样是自然的。如果说土地是外在的自然的话，那么血缘则是内在的自然。根据这样的分析，孝道和建立在其上的仁爱是一种血缘之爱，同时也是一种自然之爱。

作为如此，孝道和仁爱就不是一种无差别的爱，而是一种有差别的爱。一种无差别的爱否定人对于自身亲人的爱的优先性。这在于，爱自己的亲人虽然是自然的，但很可能是自私的和非正义的。与此不同，无差别的爱主张爱一切人，并且将爱建立在正义的原则上。但这种无差别的爱只是一种理想的爱，而非现实的爱。在现实当中，人们首先和大多体验的爱还是亲情。在这样的意义上，孔子的孝道和仁爱学说不是从理想出发的，而是从现实出发的。

但当孔子把爱亲人扩大到爱他人的时候，他可能会陷入疑难之处。如果人不爱自己的亲人的话，那么他很难去爱他人。因此，爱他人必须爱亲人。爱亲人是爱他人的必要条件。但是，如果人爱亲人的话，他可能去爱他人，也可能不爱他人。因此，爱亲人不必然会爱他人。爱他人不是爱亲人的必然结果。另外，爱亲人和爱他人还会不可避免地触及爱的正义性问题。人爱亲人和爱他人可能一致，也可能发生冲突。在冲突之中，如果人爱亲人的话，那么就是不爱他人；如果人爱他人的话，那么就是不爱亲人。在这种困境中，人究竟如何选择？孔子考虑的不是谁是正义者的问题，而是考虑谁是亲人的问题。亲人之所以重要，是因为他天然地和人共属一体。其中也包括了利益的相关性。

于是，当人无条件地首先爱亲人而不是爱他人的时候，仁爱就具有有限性了。叶公主张子为父证为直。"吾党有直躬者，其父攘羊，而子证之。"与此不同，孔子主张亲亲相隐为直。"吾党之直者异于是：父为子隐，子为父隐。——直在其中矣。"（13.18）父为子隐、子为父隐虽然是一种合情的爱，但不是合理的爱。这是因为它对于父子是仁爱，但对于他人却不是仁爱。孔子所说的亲亲相隐就破坏了仁爱的正义性和普遍性。

孔子的仁爱从孝道出发，可能产生非正义性的爱。为了克服这一危机，我们回到仁本身，思考它可能具有的意义。

仁的汉字的语意有多种，其中一种就是果仁。果仁是果核的内在部分，是种子的核心和本源。在此意义上，仁就和生命相关，而且是生命的完成和开端的聚集物。生命的开端和完成就是生成。既然仁包括了生命的完成和开端，那么它就包括了生与死，并且是生与死的转换。因此，仁不仅是生，而且是生生。它生生不息。但仁不仅可以理解为生命的生成，而且可以扩大为万物和天地的生成。于是，仁就是生生之德，就是生生之道。

人为仁就是让生成。仁是生，一方面是生者生成，这是自己生成；另一方面是生成生者，这是生成他者。如此理解的仁就是爱。爱不是其他，就是让存在者生成。仁者让自己生，让众人生，让万物生。在仁中，人实现了最高的存在，也获得了人的本性的最高规定。

这样一种生生之爱就突破了孝道的血缘之爱可能具有的差异性和非正

义性，而成为一种超出血缘之爱的普遍性和正义性。同时，孝道在此基础上也获得了新生。

五、为政：以德治国与依法治国

孔子所说的以德治国也就是以道治国和以礼治国。这种治国方略虽然也不否认一种规则的重要性，但它更强调道德的重要性。

以德治国的前提是：治者是有道德的人。有德性才有德行，有德性才有德政。这需要治者成为君子，不仅是有位者，而且是有德者。治者不能德不当位，而要德配其位。治者要有君子一般的美德，如仁智勇等。其中尤其是孝与忠。这在于孝相关于家，忠相关于国。孝亲和忠君具有同样的德性：顺从。从孝亲的顺从可以扩大到忠君的顺从。

当然，治者的德性不仅只是相关于自身，而且相关于人民。因为治者和被治者是上下等级的关系，所以他们之间会存在一种上行下效的现象。如果治者有德的话，那么人民也会有德；如果治者无德的话，那么人民也会无德。因此，治者力图使自己成为一个有德的人，而不是一个无德的人。有德会导致天下有道，无德会导致天下无道。

因为道德对于治国如此重要，所以治者就不是采用暴力和刑罚，而是采用教化。通过教化，人民获得了道德意识，如礼义廉耻等。人们区分哪些是有道德的，哪些是无道德的。这就是荣辱意识。不仅如此，治者还实施道德奖惩。一个有道德的人得到了嘉奖，一个无道德的人得到了惩罚。

以德治国有其优点。它胜于以力治国和以刑治国。但其缺点也是显然的。德治虽然是一种好的人治，但它不能防御一种坏的人治。这是因为德性是人的德性。人自身不能保证自身的德性绝对是好的，而不是坏的。同时，人也不能保障他人的德性绝对是好的，而不是坏的。历史上不仅有仁君，而且也有暴君和昏君。这就需要一种超出以德治国的治国方略：依法治国。从人治到法治。

依法治国不是以法治国。以法治国只是把法律作为一种手段来治理国家，如同把道德作为一种手段一样。治者可以采用法律，也可以不采用法律。以法治国在实质上还是一种人治。与此不同，依法治国是必须依照法律来治国。法律是治国的基础和根据。这才是真正的法治。依法治国不是依据个人意志，而是依据法律管理国家事务。在此，法大于人，法大于权。不仅被治者要服从法律，而且治理者也要服从法律。依法治国首先是依宪治国。这在于宪法是根本大法，是法律的法律。在治国的层面上，它限制公权力，而保障私权利。

依法治国分为几个重要环节。首先是立法。国家不能无法可依，必须有法可依。这就需要制定合于国情现实的法。国情是不断变化的，因此立法也要与时俱进。不仅有立法，而且有修法和废法。要保留良法，除去恶法。其次是执法。依法行政确定了行政的边界。有法律授权的方可行政，无法律授权的不可行政。再次是司法。有法必依，执法必严，违法必究。司法的任务在于判别合法和不合法。最后是守法。公民知道法并遵守法。这就需要培养公民的法律意识。公民不仅不触犯法律，而且去维护法律。

在依法治国的基础上，我们可以重新思考以德治国的意义。不再是以德治国，而是以德育人。这就是说，道德不是治理国家的根本手段，而是国民教育的最高目标。于是，依法治国和以德育人成为现代国家治理的一体两翼。依法治国是以德育人的保障。这在于法律是道德的底线，是最低的道德。有法律才有道德，无法律便无道德。内德外法是现代中国价值观的真正核心。

六、成人：君子与公民

人应该成为一个什么样的人？孔子认为应该成为一个君子。君子作为有德和有位者，与小人相区分，而成为人的规定。

虽然人可以是地位上的小人，但不可以成为道德上的小人。当人不是小人时，人一定就是君子吗？君子是人的理想，但并非现实。人人皆可成为君子，但人人并非就是君子。这就需要追问：人在现代社会里应该成为一个什么样的人？

虽然小人和君子的区分在现代社会仍有其意义，但在宪法和一般的游戏规则中已失去了根本性的作用。我们必须改变小人和君子的二元区分，而思考公民和君子的关系。事实上，人只有首先成为法律上的公民，然后才能成为道德上的君子。

公民作为语词虽然在法律上被广泛运用，但其根本是思想上的。所谓公民是指自由人。人的本性是自由的。这并不意味人能随心所欲，而是意味人能规定自己。这也就是说，人不仅不是他人的奴隶，而且也不是自己的奴隶。人成为自身的主人。这何以可能？这在于人立于自身去存在、思考和言说。人何以能立于自身？这在于人处于真理之中，知道自己和世界的真相。这种真理的语言表达之一就是宪法和法律文本。宪法和法律说明了公民的权利和义务。所谓权利，是人可能做什么和不可能做什么；所谓义务，是人必须做什么和必须不做什么。这标明了人在世界存在的可能性。

作为一个公民，人首先是一个个体，他是一个自我规定者。其次，他和他人建立关系，设定并遵守契约。再次，他是社会机构或团体的一员，他认可并遵守其规则。最后，他是国家的一员。他享有宪法赋予的权利并履行宪法规定的义务。这四个不同的层面是四种不同的游戏。它们有不同的游戏规则。有的是既定的，有的是将定的。但它们都是公民自身与他人自由和公正的约定。人们制订并遵守这一约定。在不同的游戏中，公民按照规则去活动，并生成为多元的个体。

公民是一个合格的守法者，也是一个最低的道德者。在此基础上，公民可以成为一个最高的道德者，也就是君子。应该说，公民为君子敞开了一条可能的道路。

七、孔子新语

通过对于孔子思想边界的区分，一方面，我们看到了孔子活着的思想，在一个无序的世界里建立秩序，在一个无爱的时代里宣扬仁爱；另一方面，我们也看到了他死去的思想，礼制束缚了个体的生长，仁爱限制了情感的丰富。

现在思想的任务已经非常明晰。我们必须制订当代生活世界的游戏规则，它不是限制而是促进个体的成长。因此，这样一种游戏规则将是每一个游戏的个体参与制订的。它不是一元的，而是多元的。国家、家庭和个人将拥有属于自身的不同的规则。

这一游戏规则就是我们时代的大道。它不否定欲望，而是给欲望划分边界，规定哪些欲望是可以实现的，哪些欲望是不可以实现的。同时，它也不否定技术，而是给技术划分边界，规定哪些技术是可以使用的，哪些技术是不可以使用的。人进入欲望、技术和大道的游戏中，并遵守其游戏规则，从而达到天人共生和人我共生。天地人生生不息，生而又生。

这种天地人的生生之道就是一种伟大的生生之爱。它并非血亲之爱的扩大化，而是将血亲之爱置于其中。在生生之爱中，人类的友爱、性爱将赋予更重要的意义。这正是孔子仁爱思想的死而复活。

一个死去的孔子只会讲《论语》中的话。

一个活着的孔子则会说出我们时代的智慧箴言。

中　篇

《道德经》论述

第一章 道

一、道的意义

道是老子思想的关键词，也是在《道德经》中使用最多的语词之一。老子主要阐释了道及其对立面——非道。这就是说，《道德经》的主要问题就是道和非道的问题。其他的问题都被这两个问题所规定。由此，老子给天地之间的人们指出一条正确的道路。正是因为如此，所以老子被称为道家，并成为道家思想的创始人。但什么是道的意义？其答案是多元的。中国人对于道有不同的解释，如道路、本根；西方对于道也有不同的翻译，如逻各斯、理性、生命、精神、意义等。对此我们一概不论，而只是分析道在汉语中的本义和在《道德经》中的意义。

道的本义是道路。它由一个地方延伸到另一个地方。道路有很多形态，如田野小路、高速公路等。这些道路并非以自身为目的，而是作为服务于人的手段。它为人所行走，让人从一个地方到达另一个地方。道路的产生有多种途径。有的道路是自然天成的，有的道路则是人工开辟的。

道路最初只是作为人在陆地上行走的路线，但后来演变为在其他地方的路线。如在水中的路线称为航道，在空中的路线称为航线。

但在中国古典思想文本中，人们所说的道基本上不是其本来的意义：人所行走的道路，而是其引申的意义。道的意义获得了多重性。

第一，道自身。道指存在。它是事物运行的道路。因此，道常常被理解为万物的本性、规律、本源、基础等。

论儒道禅

第二，道理。道在此不是作为与思想不同的存在本身，而是作为已被思考的存在。这种道表现为思想形态，是一种关于真理的学说。如老庄之道、孔孟之道等。

第三，说道。道是说道。道成为人的言说行为。这可以是关于道的言说，也可以不是关于道的言说。

第四，门道。道是方法、手段和技术。门道是通往道本身的门户。

在《道德经》中，道虽然有多种意义，如存在性的、言说性的等，但它最主要的意义是存在性的。在存在性的维度上，老子还区分了道的不同层面。

第一，道自身。道自身是存在的，同时也是天地万物的本源。老子除了用"道"这个语词之外，还使用了"常道"、"大道"等。常道是平常和永恒之道，大道是广大之道。道的本性是自然无为。自然是就肯定性而言；无为是就否定性而言。

第二，天之道、人之道、圣人之道。天人之道的区别在于：天道自然，人道人为。圣人之道虽然也是人之道，但是遵行天之道。

第三，有道和无道、非道。这是对于道在现实世界中的区分。有道是遵道而行，无道是逆道而为。

第四，可道之道和不可道之道。可道之道是可言说的道，不是常道；不可道之道是不可言说的道，才是常道。前者是非道，后者是道。

第五，道与德。与道相关的一个重要语词是德。德者，得也。德是道的实现和完成。德因此成为了事情的本性，亦即德性。德性在物身上就是物的物性；在人身上就是人的人性。老子还把德本身说成是玄德和常德。玄德是神秘的德，常德是平常和永恒的德。

在上述道的不同层面中，最重要的是老子关于道自身意义的阐释。但什么是道自身的意义？老子在《道德经》第一章对于道有一个简明的规定。"道可道，非常道；名可名，非常名。无，名天地之始；有，名万物之母。

故常无，欲以观其妙；常有，欲以观其徼。此两者，同出而异名，同谓之玄。玄之又玄，众妙之门。"(1)①这实际上是老子思想关于道的一个论纲。其中，有与无相关于道的存在；观相关于道的思想；不可道和不可名相关于道的言说。通过如此，老子标明了道与存在的关系、道与思想的关系、道与语言的关系。正是在这三重关系中，道将自身的意义揭示出来。

二、道与存在

1. 道与有

老子首先揭示了道与存在的关系。存在在汉语当中还有种种相似的语词，如在、有、物等。存在及其语言家族有多重意义，但最基本的有两种。其一，存在意味着有，而不是无。在这样的意义上，存在就是一个物。这个物在这里，或者在那里。它显现，或者遮蔽。其二，存在意味着本根、本源和开端，也就是一般所说的第一原因或终极基础。老子的道在存在性上也具备上述两种意义。它既意味着有，也意味着本根。

道是有，或者说，道存在。这在于，只要道是道的话，那么它就是存在的，而不是虚无的。虚无是不存在的，且不可思议和不可言说。如果说道不是虚无，而是存在的话，那么，道就如同物一样。老子说："有物混成，先天地生。寂兮寥兮，独立不改，周行而不殆，可以为天地母。吾不知其名，强字之曰道，强为之名曰大。"(25)根据老子，道是先于天地而存在的。但是，它不同于一般天地间事物的存在模态，没有声音，没有形体，独立自在而不改变，循环运行而不衰亡。

道虽然也是一个物，但不是一个一般的物，而是一个特别的物。道区别于一般的物，因此它的显现和一般物的显现迥然不同。老子如此描述

---

① 本章及以后各章中《道德经》的引文的章节数目直接在引文后的括号内用数字注明。

论儒道禅

道："道之为物，惟恍惟惚。惚兮恍兮，其中有象；恍兮惚兮，其中有物。窈兮冥兮，其中有精；其精甚真。其中有信。"（21）道看起来是似有似无，若明若暗，神秘莫测，但道却真实存在着，有物、有象、有精和有信。

　　道作为物不是显现为多物或者万物，而是显现为一物，并因此是一。老子把道就等同于一。但何谓一？一既可以被理解为整体之中的一，也可以被理解为整体的一。这就是说，一既可以是一个，也可以是一切。老子作为道的一既不是作为整体之中的一，如一个事物或一个存在者，也不是作为事物整体的一切，构成了许多一的集合。同时，它也不是贯穿于万物

元·赵孟頫《老子像》（水墨画）

的某个元素，成为它们的共同性质。

作为道的一是使事物成为可能的"统一"。这个统一是聚集的力量，它使事物统一于自身并成为统一体，从而获得自身的本性。只有得到道的一，天才成为了天，地才成为了地，万物才成为了万物。故老子说："天得一以清，地得一以宁。"（39）天地的万物得一能够生成。在此，清是天的本性，宁是地的本性，生是万物的本性。如果没有得到一的话，那么，天地万物将失去自身的本性，而不能成为天地万物。

于是，道作为存在不仅意味着它自身是存在的，而且意味着它是天地的开端和本源。

2. 道与无

老子不仅谈论了道的有，还谈论了道的无。无就是不存在，非存在。但无在老子那里具有多重意义。

第一，道的无。道作为有就是无。作为存在的道既不能理解为天地，也不能理解为大地间的万物。道只是道自身。如果道自身区别于天地及其万物的话，那么它自身就不是一个物；如果道自身不是一个物的话，那么它就是虚无。于是，道自身既是有，又是无。但道自身既不是绝对的有，也不是绝对的无，而是有与无的同一，亦即存在与虚无的同一。在这样的意义上，道亦有亦无，同时非有非无。老子不仅在有的维度探讨了道，而且从无的维度揭示了道。无并非是消极性的和否定性的；相反，它是最高的和最圆满的存在。

第二，物的无。老子所理解的道的存在即虚无和一般意义的有与无不可轻易混淆。按照惯常的理解，道的存在即虚无是形而上的，而一般意义的有与无是形而下的。形而上的存在即虚无超出了天地及其万物。老子认为天下万物生于有，但有生于无。这里的有就是无。但形而下的有与无却在天地及其万物自身之中。"三十幅，共一毂，当其无，有车之用。埏埴以为器，当其无，有器之用。凿户牖以为室，当其无，有室之用。故有之以为利，无之以为用。"（11）这里的车轮、器皿和窗户中的有与无是天地间万物之中的有与无。它们只是万物内自身的区分。有作为一个物，不同于一个作为缺失的另一物亦即无。无在此表现为空无。它看起来无用，但却服务于有，因此实际上是有用。

在上述无的意义中，道的无是根本性的，物的无是次要的。道的无规定了物的无。

但一般认为，无就是没有。无是不存在的、不可思议的和不可言说的。老子也深知道的无的本性。他认为道隐无名，道常无名。因此，常道是不可言说的，可言说的就不是常道。

尽管老子设定了道不可言说，但还是设定了道的存在，并同时设定了道亦有亦无的本性。正如有是万物的本源一样，无是天地的开始。这样，比起天地万物，无具有一种无比的优先性。

当人们言说无的时候，就已经陷入一个困境。人们不是讨论一个不存在的、空洞的语词，就是把无变形为一种特别的形态的有来讨论了。老子当然也知道这种困境的可能性，但他还是要说无。老子是如何克服这种困境的呢？

一是回溯。道的无的本性虽然隐蔽自身，但是却显现于万物。因此，人们可以通过万物而回溯到无本身。老子说："天下万物生于有，有生于无。"（40）这里，万物是已有的在场者、显现者。它们能够直接被人所思考和言说。人们从万物可以回溯到有。有作为本源是万物的所来之处。然后，人们又从有可以回溯到无。这在于，有本身不是万物之一，因此自身就是无。同时，有作为生，不可能是从有到有，而只能是从无到有。从无到有才能生成。

二是否定。道作为无是遮蔽。一方面是道自己遮蔽自己，另一方面是道被万物所遮蔽。这样，道的无的本性就很难发现。如果人们要看到道的无的本性的话，那么就要通过否定，去掉道身上的遮蔽。老子说：
"为学日益，为道日损。损之又损，以至于无为。"（48）损就是减损，
去掉遮蔽。为道是一个去蔽的过程。这种去蔽在语言表达上就体现为一
系列否定词。如无、不、非、莫、弗等。正是通过否定，人们才可以洞见
到道本身。

　　老子经验到道的虚无本性。"道冲，而用之或不盈。渊兮，似万物之
宗；湛兮，似或存。吾不知谁之子，象帝之先。其上不皦，其下不昧。绳
绳兮不可名，复归于无物。是谓无状之状，无物之象，是谓惚恍。迎之不
见其首，随之不见其后。"（14）老子在此对道的描述分为空间性和时间性
两个方面。在空间上，道是空虚的、无底的、无边的。因为道本身是空虚
的，所以它是无底无边的。如果说道自身有一个底和边的话，那么道自身
就是底，就是边，它没有其他事物作为自己的底和边。在时间上，人们不
知道道是何物之后，似在天帝之前。这实际上确定了道自身就是开端，它
没有之前之物作为自己的开端，而是作为后来之物的开端。

　　从上述可以看出，尽管作为道的无自身无法规定，但它却显现出来。
它的显现活动不仅是与万物相区分，而且是与在万物之一的意义上的无相
区分。因此无的显现正是它的否定，亦即对于万物的否定。然而，因为无
不是作为某物去否定另一个某物，所以它实际上无法如同某物那样显现出
来。这里不如说，它在自身的显现中自身遮蔽。

　　不过，无自身对于万物的否定是次要的，根本的是无对于自身的否
定。只有在自身的否定之中，无才能成为无自身，否则它将成为万物之一
的特殊形态，亦即与有相对的无。在无自身的自我否定中，无一方面保持
了与自身的同一，另一方面也确定了与自身的差异。于是，无自身的否定
正是无最本源性的生成。在这种意义上，无自身不是死之无，而是生之
无，这样它才是道的本性。因为无是生成，所以天下万物生于有，有生于
无；所以静极生动，形成万物。

但道的无的本性使其自身遮蔽。老子称之为玄德。德是道的实现和完成。玄德则是遮蔽的德性，相对于显现的德性。它是黑色的、不可见的。

3. 道与生

如果道既是有，也是无的话，那么道必须理解为生。生不是片面的有，也不是片面的无，而始终是有与无的同一、对立和转化。

一方面，无转化为有。于是，有不是从另一个有中生成出来，而是从无中生成出来，也就是从自身中生成出来。因此，它自身就是开端、基础和根据，排除了一个更本源的开端。

另一方面，有回归于无。有不固守于自身，停止于自身，而是在向无的回复之中开始了新的有的生成。只有通过有与无永远的同一、对立和转化，才有所谓的生生不息。在这种意义上，有与无的同一性成为在自身之中的循环。

道自身的生成具体地表现在它创生万物。于是，老子认为道是天下母。道虽然不同于天地万物，但并不意味着与它们完全隔离。相反，道与天地万物发生关联。这种关联形象化为母子关系。道是天地之母。天地为道之子。母子关系在根本上是一种生育关系，也就是生育和被生育的关系。老子把道比喻成一个神秘的母性生殖器官。"谷神不死，是谓玄牝。玄牝之门，是谓天地根。"（6）道是虚无的，同时是神奇的。作为如此的道永恒生成。道如同神秘的母性生殖器官具有生育功能，它作为本源之地而生育了天地。

道生万物不同于神创造万物。在这种创世构想中，神或者上帝是创造者，万物是创造物。神和万物的关系是一种创造和被创造的关系。神创造万物并非从自身来创造万物，而是从无生有，或者是把一物变成他物。一旦创世过程完成之后，神和万物之间就发生了分离。神是神，万物是

万物。神虽然创造了万物，但并非万物的
本性。

　　道生万物也不同于一般人类的生产制
造。在生产中，生产者是人，生产品是
物。生产不是无中生有，而是把一物变成
另一物。这就是说，人通过工具对一个现
成的物进行加工、改造、赋形，使之成为
一个可以供人使用的产品。一旦产品形
成，它便脱离人自身。

唐·柳公权《德》（书法）

　　但生育者和被生育者却是一种特别的关系。被生育者是从生育者自身
生成出来的。道与天地万物的关系正是如此。天地万物是从道自身生成出
来的。但道与万物的关系作为一种母子生育的关系只是一种比喻。道生万
物，这无非表明道让万物按照自身的本性而生长。这也就是说，万物按照
道的指引去存在。因此，道生万物就是道让万物生。在这样的规定中，道
与万物的关系就不是一种主人和奴仆的关系。道给予了万物的自由。"大
道泛兮，其可左右。万物恃之以生而不辞，功成而不有。衣养万物而不为
主，可名于小；万物归焉而不为主，可名为大。以其终不自为大，故能成
其大。"（34）道生成万物但不占有万物，但万物并不逃离而是归依道。这
是道的生成的伟大之处。

　　4. 道与世界

　　从道生万物出发，老子描述了宇宙和世界的生成过程。"道生一，一生
二，二生三，三生万物。万物负阴而抱阳，冲气以为和。"（42）

　　老子采用了一、二、三等的数字化的扩大和递增来说明世界生成的过
程。对此，人们有多种解释。一可以解释为开端，二可以解释为中间，三
可以理解为完成。当然，人们还可以将一、二、三赋予更具体的规定，给

予一个更具体的名称。一般认为，一是道本身或者是气，二是阴阳，三是阴阳的合一。但这种种解释可能陷入穿凿附会的错误境地。事实上，老子借助于一、二、三不过表明，道生万物是一个从简单到复杂、从单一到杂多的过程。

但在道生万物的过程中，除了道自身之外，还有德、物和势等都共同发生作用。因此，老子说："道生之，德畜之，物形之，势成之。是以万物莫不尊道而贵德。道之尊，德之贵，夫莫之命而常自然。故道生之，德畜之；长之育之；成之熟之；养之覆之。"（51）道是本源，德是道的实现，物是形态，势是势力和环境。尽管万物的形成依靠多种因素，但道是最根本的。道不仅生育万物，而且还培养它们，看守它们。

道生万物所形成的世界具有自身的结构。这个结构包括了不同的层面。老子从不同的层面描述了世界的结构。虽然老子并没有将世界结构的描述体系化，但为后来中国思想的关于世界结构的描述提供了基本的范式和重要启示。

第一，道或者无极。道在世界结构中是最高的，是开端，因此就是太极。但道作为根本的开端并非有，而是无，因此，道本身是无极。无极是开端，但它不是有，而是无。

第二，气。老子文本中的气既是人的生命之气，也是天地的自然之气。生命之气既是精气神中所说的气，也是呼吸之气。而自然之气是阴阳之气。但比起人的生命之气，天地的自然之气是更本源的。气是道的显现形态，它既有亦无。

第三，阴阳。阴阳是气自身最基本的区分，或者说是气自身最基本的两种性质。但阴阳不能混淆为有无。就存在维度而言，有无的同一性是道的本源性的规定，而所谓阴阳的同一性只是道的次要的规定。"万物负阴而抱阳"中的阴阳并不能等同于本源性的有无，不如说它们是在有中的进一步区分，亦即作为阳的有和作为阴的有，从而成为有的两种模态。在阴阳的区分中，本源性的无被排除掉了。与此同时，作为无的有也隐而不现。但是有无的关系经常被阴阳关系所代替，这样道不是成为有无之道，而是成为阴阳之道。然而阴阳之道必须回复到有无之道中去。唯有如此，阴阳才能从有无的生成中获得力量，并成为有的两种模态。

第四，五行。老子用五行描述了色彩、声音和味觉，有五色、五音和五味之说。当然，老子并没有将它们普遍化，而形成一个一般的范式。这就是说，老子还没有根据"金木水火土"的特性来将世界万物进行归类。

第五，万物。一切有而非无的存在者都可以称为物。但万物需要区分。虽然人也可以被称为一物，但人毕竟与其他物（矿物、植物、动物）不同，因此，物往往指人之外的物。这种意义上的物也有不同类型。朴是纯粹的自然之物。它是没有经过人加工的树木。与朴类似，素也是一自然之物。与它们不同，器则是人所制作的物。它是对于自然之物的改造。事则是人的活动，是人与自身和与万物打交道的事情。

第六，世界。世界是万物形成的整体。世界当然是由万物构成的。世界是万物的世界，万物是世界的万物。但世界可以区分为几个大的领域。老子认为世界中有四人，即天、地、人、道。"故道大，大大，地大，人亦大。域中有四大，而人居其一焉。人法地，地法天，天法道，道法自然。"(25)

老子的世界不同于西方的世界。老子的世界是天地人道，而西方的世界是天地人神。其区别在于，在天地人之外，老子的世界有道，西方的世界有神。老子的世界不仅不同于西方的世界，而且也不同于一般的中国的世界。老子的世界是天地人道，而一般中国的世界是天地人。老子的世界比一般中国的世界多了一个道。

老子世界中的四大究竟是什么关系？从人到地、从地到天、从天到道是一个被规定到规定的关系。在老子的世界中，道是最高的规定者，因此它没有在它之外其他的更高的规定者。道自己规定自己。这使老子的世界也不同于其他的世界。在西方的世界中，神是最高的规定者；在一般中国的世界中，天是最高的规定者。这使老子的世界既消除了神的统治，也避免了天的神格化。

5.道的本性

道虽然有许多特性，但它的一个基本特性是自然。老子认为天地人要遵循道，而道不遵循其他任何东西，它只是遵循自然。但何谓自然？自然在汉语中主要有两个意义。它的一个意义是自然界。它是矿物、植物和动物所构成的整体。作为一个特别的动物，人甚至也包括于其中。它的另一个意义就是自然而然。这就是说，一个事物就是自己，是自己所是的样子。因此，自然就是自己的本性。在老子思想中，自然界的名字是天地万物，而自然则意味着自然而然和本性所是的样子。于是，当他说道法自然的时候，他不是认为道依据一个外在的自然界，而是强调道依据自身，遵循自身。为何如此？这是因为道没有一个比它更高的本源，而是自己为自己设立根据。作为如此，道的存在便是道法自身，亦即道法自然。在这样的意义上，道法自然就是道根据自身的本性去存在。

道法自然也意味着道常无为。为是人为，是非自然或者反自然。当道法自然的时候，它就是无为了。这里的无为不是不做任何事情，而是否定在违背大道的意义上的各种人为的行为。同时它也不能等同于任何片面的消极或者片面地非积极活动。它是道自身的自然而为，并且它让人和万物任其本性而为。因为这种无为是最本源的生成，是最高形态的有为，所以无为而无不为。自然是道的肯定性，无为是道的否定性。

当道法自然并无为的时候，它便表现为虚静。虚与实相对。实是已实现的，而虚是未实现的。但正是在未实现中包括了能实现的动力和源泉。作为如此，虚是道的无的本性的一种形态。正是在虚中，道自身保持为自身，而不是自身之外的他物。道在成为虚的同时，也保持为静。这在于虚无的道不可能是动的，而只能是静的。宁静意味着道居住于自身，自身与自身处于同一之中。相反，躁动则是道的远离和失去。因此，老子强调静为躁君，并认为清静为天下正。

道也呈现为柔弱。柔弱是刚强的对立面。一般的观念是肯定刚强，否定柔弱。但老子却反对这种看法。它认为柔弱胜刚强。这是因为柔弱代表生命，而刚强代表死亡。

当然，道还有许多特性，但它们都有一个共同点，即相关于道自身存在即虚无的本性。如果我们强行将道的本性分为存在性和虚无性的话，那么老子所强调的不是存在性，而是虚无性。这在于，老子所说的虚无性的意义超过了一般的存在性，而存在性的意义相反不如虚无性。所谓自然、无为、虚静、柔弱都是源于道的虚无的本性。因此，老子的思想是以存在即虚无为本。

为了说明道的特性，老子使用了很多喻象。这里对其几个主要喻象作简要分析。

第一，谷。谷是山谷。与山峰相对，山谷是两山之间最低的地方；同时，与山体相对，山谷是空虚的地方。正是如此，它可以容纳溪水。而江海广纳百川，成为百谷王。谷的低下、空虚和包容正吻合道的特性。老子说"谷神不死"（6）。谷的空虚是神奇的、永恒的。老子要求人们要"为天下谷"（28），亦即自然无为。

第二，水。水是天地的基本物质形态之一。水主要呈现为液体。与土石等固态物不同，它往下流，处于低端。在天地间，没有什么比水更具有柔弱的特性了。但水也是最刚强的，最富有韧性的。于是，没有任何事物能够胜过水。此外，它自身没有生命，但却是生命之源。这样，它能成为道的一个喻象。老子说"天下莫柔弱于水，而攻坚强者莫之能胜，以其无以易之"（78）。他又说："上善若水。水善利万物而不争，处众人之所恶，故几于道。"（8）

第三，朴。朴是没有加工雕琢的树木。它是一自然之物，不同于人工之物。一个自然之物具有自然的本性。而道自身就是自然。因此，朴就是道的喻象。老子说"道常无名，朴"（32），又说"无名之朴"（37）。朴之所以无名，是因为它没有被人类加工，没有被命名。无名就是自然。

第四，雌。雌是阴性、母性，相对于雄，也就是相对于阳性、公性。在动物（包括人）中，与雄性的强大相比，雌性是柔弱的。这也切合了道的柔弱本性。老子说"天门开阖，能为雌乎？"（10）他还要求人们"知其雄，守其雌"（28）。

老子不仅把道比喻成雌性，而且还比喻成雌性的生殖器官，亦即玄牝。玄牝是生育之门，如同道是万物之门。老子说："谷神不死，是谓玄牝。玄牝之门，是谓天地根。绵绵若存，用之不勤。"（6）

6. 道与矛盾

正是在对于道的存在作为虚无理解的基础上，老子展开了一般所说的辩证法的思想，亦即一种独特的关于事物矛盾的对立及其相互转化的思想。

道本身就是矛盾的统一体。老子认为道自身并非绝对的无，亦非绝对的有，而是无与有的统一。道既是无，也是有。它既有也无。老子还看到了道自身的对立以及道自身的远离和返回。他将道的这种矛盾特性称为"反"。老子说："反者道之动"（40）。他又说："大曰逝，逝曰远，远曰反。"（25）老子还说："玄德深矣，远矣，与物反矣，乃至于大顺。"（65）反是反对、对立。反作为道的矛盾本性，不仅意味着道与万物对立，而且意味着道与自身对立。但反一方面是对立，另一方面是返回。这就是说，道的生成是远离自身并返回自身的活动。

但老子不仅揭示了道的矛盾，而且揭示了万事万物的矛盾。矛盾遍及天地万物，包括自然、社会、心灵等。一般事物的矛盾有：有无、阴阳、生死、长短、高下、多少、大小、前后、左右、正反、远近、直曲、轻重、静躁、难易、黑白、雌雄、牝牡、同异、清浊、寒热、刚柔、强弱、损益等。除了一般事物的矛盾，还有人类事物的矛盾。如真伪、美丑、善恶、正奇、巧拙、亲疏、利害、贵贱、福祸、荣辱、智愚、吉凶、是非、治乱、胜败等。

事物矛盾的两个方面虽然是对立的，但也是相互依存的。"天下皆知美之为美，斯恶矣；皆知善之为善，斯不善已。有无相生，难易相成，长短相形，高下相盈，音声相和，前后相随，恒也。"（2）如果矛盾的一方不复存在的话，那么它的另一方也就随同消失了。但如果矛盾的一方产生的话，那么它的另一方也就一起出现了。因此，天地间没有单独的矛盾的一方或者是另一方，而始终是矛盾的双方共同存在。

但更重要的是，矛盾的对立面不仅是共同存在的，而且也是相互转化的。在这种转化之中，事物从自己变成为了其对立面。"祸兮，福之所倚；福兮，祸之所伏。孰知其极？其无正也。正复为奇，善复为妖。"（58）"曲则全，枉则直，洼则盈，敝则新，少则得，多则惑。"（22）事物的发展之所以如此，是因为它自身作为矛盾的展开表现为一个过程，也就是从开端到终结，又从终结到开端，如此循环不已。

老子非常重视事物的这种转化，并认为它是事物发展过程中的必然。当一个事物最终走向否定性的时候，最先却呈现为肯定性的。"将欲歙之，必固张之；将欲弱之，必固强之；将欲废之，必固兴之；将欲取之，必固与之。是谓微明。"（36）这里的欲并不是人的意愿，尤其不是人的欲望，而是事物的变化的趋向。因此，这里的肯定和否定的变化不是人的阴谋，而是事物的规律。在否定性之前的肯定性，老子认为是事物自身微妙的征兆。这在于事物自身的肯定性包括了否定性，而否定性也包括了肯定性。但老子更强调事物发展中的阴性、消极性和否定性，而不是阳性、积极性和肯定性。这是因为前者是事物的开端，而后者则是事物的完成。

然而，老子认为道自身的矛盾和万物的矛盾并非是同一的。道自身的矛盾，也就是有和无的矛盾能使道保持自身，但万物的矛盾却使万物自身始终要走向它的对立面。鉴于万物的矛盾的这一限度，老子要求人们必须放弃固守矛盾的任何一端，而超出矛盾。"是以圣人处无为之事，行不言之教；万物作而弗始，生而弗有，为而弗恃，功成而弗居。夫唯弗居，是以不去。"（2）圣人的言行是没有矛盾的。他不是克服事物已经存在的矛盾，而是远离任何矛盾，不会产生任何矛盾。在这样的意义上，老子关于事物矛盾对立及其转化的思想不同于一般的辩证法。辩证法认为事物的矛盾在对立统一的过程中最后能够被扬弃，而老子认为事物发展的最初就应该达到没有一般矛盾的道本身。

三、道与思想

在阐明道与存在的关系的同时，老子还揭示了道与思想的关系。道在自身的生成中必然走向思想。这是因为只有当道被思考的时候，它才能向人显明自身。因此，道最终要在思想中发生。但思想和道的关系并非是简明的，而是复杂的。老子意识到了思想和道的关系的特殊性。他一方面讨论了道是否可以被思考，另一方面指明了道如何能够被思考。

道显然不是感觉的对象。所谓感觉的对象是那些存在于感性世界中的存在者，它们能诉诸人的感觉器官，而成为一般所谓的感性认识的材料。道是一，但既不是整体中的一个部分，也不是一个整体自身。作为如此存在的道自身是虚无。它不存在于时空之中，不可能成为人感觉的事物，是不可见、不可听和不可触摸的。老子说："视之不见，名曰夷；听之不闻，名曰希；博之不得，名曰微。"（14）这种对感觉的拒绝正是对于将道视为万物的整体或者万物之一的否定。反之，它要求将道理解为无自身。"复归于无物。是谓无状之状，无物之象，是为惚恍。"（14）对于作为虚无而存在的道，人们必须放弃感觉，超出感觉，寻找另外通达的道路。

　　同时，道也不是学识的对象。一般意义的学识、思想或者智慧都是背离道的，这在于它们是违反自然的，是人为的，甚至是虚伪的。老子认为，"智慧出，有大伪。"（18）这里的智慧不是道的智慧，而是一般人的智慧。它是人为的谋划和策略。人们沉溺于智谋，丧失了本来天性的淳朴。这种智慧只能误导人们，使其走到一条错误的道路上去。因此，圣人必须抛弃这种学识，使民绝圣弃智，无知无欲，从而让大道自身呈现。

　　老子认为一般意义的感觉和学识都不能把握道本身。除了感觉和学识之外，人凭借什么可以去体悟道呢？无论采用何种方式，人通达道自身的道路还是人的心灵本身。因此，问题的关键在于心灵如何。那么，人的心灵具有何种特性？老子将人的心灵比喻成一个神秘的镜子，即所谓玄鉴或者玄览。镜子虽然是一个物，是一个实体，在老子的时代甚至是一个金属物，但其本性就自身而言是空的、无的。正是因为镜子本身是无和空的，所以它能反映事物。如同镜子一样，心灵自身也是空无，也能映照万物。心灵并非心脏，不是有形的，而是无形的。比起有形的镜子，心灵是一个不可见的镜子，亦即神秘的镜子。

　　虽然这个心镜就其自身而言是干净和光明的，能映照万物，但事实上它又被污染而具有瑕疵。瑕疵有各种各样的类型及其原因，但最严重的是心灵的自身遮蔽和污染。这就是人们长期怀有的先见、偏见和成见。从此出发，人们去观察万物。虽然他们自以为看到了事物的本性，但实际上并没有看到事物的任何东西。于是，老子说："企者不立；跨者不行；自见者不明；自是者不彰；自伐者无功；自矜者不长。"（24）一切从自身意愿出发的思想和行为最终都是不可能达到其目的的。这在于自我的偏见阻碍了人理解和把握事物的本性。

　　因此，老子要求涤除玄鉴，使其无疵。由此人让心镜回到光明的本性，而能映照万物，与道合一。这种去掉遮蔽的过程不是一种增加的过程，而是一种减损的过程。前者是为学，后者是为道。老子说"为学日益，为道日损。损之又损，以至于无为。无为而不为"。（48）为学和为道都相关于人的心灵。心灵虽然本性是空无，但在现实中却被各种关于事物的知识所充满。对此，为道和为学的策略在根本上是不同的。为学就是要增多关于物的知识；为道就是要减少这种知识。为道不要博学，反而要达到无知。当然，为道的去蔽不仅要去掉物的遮蔽，而且要去掉人的遮蔽，也就是人自身的偏见和先见。老子强调"不自见，故明"（22）。去掉了自我的偏见，人的心灵才能达到光明。

心灵思考道的过程就是观道的过程。老子特别强调了观的意义。知道就是观道。一般意义的观是人用眼睛去看事物。但作为知道的观并非一般感官的看，而是心灵的看。一般的观可以区分为三种：盲目、意见和洞见。盲目是没有能力观看；或者是虽然有能力，但没有看到事物。意见作为一种观似是而非，它虽然看到了事物，但没有看到事物的本性。与上述不同，洞见作为观看到了事物自身的本性。观道的观不是一般的观看，而正是洞见。它看到事物的存在之道。但作为洞见的观不是逻辑推理，而是直观。逻辑推理是归纳和演绎，由前提得出结论。而直观则是直接看到了事物的本性。

老子所说的观还具有其他特别的意义。观不是外观，而是内观。外观是观察外在事物，内观是观察人的内在本性。人只有观察到了自己的内在本性，才能由此观察到外在事物，并观察到道本身。老子说："不出户，知天下；不窥牖，见天道。其出弥远，其知弥少。是以圣人不行而知，不见而明，不为而成。"（47）老子认为不是外观而是内观才能把握天道。这在于天道在内不在外。因此，向内才是遵道而行，向外则是背道而驰。所谓的圣人就不是一个外观者，而是一个内观者。

老子所说的观不仅是内观，而且是静观。静观不同于一般的动观，不是躁动不安的。相反，它克服了心灵的激动，而达到了虚静的境界。"致虚极，守静笃。"(16) 老子要求人们的心灵致虚守静。思想之所以要虚静，是因为思想的本性就是虚静。在虚静的思想中，人才能回到心灵自身。

如果人们将观置于内观和静观的基础上，那么就可以观物了。"万物并作，吾以观复。夫物芸芸，各复归其根。归根曰静，静曰复命。复命曰常，知常曰明。不知常，妄作凶。知常容，容乃公，公乃全，全乃天，天乃道，道乃久，没身不殆。"(16) 在人的虚静的思想中，万物回到了自身。回到自身就是回到根本。它是基础、根据。归根就是宁静。宁静就是和平、平安。万物回归根本就是居于自身，立于自身。复命是回到了万物的命根。因此复命也就是达到了永恒的道。人的思想知道了永恒的道就是明白。这就是说，真正的明白是明道，也就是明白事物的真理。一旦人明道，人就会具有道的特性：容、公、全等。这样，人就会与道合一。

观物的目的就是观察到事物的本性。对于天下的任何事物，老子反对从这一事物之外去观照它，而要求从这一事物自身去观照它。"故以身观身，以家观家，以乡观乡，以邦观邦，以天下观天下。吾何以知天下然哉？以此。"(54) 这里，所观的事物发生了变化，从自身扩大到天下。但观照自身的本性未变，就是如实观照。这就是说，人按事物如其所是的样子来观照它。

当然，事物的本性就是道自身。观物在根本上是观道。如果说到观道的话，那么就是以道观道。但道自身是无与有的统一，故以道观道实际上也是以无观无，以有观有。"故常无，欲以观其妙；常有，欲以观其徼。"(1) 从无来观道之无，就可以看到其奥妙；从有来观道之有，就可以看到其边界。这是以道观道的两种模态。正是在以道观道的过程中，道才能以自身而不是外物将自身呈现出来。以道观道就是知常。这就是知道了天下永恒和普遍的真理。知常曰明。因为人把握了永恒和普遍的真理，所以人获得光明的洞见和智慧。

在老子那里，物和道既是区分的也是相关的。同样，观物和观道既是区分的也是相关的。一方面，观可以从道到物；另一方面，观也可以从物到道。"天下有始，以为天下母。既知其母，以知其子；既知其子，复守其母，没身不殆。"（52）道与万物的关系被描述为母与子的关系。知道和知物也可以比喻成知母和知子。母子关系是一种生育关系。由于亲缘，他们之间存在家族相似。在母的形象上可以看到子的形象，同时在子的形象上可以看到母的形象。这里存在一种思想的循环：通过母知其子；通过子知其母。

四、道与语言

在论述道与存在、思想的关系同时，老子还揭示了道与语言的关系。道在汉语的中的意义是多重的，其中最主要的就包括了道路和言说两种。在老子的思想中，道也具有这两种意义。不过值得注意的是，道的两种意义在老子思想中不是合一的，而是分离的。这就是说，当道意味着道路的时候，它并不相关于语言。同时，当道表示言说的时候，它也不关涉道路。鉴于如此的区分，人们不能认为老子把道同时理解为道路和言说。

这实际上表明，道和语言之间存在一种无法克服的矛盾。道无法形成语言，它只是在语言之外。同时语言也无法表达道，它只能遮蔽道。

为何如此？这在于道的存在就是虚无。道不是一个物。但语言并非是道本身，而是属于天地之间的万物的一种。它一般理解为人言，是人的清晰的有音节的发声。同时，道是自然，语言是人为。人为之物无法表达自然之道。

于是，道自身是无名的。老子说："道常无名，朴。"（32）这意味着无名的道保持其自然本性。老子还说："道隐无名。"（41）这就是说，道遮蔽自身，拒绝被命名。

既然道不可言说，那么当道被语言所言说的时候，它就不再是自身了。老子说："道可道，非常道；名可名，非常名。"（1）可道之道不是常道，可名之名不是常名。在语言中显现的道只不过是一些似是而非的道。

尽管如此，人们依然试图去言说这无法言说的道本身。为什么？如果说道只是自身存在，或者只是在天地间存在，而不被思考和言说的话，那么这种道只是永远遮蔽，而没有对人敞开。这种道是没有意义的。如果说道存在且被思考，但没有被言说的话，那么这种道依然是朦胧的。只有当道存在且被思考并被言说时，它才能向人生成，并给人的世界指引道路。因此，虽然道不可言，但人依然要去言说那不可言说的道，让无言的道变成有言的道，让道从沉默中发声。老子的《道德经》本身就是对于不可言说之道的言说，而且自身也成了道自身的语言。

但语言如何言说道？这需要区分言说的形态。一般的言说无法敞开道，但有些特别的言说可以显示道。老子认为有如下几种。

第一，沉默的言说。基于道不可言说的本性，老子认为要不言。不言就是沉默无语，直接体悟自然之道。但这种情况极少。"不言之教，无为之益，天下希及之。"（43）但老子认为"知者不言。言者不知"（56）。一切圣人就是"行不言之教"（2）。他能顺任自然无为。如果人非要言说的话，那么他也不要多说。"多言数穷，不如守中。"（5）人要尽少言说。"希言自然。"（23）少说是合于事物本性的。人们还要尊重他所说的一切言语。这也就是贵言。

第二，否定的言说。相对于肯定性的言说表现为肯定的陈述句，否定性的言说一般就是否定的陈述句。老子之所以崇尚否定性的言说，是因为道首先是自身遮蔽和被遮蔽的。否定就是去掉遮蔽。关于道的否定句就是去掉道自身的遮蔽。老子的文本中充满了很多否定词，如无、不、弗、莫等。否定性的言说包括了多种形态，但主要有两种。一种是陈述的否定句，另一种是虚拟的否定句。前者是否定性的陈述，也就是说这不是一个事实；后者是一种否定的要求和命令，也就是希望人们不要这样或者那样去做。

第三，比喻的言说。虽然道本身的存在即虚无，不能表达，但语言还是要去言说不可言说的道。"吾不知其名，强字之曰道，强为之名曰大。"（25）为了表达道的本性，语言就必须借助于具体事物。这使老子关于道的论述充满了各种比喻的言说。他使用了许多喻象，如谷、水、朴等。比喻不在于其形象本身，而在于其外。于是，比喻的形象是可言说的天地万物，但它的意义却是不可言说的道本身。

第四，悖论的言说。因为道的存在性就是虚无性，肯定性就是否定性，它本身就充满了悖论。同时因为道与非道相对立，所以它们两者之间也形成悖论。悖论就是两种相对立的现象和论点，而且不可能被辩证法所扬弃和克服。道的悖论使关于道的言说必然违反日常语言的说法，而成为反言。老子说"正言若反"。这种反言在老子的文本中比比皆是。悖论是一种极端的语言表达。人们必须与日常语言相分离，才能理解悖论这种独特的言说。

第五，诚信的言说。老子强调言要真实，让语言成为信言。关于道的信言是一种关于无的语言。"道之出口，淡乎其无味，视之不足见，听之不足闻，用之不足既。"（35）它不是对于一般感性事物的描写，因此没有任何感性吸力。因为道的自然朴实，所以它和一般所说的美丽的言辞是不同的。"信言不美，美言不信。"（81）

第二章　无道

一、无道的意义

老子一方面论说道，另一方面也批判了道的对立面：无道和非道。无道和非道是对于道的否定。

按照老子的思想，道是普遍和永远存在的。既然如此，那么无道和非道的产生又是如何可能的呢？这在于道的存在即虚无，其本性自身是遮蔽和隐藏的。这导致人们与道失去了关联，并加剧了对于道自身的遮蔽和隐藏。于是，无道和非道便和道一样并行存在了。

事实上，人原初的现实给予性并不是道，而是自身的欲望。人的生命过程不过是欲望的冲动和实现的过程。为了满足自身的欲望，人必须采用和改进各种工具或者技术。欲望和工具虽然可能被大道亦即智慧所规定和为其所指引，但也可能出现一种危险，即成为大道的对立面，变成无道和非道。人们拒绝听从道，而喜爱无道。即使不是如此，他们也会认为道没有什么用处。相反，无道看起来是一个简明宽阔的大道。因此，老子说："大道甚夷，而民好径。"（53）

老子所说的无道或者非道大致包括四个方面：

第一，欲望。它特别是指超出了一般欲望边界的贪欲。

第二，技术。它特别是指远离事物本性的巧技和奇技。

第三，人道。它相对于天道，是人为，是大伪。它是人的一般道路。

第四，儒家。人道的思想有许多形态，但儒家是人道中的一个典型形态。它强调仁义。

上述数种非道形态都是反自然的妄为。

二、欲望

老子文本多次使用了"欲"字。但欲的语义不是单一的，而是多义的。老子文本中的欲基本上有两重意义。

第一，将要。如："将欲翕之，必固张之；将欲弱之，必固强之；将欲废之，必固兴之；将欲取之，必固与之。"(36) 其中的欲就是将要的意思。

第二，欲望。如："见素抱朴，少私寡欲，绝学无忧。"(19) 其中的欲就是人的欲望。一般而言，欲望是人想得到或者占有某种东西。

在老子思想中形成主题的欲是作为欲望的欲，而不是作为将要的欲。这两者不可混淆。老子在使用作为将要的欲的时候，欲只是一种中性的词；而在使用作为欲望的欲的时候，欲都是否定性的，而不是肯定性的。

作为人对于事物的渴望和占有，欲望与人的生存是与生俱来的。人活着就是其欲望的渴求和实现。欲望包括了一个结构。其一是欲望者。在老子这里就是人自身。其二是所欲物。所欲包括了天地间的一些事物，但主要是财、色、名等。其三是实现欲望的过程。这主要表现为获取、占有、争夺等。

如果人恪守欲望自身的边界，也就是合于自然的话，那么人就会是无欲和少欲，并让自己知足。与此相反，如果人的欲望没有道的指引的话，那么它就可能成为对人的控制。人不再是一个合于自然存在的人，而只是一个充满欲望之人，或者说，人就等同他的欲望。同时，一切物都失去了自身的意义，而成为欲望物。于是人与物的关系就是欲望的关系，人与人的关系也变成欲望实现和争夺的关系。

在欲望实现的过程中，一方面是人的欲望自身追逐欲望的对象，另一方面是欲望的对象刺激人的欲望自身。欲望的追逐和欲望对象的刺激可以

相互作用，而形成一个恶的无限。于是，
欲望成为无限的欲望。所谓无限的欲望
便成为贪欲。这种欲望不再只是一种合
于自然的欲望，而是关于欲望的欲望，
亦即关于欲望的意志。正是这种欲望的
意志成为无道，因为它不是人的存在的
道路和道理。

金文"道"

在欲望不受限制的实现过程中，它
一方面会给人带来快乐，另一方面却会
给人带来危害。这在感官及其感觉的活
动上的表现便是：感觉的对象支配了感官自身。不仅如此，感觉的对象甚
至会破坏感官自身。因此，老子说："五色令人目盲；五音令人耳聋；五味
令人口爽；驰骋田猎，令人心发狂；难得之货，令人行妨。"（12）不同的
感觉对象会影响相应的不同感官，如：色彩和眼睛，声音和耳朵，味道和
口舌等。此外，一些欲望的对象还会影响人的心灵和身体。更重要的是，
贪欲不仅能够伤害人的感官及其感觉，而且能够毁灭人本身。欲望将人引
向死亡之路，达到危险境地。

贪欲是人对于欲望之物的无限的渴求和占有。人力求获得，互不相
让。这必然导致人与物争斗，并导致人与人争斗。这种争斗最终只能害人
害己。老子说："罪莫大于可欲，祸莫大于不知足，咎莫大于欲得。"（46）
欲望就是罪恶、过咎。这在于，当人对于自身欲望的限度的突破之后，他
就破坏了自然和社会的法则，向他人争夺，并引发他人的反争夺。这种争
夺必然带来伤害和死亡。

欲望固然是不道，但是它将自身看做道，并且也被人看成道，因此它能
够在天下行走。"朝甚除，田甚芜，仓甚虚；服文彩，带利剑，厌饮食，财货
有余；是谓盗夸。非道也哉！"（53）事实上，欲望的激发和满足正是世界之道。

111

人的历史不过是对于食色的不断追求和实现以及由此引发的争夺和占取。

三、技术

在否定欲望的同时，老子还否定了工具和技术的意义。

人为了满足自己的欲望，必须借助技术。技术是欲望实现的手段，欲望则是技术的目的。

技术是人改造物所凭借的方法、能力和工具等。技术本身及其产物都不是自然的，而是人类的。技术是人类对于自然的加工、改造乃至创新。

人们把自然物进行改造，使之成为器具。老子说："朴散则为器。"(28) 作为原初的树木，朴是自然之物。但它经过人加工之后，则成为器具，如人们看到的各种木器。在老子那里，物可以分成自然之物和人工之物。人工之物就是器或者器具。

器具作为人工之物不是自为的，而是为它的。它是手段，服从于人的目的。"三十辐，共一毂，当其无，有车之用。埏埴以为器，当其无，有器之用。凿户牖以为室，当其无，有室之用。故有之以为利，无之以为用。"(11) 这里的物不是自然之物，而是人工之物，也就是广义的器具。物是有，其空是无。有是利，无是用。有的利是物建立的实体，无的用是空所发挥的作用。这里的有与无、利与用实际上是技术所建立的器具和它们对于人类所产生的效能。

在现实世界中，技术却被广泛地利用，而大道却并不流行。这是因为技术是欲望实现的手段，而道则是欲望的限定乃至否定。因此，如果从人的欲望出发的话，那么人将不是选择道，而是选择技。正是基于这样的理由，人们推崇技术。于是，技术便不断地被发明、改进、创新、推广。现实世界似乎就是依靠技术而存在和发展。

但在老子看来，技术在本性上是人为的，因此是违反自然的，也就是违反道自身的。虽然技术是不能全盘否定的，但它并不能解决天下已有的问题，相反只能产生更新的问题，而导致天下大乱。老子说："天下多忌讳，而民弥贫；人多利器，国家滋昏；人多伎巧，奇物滋起；法令滋彰，盗贼多有。"（57）

老子之所以反对技术，是因为技术在自然之外增加了人为。尤其是当技术无限发展的时候，它就会创造出无限的事物。这些事物就是些新奇之物。但这些物并非与人无关；相反，它成为人的一部分，也就是成为人的欲望之物。这些欲望之物是无限的，由此也激发了人的无限的欲望。这使人成为无限的欲望之人。技术不仅改变了物，而且也改变了人。

技术固然满足了人的已有的欲望，但又刺激了人的新的欲望。技术和欲望的结合便推进了无道的横行。

四、人道

这种以欲望和技术结合的人类活动表现为人道，而与天道相对。天道是自然的，而人道是不自然或者是反自然的。

老子区分了天道和人道，也就是自然与人为。"天之道，其犹张弓与？高者抑之，下者举之；有余者损之，不足者补之。天之道，损有余而补不足。人之道，则不然，损不足以奉有余。孰能有余以奉天下，唯有道者。"（77）天道和人道完全是背道而驰的。天道顺任自然，而且让事物能在补充和减损之中平衡发展。而人道则不然，它只是以技术为手段来满足人的欲望，而完全不顾事物之间的均衡，而使它们更加分化和对立。在此意义上，与天道相对的人道在本性上是无道的和非道的。

反对自然的人道也是反对虚静的，因此它是满足的。"持而盈之，不如其已；揣而锐之，不可长保；金玉满堂，莫之能守；富贵而骄，自遗其咎。"（9）事物的满足往往是事物自身的发展达到了其极限，这样，它便

论儒道禅

会走向其反面，而否定自身。

满足的事物同时也是躁动的。"重为轻根，静为躁君。是以君子终日行不离辎重。虽有荣观，燕处超然。奈何万乘之主，而以身轻天下？轻则失根，躁则失君。"（26）躁动是事物逃离自身本性的活动。而人的躁动则具体表现为远离道的规定，追求欲望和工具。人不断地实现自身的欲望并激发新的欲望，同时人也不断发明和采用新的工具。这便使人永远处于躁动不安之中。

无道还呈现为柔弱的对立面：强壮。"人之生也柔弱，其死也坚强。草木之生也柔脆，其死也枯槁。故坚强者死之徒，柔弱者生之徒。是以兵强则灭，木强则折。强大处下，柔弱处上。"（76）强壮看起来超过了柔弱，但事实上后者是合道的，而前者是无道的。老子认为，它们之所以如此，是因为在人和物的表现上，柔弱是生命的征兆，而刚强是死亡的特点。柔弱具有永远的生命力，而刚强则是生命力的丧失。因此，老子认为："善有果而已，不以取强。果而勿矜，果而勿伐，果而勿骄，果而不得已，果而勿强。物壮则老，是谓不道，不道早已。"（30）一个事物的发展达到其目的就应停止，而不应继续。超其目的就是强壮。强壮是事物的终结，而不是开端，故是违反道的。

这种反对自然天道的人道体现在个人身上就是自我。"企者不立；跨者不行；自见者不明；自是者不彰；自伐者无功；自矜者不长。其在道也，曰：余食赘形。物或恶之，故有道者不处。"（24）这里的"自"就是人自己。人自己处于自身之中，既看不见自己，也看不见外物。这就是自己对自己的蒙蔽。这个自身遮蔽的自己超出了自然。"企者"、"跨者"怀有强大的个人的意志，且是超自然的意志，而违反了自然本身。"自见"、"自是"、"自伐"、"自矜"者也是个人意志的极度表现，是反自然的妄为。他在凸显自己时刚好否定了自己。这些极端的自我行为是与自然无为背道而驰的。因此，有道的人亦即圣人要否定这些行为。

114

与天道的无为完全不同，人道是人为的，是有为的。不仅如此，人道的有为还发展到争夺。人们从自己的欲望出发，凭借工具的使用，而获得自身的利益。根据欲望来区分的争夺有多种形态。如为食欲而争，为性欲而争，还有为财产而争，为名誉而争等。根据工具来区分的争夺也有多种形态。如日常的口头之争、国家的制度之争等。

在一种极端的情形中，争夺还变成了战争。战争是无道的典型形态。人从自己国家的利益出发去争夺其他国家的利益，使自身的欲望变形为贪婪和仇恨，使效劳的工具专门化为杀人的武器。"天下有道，却走马以粪。天下无道，戎马生于郊。"（46）从有道到无道，工具或者器物自身的性质发生了根本性的变化。工具在有道时服从于和平的生活，在无道时成为战争的帮凶。

但战争的工具是杀人性命的，是凶恶的。"夫兵者，不祥之器，物或恶之，故有道者不处。"（31）战争的工具是服务于无道的工具，故只有无道者用之，而有道者则弃之。"以道佐人主者，不以兵强天下。其事好还。师之所处，荆棘生焉。大军之后，必有凶年。"（30）由此看来，老子并不主张战争，而是坚决反对战争。《道德经》既不是关于战争的兵书，也不是关于人际关系的阴谋术。

五、儒家之道

毫无疑问，不仅道家，而且儒家也会反对无道或者非道。但儒家之道是真正的道吗？对于老子而言，只有他所主张的道家之道才是真正的大道，而儒家之道并不是道本身，而是无道和非道。

与道家主张的道不同，儒家主要是倡导仁义。老子揭示和梳理了道德仁义之间的关联和演变。"上德不德，是以有德；下德不失德，是以无德。上德无为而无以为；下德无为而有以为。上仁为之而无以为；上义为之而有以为。上礼为之而莫之应，则攘臂而扔之。故失道而后德，失德而后仁，失仁而后义，失义而后礼。夫礼者，忠信之薄，而乱之首。前识者，道之华，而愚之始。"（38）

道是天地的根本。它是自然无为的。德是道的实现，尤其是在人身上的实现。它是人的德性、德行和品德。仁是仁爱。它是人对于他人的爱。义是正义，公正合宜。它会成为人的义务。礼是社会上下等级秩序的规定。它成为人的言行的强制要求。

从道经德、仁、义到礼的过程，是自然到人为的过程，是天道到人道的过程。其中，一方面是大道的丧失，另一方面是欲望和技术的增长。

为什么所谓仁义之道是非道？这是因为它们是大道毁灭后的产物。"大道废，有仁义；智慧出，有大伪；六亲不和，有孝慈；国家昏乱，有忠臣。"（18）如此看来，儒家的道德仁义往往是无道的伴随者。固然仁义之道与无道相区分，并试图克服无道，但它却始终和无道不可分离。儒家之道与无道有复杂的关联。

一方面，仁义之道遮蔽和掩盖了人的无道，它使人回避它和忘却它。六亲不和导致孝慈，国家混乱产生忠臣。但人们只是注意到孝慈和忠诚，而没有看到六亲不和与国家混乱。

另一方面，仁义之道又诱惑了无道，激发了人的罪恶。因此，仁义之道不能完善人性，只能败坏它。于是仁义的善却成为它的恶，它的动机和它的结果正好完全相反。它以假充真，同时以假乱真。问题的症结不仅在于无道以有道的假象出现，而且在于人们没有觉察到这种假象。

儒家之道和道家之道相比：前者是人为之道，后者是自然之道。就道德仁义自身的顺序而言，儒家是仁义道德，仁是主导性的。仁义规定了道德；道家是道德仁义，道是主导性的。道德规定了仁义。

第三章　遵道而行

一、悖论

在人的面前，事实上呈现两条道路。一条是道，它通向生命；另一条是无道，它通向死亡。遵道而行就是要否定无道而肯定道。

老子将道与无道之间的矛盾尖锐地凸显出来。在道看来，道是道，无道是无道；但是在无道看来，无道是道，道是无道。这样便形成了一种极为典型的老子的语言表达方式。它一方面是同一性的，另一方面是悖论性的。作为语言悖论，"道是无道"这种语言表达式支配了老子的整个文本。但老子的悖论实际上包括了三个方面：

第一是道自身的悖论。道自身是有和无的生成；

第二是无道自身的悖论。无道是自相矛盾的，并因此是自身消解的；

第三是道与无道的悖论。道与无道构成了真与假的对立和斗争。

第一种是道自身的悖论。首先是道的存在的悖论。道既是无，也是有。道既非有，也非无。"无，名天地之始；有，名万物之母。"（1）这就是说，有就是无，无就是有。有无的悖论表达的是生成的现象。只有通过有和无永远的对立和转化，才有所谓的生生不息。在这种意义上，有无的悖论不可如同矛盾那样被辩证法克服和扬弃。

其次是道的思想的悖论。道在存在的维度中的悖论也导致了在思维的维度中的悖论，亦即"知道"的悖论。真知就是无知。一方面，思想一般是关于某物或者万物的思想，它只知有而不知无，所以它无法思考道自

论儒道禅

身；另一方面，道自身由于不是某物，而是无和作为无的有，因此也拒绝让自身被思考。为了思考道自身，思想必须否定自己，知成为无知，但是这里的无知刚好成为真知，亦即"涤除玄览"（10），达到了道自身的无与有。于是思想"常无，欲以观其妙。常有，欲以观其徼"（1）。知道一方面是知有，另一方面是知无。

最后是道的言说的悖论。在存在和思维的维度中的悖论也形成了言说维度中的悖论，亦即"说道"的悖论。真言就是无言。"道可道，非常道，名可名，非常名。"（1）道不可言说，可言说的不是道。这是因为道自身拒绝被陈述为某物；相反，某物则是可以被陈述的。一般而言，语言符号包括了能指和所指的二元对立，而且任何一个陈述句中的能指都有一个所指，反过来，一个所指也能要求一个能指。如果这样的话，那么道是不可表达的，因为道没有所指，它只是无本身。不过，道不是所指，却是一个纯粹的能指，它拒绝陈述的语言表达，却不放弃显现的语言言说。因此"道可道，非常道，名可名，非常名"否定了语言对于道的陈述的现实性，但它也敞开了道自身言说的可能性，亦即它作为纯粹语言只是言说自身，它是一个没有所指的能指的游戏。对于语言来说，它的天命就是去说那不可言说者。因此道虽然不可说，但是人要说不可说的道。

第二种是非道的悖论。老子不仅揭示了道自身的悖论，而且也揭示了无道的悖论。如果说前者是真理的悖论的话，那么后者则是谎言的悖论。真理的悖论是有无的生成，但是谎言的悖论只是作为这样一种现象，它始终是它自身的对立面，亦即它显现为道，然而它在根本上却是非道，因此它是假象。无道是对于道的否定，"大道废，有仁义"（18）。儒家将仁义作为道。但所谓的仁义之道实际上不是道自身，它是大道毁灭后的产物。尽管它声称自身为道，但它在实质上是非道。

第三种是道与非道的悖论。老子在揭示道自身的悖论和非道自身的悖论的同时，将道与非道之间的悖论尖锐地突出出来。

在道看来，道是道，非道是非道，非道"虽智大迷"（27）；但是在非道看来，非道是道，道是非道。道看起来如同非道，但非道看起来如同道。从道本身来看，道是一种现象；从非道来看，道是另一种对立的现象。得道之人也就是如此。他的耻辱就是他的光荣；反之，他的光荣就是他的耻辱。"受国之垢，是谓社稷主；受国不祥，是谓天下王。"（78）

因此这便形成了一种极为典型的语言的悖论："正言若反。"（78）正面的话如同反面的话，反面的话如同正面的话。例如：道是非道，德是非德，物是非物。在这种语言表达式之中，主语是就道而言，表语是就无道而言。于是主语和表语实际上在同一的语言表达式中代表了两种完全相反的观点。

在道和非道的这种极端的悖论形态中，道的本性在于否定这种非道，亦即拒绝一般的道，"绝圣弃智，绝仁弃义，绝巧弃利"（19）。圣智、仁义和巧利一方面掩盖了人的欲望，另一方面引诱人的欲望，它不过是一种以真理形态出现的谎言，由此对于它们的弃绝正是从谎言到真理回复的开端。基于这样一种理解，天地和圣人的本性就是不仁，"天地不仁，以万物为刍狗；圣人不仁，以百姓为刍狗"（5）。这种不仁绝不意味着一种非人道主义，从而主张毁灭人性；相反，它不如说是意识到并且反对所谓仁义这种人道主义自身所包含的悖论，亦即它始终是欲望的伴随现象，由此它将导致自身的瓦解，于是不仁是对于这种仁义的超出。在对于仁义的否定之中，思想到达道自身，唯有这个道才能让万物和人在有无之变中生生不息。

因此，老子也要求人们过一种悖论的生活。"为无为，事无事，味无味。"（63）为、事、味都是人的活动，而无为、无事、无味都是自然的本性。"为无为，事无事，味无味"，这都是悖论性的表达。它看起来自相矛盾，但事实上是要求人的行为合乎自然之道。这就是说，人要合道而为，不要非道而为。这种悖论的生活就是要遵循道，远离非道；任自然，无妄为。

二、无欲

人要无为，就要无欲。

人无法否认生存的欲望。问题的关键在于：人不要被欲望所控制，而是去控制欲望。遵道而行就是以道制欲，也就是无欲、寡欲或者节欲。

为了实现以道制欲，人要能够意识到自身欲望的边界。唯有如此，人才知道哪些欲望是可以满足的，哪些欲望是不可以满足的。老子说："虚其心，实其腹，弱其志，强其骨。常使民无知无欲，使夫智者不敢为也。"（3）在此，老子强调对于欲望进行区分，亦即划定欲望的边界。心与腹、志与骨虽然都是人的身心整体的一部分，但存在根本的差异。它们之间实际上是人为和自然的分别，亦即人为的和自然的欲望的分别。自然的欲望是身体性的，如腹和骨等。它是一种生理现象，合于自然本性，是自然而然的。这样，实其腹、强其骨便是沿道而行。相反，人为的欲望在根本上由人作为而出，是人的心和志的产物。而且这里的心和志主要被理解为违背自然和反对自然，亦即背道而驰。在此意义上，人必须虚其心，弱其志。

因为人的合于自然的欲望是有限的，所以它是容易满足的。老子说："罪莫大于可欲，祸莫大于不知足，咎莫大于欲得。故知足之足，常足矣。"（46）知足正是对于人的欲望的边界的意识，并使自身恪守在这一边界之内。

以道制欲一方面是满足边界之内的欲望，另一方面是否定边界之外的欲望。不欲是对于边界之外的欲望的压抑，同时正好保证了边界之内的欲望的满足。

作为欲望的否定，不欲或者无欲是一个过程：首先是欲无欲，其次是无欲，最后是无，亦即无为。

在欲无欲中，人面对着自身的欲望并形成一种对立的关系。人固然试图消灭欲望，达到无欲，但这种消灭欲望本身仍然是一种欲望。于是，一种欲望和一种无欲的欲望形成了一种抗争。这会导致身心的分裂和痛苦。

但在无欲中，人要无欲的欲望逐渐消失。无欲虽然没有了欲望自身，但无作为否定仍然面对它所否定的对象，也就是欲望。欲望在无欲中是以遮蔽的形态出现的。

只是在绝对的无中，欲望的痕迹才彻底被排除掉。人居于绝对的无之中，也就是居住于道之中。因此这种对欲望的否定同时意味着是对于道的回归。

三、无技

人要无为，不仅要无欲，而且也要无技。这就是说，人遵道而行时，不仅要限定甚至否定欲望，而且也要抛弃工具和技术。

老子认为工具和技术不仅满足了人的欲望，而且也刺激了人的欲望。它是人远离大道的助推器。为了行走在大道上，人就要最大限度地减少对于工具的依赖。"小国寡民。使有什伯之器而不用；使民重死而不远徙。

元·王蒙《青卞隐居图》（水墨画）

虽有舟舆，无所乘之，虽有甲兵，无所陈之。使民复结绳而用之。甘其食，美其服，安其居，乐其俗。邻国相望，鸡犬之声相闻，民至老死，不相往来。"（80）在老子大道流行的理想国里，工具和技术已经失去了根本意义。在此，工具不仅包括了物质工具，而且包括了文化工具。老子要求人们放弃一切工具，既包括了物质的工具，也包括了文化的工具。

对于文化的工具，老子作出了更严厉的批判。"绝圣弃智，民利百倍；绝仁弃义，民复孝慈；绝巧弃利，盗贼无有。"（19）圣智、仁义和巧利之所以妨碍大道，是因为它们一方面掩盖了人的欲望，另一方面引诱了人的欲望。它不过是一种以真理形态出现的谎言。由此，对于它们的弃绝正是从谎言到真理，亦即回复大道的开端。

当然，老子也并非绝对反对技术或者工具。正如他区分了不合于自然之道的欲望和合于自然之道的欲望一样，他也区分了不合于自然之道的技术和合于自然之道的技术。老子不仅肯定了合于道的欲望，而且肯定了合于道的技术。他称之为善的活动。"善行无辙迹；善言无瑕谪；善数不用筹策；善闭无关楗而不可开；善结无绳约而不可解。"（27）这里的善不是道德中与恶相对的善，而是技术里与拙相对的巧。人们无须借助于工具而能完美地完成某种目的。在此，人们由技达道。

四、不争

人无为也意味着不争。

人们为了满足自己的欲望，就必然去争夺。人使用工具，就会强化这种争夺。老子主张遵道而行，无欲和无技，因此，他也反对争夺，要求不争。

不争实际上是道自身的本性。"上善若水。水善利万物而不争，处众人之所恶，故几于道。"（8）老子认为道如同水一样，其本性就是不争。

水能让万物生长而不争夺生存。老子的不争的核心就是无欲和无技。"不尚贤，使民不争；不贵难得之货，使民不为盗；不见可欲，使民心不乱。"（3）但人没有欲望和不追求满足欲望的手段时，他就不会和他人产生争斗了。

但不争并非无能，而是大能。"夫唯不争，故天下莫能与之争。古之所谓曲则全者，岂虚言哉！诚全而归之。"（22）为何如此。这在于当人们争夺的时候，就必然产生胜负成败，并且会导致永远的复仇。在无限的争夺之中，人们不可能成为永远的胜者。相反，当不争的时候，人们就没有胜负，而能自然无为。

老子认为争夺和不争不是简单的对立，而是相关于死亡或者生命。"勇于敢则杀，勇于不敢则活。"（73）争夺是非道的，会带来死亡；不争是合道的，会走向生命。

正是因为主张不争，所以老子反对取天下。"将欲取天下而为之，吾见其不得已。天下神器，不可为也，不可执也。为者败之，执者失之。是以圣人无为故无败，无执故无失。"（29）取天下是妄为，是违反自然之道的行为。因此，取天下最后也只能导致失败。正是基于这一原因，圣人无为无执，亦即不争。

从不争出发，老子否定战争。战争是纷争的极端形态，也是无道的极端形态。它实际上来源于欲望和技术。于是，和平与战争就是有道和无道的一个表现形态。"天下有道，却走马以粪；天下无道，戎马生于郊。"（46）

老子认为战争的本性是杀人，屠杀生命。"夫兵者，不祥之器，物或恶之，故有道者不处。君子居则贵左，用兵则贵右。兵者不祥之器，非君子之器，不得已而用之，恬淡为上。胜而不美，而美之者，是乐杀人。夫乐杀人者，则不可得志于天下矣。吉事尚左，凶事尚右。偏将军居左，上将军居右，言以丧礼处之。杀人之众，以悲哀泣之，战胜，以丧礼处之。"（31）战争是杀人的活动，在整个社会生活中只具有否定性的意义，而不是肯定性的意义。因此，人们不能肯定它，而要否定它。

既然战争在本性上是非道的，那么老子要求人们意识到战争的危险性。"以道佐人主者，不以兵强天下。其事好还。师之所处，荆棘生焉；大军之后，必有凶年。"（30）人们不能用战争称霸天下。这是因为战争作为杀人的活动会带来灾难。这种灾难既会带给敌人，也会带给自己。

当然，在现实世界中，人们追求欲望，而且追求满足欲望的手段，就必然和他人产生纷争。这样，战争也是不可避免的。但老子认为，即使在战争这种极端的争夺中，人也要遵守不争之德。"善为士者，不武；善战者，不怒；善胜敌者，不与；善用人者为之下。是谓不争之德，是谓用人之力，是谓配天古之极。"（68）一般人主张武和怒，但老子主张不武不怒。唯有不争，人才能克服争夺。

老子把这种不争之德也落实到具体的用兵策略：退让。"用兵有言：吾不敢为主，而为客；不敢进寸，而退尺。是谓行无行；攘无臂；扔无敌；执无兵。祸莫大于轻敌，轻敌几丧吾宝。故抗兵相若，哀者胜矣。"（69）退让不是无能，而是强大。因此，退让带来的不是失败，而是胜利。人要以不争去争，以争达到不争。

五、行道

对于欲望的限定和工具的抛弃是对于无道的否定，这是遵道而行的一个方面，它的另一方面则是对于道的经验和实践，也就是修道、行道和为道。

人在修道的时候，首先要知道人自身。人不是一个孤独的存在者，而是生存在世界之中。人在世界之中就是在天地之间。"故道大，天大，地大，人亦大。域中有四大，而人居其一焉。人法地，地法天，天法道，道法自然。"（25）人为天地所生，并伴天地而生。人生天地之间，并且被道所规定。

但人自己是谁？或者谁是人自身？人自身意味着人是自己，不是他人，不是天地。人自身的身体是人自身存在直接的显现形态。人的身体受之于父母，也受之于天地。因此，身体是天生的。可以说，人的身体就是自然赋予的形体，是人自身的自然。

身体的存在是人的生理、心理现象的基础。"宠辱若惊，贵大患若身。何谓宠辱若惊？宠为下，得之若惊，失之若惊，是谓宠辱若惊。何谓贵大患若身？吾所以有大患者，为吾有身，及吾无身，吾有何患？故贵以身为天下，若可寄天下；爱以身为天下，若可托天下。"（13）人正是身体性的存在，才会有肯定性或否定性的生理和心理感受。因此，身体是人的根本。人要爱惜自己的身体。只有当人爱惜自身的身体，人才能爱惜天下万物。

既然身体是人的根本，那么比起身外之物，也就是天下万物，身体才是最重要的。"名与身孰亲？身与货孰多？得与亡孰病？甚爱必大费；多藏必厚亡。故知足不辱，知止不殆，可以长久。"（44）身体高于名声和财产。人过多地追求名声和财产就会损害自身身体和生命。只有当人意识到欲望满足限度的时候，人才能保住自身的身体，也就是保住自身的生命。

身体是什么？虽然身体包括了肉体，但并不等于肉体，而是肉体和心灵的合一。此外，身体还包括了气。因此身体是精气神三者的合一。但老子认为身体中的肉体和心灵具有不同的意义。肉体是自然性的，而心灵是人为性的。"是以圣人之治，虚其心，实其腹，弱其志，强其骨。"（3）同样在肉体自身，不同的部位和器官也有不同的意义。腹部是自然性的，眼睛是人为性的。"是以圣人为腹不为目，故去彼取此。"（12）除了肉体和心灵，老子还强调了气，并认为人要聚集生命之气。

当人和天地万物相区分的时候，人是一个身体性的存在，相对于非身体性的万物；当人与人相区分的时候，人是自己，相对于非自己的他人。

老子指出，人除了要认识在天地间的一般性的物之外，还要认识自己和他人。

如果人要认识自己的话，那么人就不要被自己所蒙蔽。但当人只是从自身出发，而不是从世界出发的话，那么他只能遮蔽自己和世界。"企者不立；跨者不行；自见者不明；自是者不彰；自伐者无功；自矜者不长。其在道也，曰：余食赘形。物或恶之，故有道者不处。"（24）一个囿于自己的人，就阻断了和天地万物的交流，就断绝了和道的沟通，因此他自身就不可能长久。

只有当人不自我遮蔽的时候，他才能认识自己和他人，才能和天地万物为一体。于是，他能够最后成就自己。"不自见，故明；不自是，故彰；不自伐，故有功；不自矜，故长。"（22）这在于，天地万物都成为人自身的一部分，从而充实了人自身的生命。

老子认为，比起知道他人，知道自己是更重要的事情。"知人者智，自知者明。胜人者有力，自胜者强。"（33）这是因为人要超出自己，把自己变成自己认识和实践的事物。

但是，老子强调人不仅要认识了自己，而且也要认识他人，并且要知道我和他人的差异。一个修道者不是一个一般的人，而是一个特别的人。这要求修道者和非修道者相区分。老子所说的众人不是修道者，而我正是修道者。众人和我有何不同呢？"众人熙熙，如享太牢，如春登台。我独泊兮，其未兆；沌沌兮，如婴儿之未孩；累累兮，若无所归。众人皆有余，而我独若遗。我愚人之心也哉！俗人昭昭，我独昏昏。俗人察察，我独闷闷。众人皆有以，而我独顽且鄙。我独异于人，而贵食母。"（20）这描述了我和众人的种种对立现象。它们无非表明，众人沉溺于世界的非道的生活之中，充满贪欲并追求满足贪欲的手段。而我则尊重道，按照道的规定去生活。虽然一个修道的人在无道的世界中看起来是愚蠢的，但就他自身而言却具有超凡脱俗的伟大风貌。一个为道人凭借什么和众人区分出来呢？不是凭借他的其他特性，而是凭借道。

一个修道者一方面要修正自己，另一方面要认识和践行大道。这就是说修己和修道是一个事物的两个方面。

第一，人要闻道。如果人们要修道的话，那么首先就要闻道。道虽然是自然之道，但也必须通过圣人之口被言说出来，而获得语言的形态。"执大象，天下往。往而不害，安平太。乐与饵，过客止。道之出口，淡乎其无味，视之不足见，听之不足闻，用之不足既。"（35）虽然道不同于一般的物质和文化产品能吸引人，但对于人的功用却是无与伦比的。因此，人要闻道。虽然道听之不足闻，但人就要听之。听不可闻之道，这需要修道者具有非凡的听力。

第二，人要思道。人在闻道的同时也是在思道。这是因为闻道本身需要区分、比较和选择等思考。思道就是理解道的意义，理解道对于世界和人的重要性。"道者，万物之奥。善人之宝，不善人之所保。美言可以市尊，美行可以加人。人之不善，何弃之有？故立天子，置三公，虽有拱璧以先驷马，不如坐进此道。古之所以贵此道者何？不曰求以求得，有罪以免邪？故为天下贵。"（62）人要尊重道。这是因为道是天地间最珍贵的，高于人世间的一切。

第三，人要修道。老子区分了三种对于道的态度。"上士闻道，勤而行之；中士闻道，若存若亡；下士闻道，大笑之。不笑不足以为道"。（41）上士不仅闻道，而且行道，与道合一；中士闻道似是而非，所闻之道若有若无；下士则完全否定和拒绝听从道的召唤。上士的闻道不仅是倾听道，而且是听从道。因此，唯有上士是真正的闻道者、思道者和修道者。

但修道者是如何去修道的呢？修道的关键是人与道合一。"载营魄抱一，能无离乎？专气致柔，能如婴儿乎？涤除玄鉴，能无疵乎？爱国治民，能无为乎？天门开阖，能为雌乎？明白四达，能无知乎。"（10）

人自身是精、气、神的统一体。人修道就是修炼精、气、神。人的修炼一方面表现为一种否定的过程，也就是排除对于精、气、神各种形态的遮蔽和污染。它另一方面也是一种肯定的过程，也就是开启出精、气、神自身纯粹的本性，并且让精、气、神三者合一。当然，修道者并不只是固守于自身；相反，他通向人和天地。因此，修道者也与他人同在，与天地同在。

第四，人要证道。人通过修道而体道。体道是人亲身体验或者是亲证道的生成。这发生在身心合一的虚静之中。"致虚极，守静笃。万物并作，吾以观复。夫物芸芸，各复归其根。归根曰静，是谓复命。复命曰常，知常曰明。不知常，妄作凶。知常容，容乃公，公乃全，全乃天，天乃道，道乃久，没身不殆。"（16）

当人达到了极端和绝对的虚静的时候，这便敞开了人与万物间的神秘的通道。一方面，万物在虚静中显示自身的本性；另一方面，人可以静观到万物自身的存在。这就是与道合一的经验。就万物的显现而言，它回到了自身的本根，故是归根。万物和平地居住于自身的家园，故是宁静。这也是它们回复到自身的本性，故是复命。这同时也是它们实现了永恒性和普遍性，故是常。就人的明道而言，知道了物的永恒性和普遍性才是真正的明道。人由此能无所不容，坦然大公，无不周全，与天合一，与道合一。一个人唯有体道，道才能终生地守护自己。

第五，人要行道。当人证道之后，他就要遵道而行，在大道上行走。一个有道者如何在天地间行道呢？老子认为一个有道者要知白守黑。"知其雄，守其雌，为天下溪。为天下溪，常德不离，复归于婴儿。知其白，守其黑，为天下式。为天下式，常德不忒，复归于无极。知其荣，守其辱，为天下谷。为天下谷，常德乃足，复归于朴。朴散则为器，圣人用之，则为官长，故大制不割。"（28）

这里的雄和雌、白和黑、荣和辱等对立实际上是阳和阴的对立，也就是肯定性与否定性、积极性和消极性的对立。老子认为，一个有道者知道阴阳的差异，也知道一般人舍弃阴、追求阳。但有道者反其道而行之，舍弃阳，而追求阴。这就是为无为，任自然。

　　一个修道之人在完成了闻思修证行之后就成为有道者。一个有道的人就是一个有德的人。道是德的规定，德是道的实现，尤其是在人身上的实现。"故从事于道者，同于道；德者，同于德；失者，同于失。同于道者，道亦乐得之；同于德者，德亦乐得之；同于失者，失亦乐得之。"（23）正如人与物相互作用一样，人与道德也相互生成。道德回应人积极和消极的活动。当人亲近道德的时候，它也亲近人；当人远离道德的时候，它也远离人。但一个为道者将修德不仅实现于自身，而且扩大到他人乃至世界。"修之于身，其德乃真；修之与家，其德乃余；修之于乡，其德乃长；修之于邦，其德乃丰；修之于天下，其德乃普。"（54）从自身，经过家、乡、邦，乃至到天下，是道德实现的不断扩大化和普遍化的过程。

　　既然一个有道者与众人不同，那么他必然具有一个独特的形象。"古之善为道者，微妙玄通，深不可识。夫唯不可识，故强为之容：豫兮若冬涉川；犹兮若畏四邻；俨兮其若客；涣兮其若凌释；敦兮其若朴；旷兮其若谷；混兮其若浊；澹兮其若海；飂兮若无止。孰能浊以静之徐清；孰能安以动之徐生。保此道者，不欲盈。夫唯不盈，故能蔽而新成。"（15）这不是对于为道者本性的规定，而是对于他的形象的描述。这种描述大多采用了比喻的手法。其中有的是常见的人类行为，有的则是普遍的自然现象。但它们无非表明，为道者一方面是内敛的，另一方面是外向的；他既是有限的，又是无限的。但为道者在根本上是体悟和实践大道自身的动与静，由浊到清，由安到生。这其实就是把握了大道自身的存在即虚无的生成本性。故为道者自身能生生不息，新而又新。

　　有道者也是一个摄生者，或长生者。"出生入死。生之徒十有三；死之徒十有三；人之生，动之死地亦十有三。夫何故？以其生生之厚。盖闻善摄生者，陆行不遇兕虎，入军不被甲兵；兕无所投其角，虎无所用其爪，兵无所容其刃。夫何故？以其无死地。"（50）人的生死有三种类型。第一种是生来长生的，第二种是生来早死的，第三种是生来长寿的，但却变为早死的。那些长生者是善摄生者。他能避免死亡，克服死亡。为何如此，他能与道同在。

有道者也是一个新生者。他通过修道而更新自己的生命。老子将为道者不仅比喻为众多自然现象，还比喻成一个特别的年龄的人：婴儿。"含德之厚，比于赤子。毒虫不螫，猛兽不据，攫鸟不抟。骨弱筋柔而握固。未知牝牡之合而全作，精之至也。终日号而不嗄，和之至也♂"（55）婴儿的形象在老子文本中多次出现过。如"专气致柔，能如婴儿乎？"（10），"沌沌兮，如婴儿之未孩"（20），"复归于婴儿"（28），"含德之厚，比于赤子"（55）等。

婴儿或赤子是刚生下来的小孩。一般认为赤子是弱小的且无知的生命。但他却是具有自然本性而没有被文明熏陶的人。他与道保持直接的关联，获得了非凡的德性。一方面，他得到了道的保护，而不受其他生物的伤害；另一方面，他自身具有奇特的力量，充满了足够的精气。当然，一个赤子在根本上也谈不上是一个为道的人，同时，一个为道的人在事实上也不是一个赤子。但他们有一个共同点，具有自然赋予的道德。故老子将为道者比喻成赤子。但他们之间仍有根本的差异。一个赤子还不是成人，只是保持了自身原初的尚未丧失的自然性，但在其成长过程中随时有可能被丧失。一个为道者却不再是赤子而是成人，在其丧失了其本来的自然性之后还能保持其自然性。故一个为道者是一个不再是赤子之后的赤子。但道家的赤子不同于儒家的赤子。后者具有良知良能，本心和本性，仁义道德，但前者只是具有自然的虚静之心，超出了仁义道德。

六、圣人

老子思想所推崇的最高理想人物是圣人。《道德经》就是一本圣人之书。作为道家的圣人之学，《道德经》不同于儒家的君子之学和大人之学。但谁是圣人？老子当然有自己独特的答案。但圣人首先也是人。和他人一样，圣人生活在天地之间。但圣人和一般人不同，是一个特别的人。他不是被欲望和技术所规定，而是被道所规定。他自身所具有的德性就是道自身的特性。圣人正是一个修道并得道之人。但圣人与一般的得道之人也有不同之处。他是一个治者。圣人要治理天下和民众。在世界整体中，圣人处于道和民众之间。他不仅和道发生关联，要接受道，而且也和民众发生关联，要将此道传达给民众。

1. 圣人与道

圣人是有道的人。一方面，他反对一切无道；另一方面，他知道并行道。

圣人反对无道就是反对欲望、技术和一些人为的现象。圣人无欲，也就是没有贪欲，因此也可以说他寡欲或者少欲。他只是满足自然的欲望，而不是追求过分的欲望。"是以圣人为腹不为目，故去彼取此。"（12）因为没有贪欲，所以圣人也不主张无限提供满足欲望的手段和工具。圣人自身是一个道人，而不是一个工匠或者技者。同时，他也反对民众使用奇巧淫技。在这样的意义上，圣人可以说既无欲，也无技。

因为没有个人的欲望及其手段，所以圣人无私。"天长地久。天地所以能长且久者，以其不自生，故能长生。是以圣人后其身而身先，外其身而身存。非以其无私邪？故能成其私。"（7）这里所谓的私，就是与公相对，是自己、个人。但私在根本上是自己的欲望，也就是私欲。同时，私还包括了从私欲出发而采用的手段和伎俩。无私不仅否定了一个绝对的自我，而且也否认了从个人出发的欲望以及满足它的技术。当圣人无私的时候，他就将自身融入天道之中。同时，天道也将无私的圣人的个人存在充满。因此正是在天道之中，圣人私人的存在才得到了最大、最高和最完满的实现。

除了无欲、无技和无私之外，圣人还反对一切违反自然或超出自然的现象。"是以圣人去甚，去奢，去泰。"（29）甚、奢、泰都是违反自然和超出自然的现象，是妄为，是非道的。它们只能带来死亡，因此，它们必须要被消除。

无欲、无技、无私和无反自然等都可以包含在无为一词之中。道常无为，因此圣人也无为。老子关于圣人无为有多处论述。他说："是以圣人处无为之事，行不言之教；万物作而弗始，生而弗有，为而弗恃，功成而弗居。夫唯弗居，是以不去。"（2）老子又说："为无为，事无事，味无味。"（63）老子还说："为者败之，执者失之。是以圣人无为，故无败，无执，故无失。民之从事，常于几成而败之。慎终如始，则无败事。是以圣人欲不欲，不贵难得之货；学不学，复众人之所过。以辅万物之自然而不敢为。"（64）可见，无为是圣人最根本的特性。

什么是无为？无为是对于为的否定。什么是为？为就是人为，是违反自然的行为。因为道是自然，所以人为就是非道。与此相反，无为意味着无人为，无反自然，无非道。当然，无为本身也是人的行为，是人的作为。但无为和一般的人为有根本的不同。无为是合乎自然的人为，一般的人为是有为，是违反自然的人为。因此，老子主张无为并非是人无所作为，而是主张否定非自然之为。依此，无为就是合于自然之道的行为。这样就能理解老子所说的"为无为"的意义。"为无为"看起来是一个悖论，是自相矛盾的。在一般的意义上，为就是不无为，无为就是不为。但"为无为"却将两个矛盾的事情同等设置，是自身否定的。但这只是看起来如此，事实上却并非如此。老子所说的为是指人的行为，无为是无非自然之为，也就是合自然之为。在这样的意义上，"为无为"就是人作合于自然的行为，作合于道的行为。

圣人正是因为无为，所以他能体察并践行自然之道。"不出户，知天下；不窥牖，见天道。其出弥远，其知弥少。是以圣人不行而知，不见而明，不为而成。"（47）这里的不行、不见和不为都是无为的具体形态。通过无为，也就是通过否定非道，圣人肯定了道，并和道合一。

就广义的道而言，老子区分了天之道和人之道，也就是区分了自然之道和非自然之道。圣人所行的道是天之道，而不是人之道。"天之道，其犹张弓与？高者抑之，下者举之；有余者损之，不足者补之。天之道，损有余而补不足。人之道则不然，损不足以奉有余。孰能有余以奉天下，唯有道者。是以圣人为而不恃，功成而不处，其不欲见贤。"（77）在天之道和人之道之间，圣人放弃了人之道，而选择了天之道。圣人替天言道，替天行道。于是圣人是一个有道者。

2. 圣人与自身

圣人被天地的自然之道所规定。这就是说，他用道来规定自身。何谓自身？自身既是人与他人相区分的自己，也是人自己直接存在的身体，也就是肉体和心灵的合一体。修身就是修正人自身，治身就是治理人自身。但治身作为人治理自身的活动不是妄为，而是无为。

于是，圣人治身的关键让自身居于天道之中，而不同于那些无道的人。无道的人把自己置于道之上，并置于天下之上。老子说："重为轻根，静为躁君。是以圣人终日行，不离辎重。虽有荣观，燕处超然。奈何万乘之主，而以身轻天下？"（26）显然，老子肯定了圣人自身依道的行为，而反对无道之人把自身看得高于天下。

从道出发，老子认为治身就是抱一无己。"是以圣人抱一为天下式。不自见，故明；不自是，故彰；不自伐，故有功；不自矜，故长。"（22）一不是其他东西，而就是道。抱一正是抱道。人用道来规定自己和万物。无己是不从自己的立场和观点出发去行事。抱一和无己是一个事情的两个方面。抱一就要无己，无己才能抱一。

老子将他个人治身的原则归纳为三宝。但这三宝也可以看成是圣人治身的原则。"天下皆谓我道大，似不肖，夫唯大，故似不肖，若肖，久矣其细也夫。我有三宝，持而保之。一曰慈，二曰俭，三曰不敢为天下先。慈故能勇；俭故能广；不敢为天下先，故能成器长。今舍慈且勇；舍俭能广；舍后且先；死矣！夫慈，以战则胜，以守则固。天将救之，以慈卫之。"(67) 三宝包括了慈、俭、不敢为天下先。什么是慈？慈就是爱。慈爱之心是对万物的同情，愿意把自身给予万物。因此，人能爱，才能勇敢。什么是俭？俭是节俭，缩小。人缩小才能扩大。什么是不敢为天下先？不敢为天下先意味着为后，为下，为小。但这反过来倒是能够成为先、上、大。

3. 圣人与众人

圣人和众人虽然有许多的不同之处，但他们之间的差异只有一个关键点，亦即在于有道和无道。圣人是有道之人，众人是无道之人。

从道出发，圣人能意识到自身的疾病，而众人则没有。"知不知，尚矣；不知知，病也。圣人不病，以其病病。夫唯病病，是以不病。"(71) 人知道自己不知道，就可能知道；人不知道却认为知道，就不可能知道。这两者之间存在根本区别。人知道自己不知，就能克服无知的缺点。圣人知道自己不知，因此能够知道。

因为圣人是有道者，众人是无道者，所以圣人和众人之间存在巨大的距离。"吾言甚易知，甚易行。天下莫能知，莫能行。言有宗，事有君。夫唯无知，是以不我知。知我者希，则我者贵。是以圣人被褐怀玉。"(70) 圣人知道自己和众人的区别，但不标明这种区别。他的表现如同众人。以此方式，圣人遮蔽自己。因此，圣人往往也是一位隐者。

4. 圣人之治

在天地人的结构整体中，圣人占据了非常独特而重要的位置。他是天地与人的中介。他要将天地的自然之道传给天下大众，让他们遵道而行。圣人的伟大使命就是治理天下民众。但圣人如何治理？这没有其他的选择，唯一的道路就是依照自然之道，无为而治。圣人之治并非一般意义的统治，亦即凭借政权来管理和控制国家和人民，而是放之任之，泰然让之。圣人无为而治就是让天下民众依其自然本性而生活。

天下和民众同属一个整体。天下是民众之天下，民众是天下之民众。但这一整体的天下和民众又有所区别：天下主要是指国家，民众主要是指人。因此圣人治理也可以相对区分为治理天下和治理民众。

圣人与天下的关系在根本上建立在道的基础之上。这也意味着圣人治理天下是依道治天下，或者依道治国。"道常无为而无不为。侯王若自守，万物将自化。化而欲作，吾将镇之以无名之朴。镇之以无名之朴，夫将不欲。不欲以静，天下将自定。"（37）无名之朴就是自然之道的另外一个名字。用无名之朴来治国就是用自然之道来治国。

在依道治国的同时，圣人也要反对依非道治国。"治大国，若烹小鲜。以道莅天下，其鬼不神；非其鬼不神，其鬼不伤人；非其神不伤人，圣人亦不伤人。夫两不相伤，故德交归焉。"（60）烹饪小鱼不能翻动，也就是不要妄为。治理大国也不能翻动，也不能妄为。这就是说，圣人不能违反自然之道来治。唯有如此，天下万物才能各得其所，相安无事。

依道治国不仅针对国内事务，而且也针对国际关系。国与国之间关系多样复杂，尤其是在大国和小国之间关系更为微妙。老子认为，无论大国还是小国，每一方都要依道而行。"大邦者下流，天下之牝，天下之交。牝常以静胜牡，以静为下。故大邦以下小邦，则取小邦；小邦以下大邦，则取大邦。故或下以取，或下而取。大邦不过欲兼畜人，小邦不过欲入事人。夫两者各得所欲，大者宜为下。"（61）一般日常观念认为大国是上，小国是下。上高于下，下低于高。因此，大国强于小国，小国弱于大国。但老子反对这种日常观念，强调下胜上。无论大国还是小国，都应该在其关系之中主张谦让，处于下位。

圣人治天下或治国同时就是治理民众。

在政治的意义上，圣人和民众的关系属于治理者和被治理者的关系。因此，圣人和民众的关系必须置于治理者和民众的关系之中来讨论。在治理者和民众之间，治理者是规定性的，民众是被规定性的。因此，民众的种种问题是由治理者的行为导致的。"民之饥，以其上食税之多，是以饥。民之难治，以其上之有为，是以难治。民之轻死，以其上求生之厚，是以轻死。夫唯无以生为者，是贤于贵生。"（75）

就治理者自身而言，他也需要区分。有的治理者是圣人，有的治理者是非圣人。这样，他们和民众的关系就会出现两种关系：有道和无道。"其政闷闷，其民醇醇；其政察察，其民缺缺。"（58）有道的治理者会产生有道的民众；无道的治理者会产生无道的民众。

由于治理者治理民众方略的不同，民众和治理者的关系会发生不同的变化。"太上，不知有之；其次，亲而誉之；其次，畏之；其次，侮之。信不足焉，有不信焉。悠兮其贵言。功成事遂，百姓皆谓：我自然。"（17）这种关系演变表现为：首先是知。这里知刚好是不知其存在。知者为所知者所规定。知者之所以不知，是因为所知者不为所知。其次是誉。这由知演变为一种情感、意志的态度。誉者不同于知者，它要规定被誉者。再次是畏。誉是走向物，畏是远离物。最后是侮。与誉相反，侮要否定、消灭物。侮也是要走向物的。

鉴于这种民众和治理者关系的变化，圣人作为治理者就要处理好他自身与民众之间的关系。

老子认为，圣人要居下。"江海之所以能为百谷王者，以其善下之，故能为百谷王。是以圣人欲上民，必以言下之；欲先民，必以身后之。是以圣人处上而民不重，处前而民不害。是以天下乐推而不厌。以其不争，故天下莫能与之争。"（66）圣人与民众的关系是下而上，后而先。

老子甚至认为："受国之垢，是谓社稷主；受国不祥，是谓天下王。正言若反。"(78)

圣人还要无己。"圣人常无心，以百姓心为心。善者，吾善之；不善者，吾亦善之；德善。信者，吾信之；不信者，吾亦信之；德信。圣人在天下，歙歙焉，为天下浑其心，百姓皆注其耳目，圣人皆孩之"。(49)圣人无我，将人化为我。同时，圣人无论善与不善者，皆以善待之，让其成善；信与不信者，也皆以信待之，让其成信。这在于圣人的善是至善，超出了一般的善与不善；圣人的信是至信，超出了一般的信与不信。圣人之道是自然之道，没有人为的分别。故他能让天下之人的心灵达到浑然纯一，让其神情恢复赤子状态。

圣人治民的关键也是依道治民。

圣人要让民众无欲望，无技术。欲望和技术对于民众会产生巨大的危害。"以正治国，以奇用兵，以无事取天下，吾何以知其然哉？以此：天下多忌讳，而民弥贫；人多利器，国家滋昏；人多伎巧，奇物滋起；法令滋彰，盗贼多有。故圣人云：我无为，而民自化；我好静，而民自正；我无事，而民自富；我无欲，而民自朴。"(57)鉴于欲望和技术能带来民众的灾难，无欲和无技则能导致民众安分守己。"不尚贤，使民不争；不贵难得之货，使民不为盗；不见可欲，使民心不乱。是以圣人之治，虚其心，实其腹，弱其志，强其骨。常使民无知无欲。使夫智者不敢为也。为无为，则无不治。"(3)因此，消灭欲望和技术是治理民众的保障。

无欲和无技治民同时意味着依道治民。老子把依道治民的策略表述为啬。"治人事天，莫若啬。夫唯啬，是谓早服；早服之重积德；重积德则无不克；无不克则莫知其极；莫知其极可以有国；有国之母可以长久；是谓深根固柢长生久视之道。"(59)何谓啬？啬本身意味着少。从否定性来说，它要否定多，也就是无为；从肯定性来说，它要爱惜，也就是尊重自然。因此，啬是自然无为的另一种表达。啬作为人的活动，在本性上是自然无为。这就意味着啬就是达道和积德。由此，啬具有广大和长久的力量，并能让天下和人自身达到永恒。

从依道治民出发，老子反对仁治，主张不仁。"天地不仁，以万物为刍狗。圣人不仁，以百姓为刍狗。"（5）老子反对仁政并非主张非仁政，而是主张自然之道。这既超出了非仁政，也超出了仁政。

老子也反对智治，主张愚治。"古之善为道者，非以明民，将以愚之。民之难治，以其智多。故以智治国，国之贼；不以智治国，国之福。"（65）这里的愚并非一般意义的愚蠢，这里的愚治也非一般意义的愚蠢的统治。相反，愚意味着淳朴自然，愚治意味着无为而治，顺道而治。

与道家相反，儒家主张仁治和智治。因此，老子也反对儒家之治。"绝圣弃智，民利百倍；绝仁弃义，民复孝慈；绝巧弃利，盗贼无有。"（19）儒家等主张圣智、仁义、巧利等或者就是人的欲望以及满足它的技术，或者会引发人的欲望以及满足它的技术。这些只能导致民众背道而行。因此，只有消除儒家等主张，民众才能回复到自然之道。

作为治者，圣人依道治国、依道治人。因为治理是让天下民众顺任自然而为，所以治理就是爱。这就是说，圣人依道爱国，依道爱人。"圣人常善救人，故无弃人；常善救物，故无弃物"。（27）圣人不仅爱人，而且爱物。圣人之爱遍及一切，把它们从无道的危险中拯救出来，而存在于道中。他让一切人守护自身的人性，而成为人，一切物保持自身的物性，而成为物。"圣人不积，既以为人己愈有，既以与人己愈多。天之道，利而不害；圣人之道，为而不争。"（81）天之道爱人，因此天之道就是爱之道，圣人之道爱人，因此圣人之道也是爱之道。

第四章　欲、技、道与当代世界

老子的核心思想是道，并展开为道与无道的对立。但无道主要是贪欲和奇技。因此，老子的思想实际上包括了欲望、技术和大道三个方面。但这正是人的生活世界的基本问题。人的生活世界的展开就是欲望、技术和大道或者智慧的交互活动。古代的老子论述了欲、技、道，今天的我们也要思考欲、技、道。老子和我们的思想既有同一性，也有差异性。让我们一方面走进老子，另一方面走出老子，深思欲、技、道各自的本性及其在当代世界的命运。

一、欲望

在生活世界中，人的生活首先表现为它的欲望及其实现。如生是生的欲望和实现，死是死的欲望和实现，爱是爱的欲望和实现。这样，生活是欲望的生活，欲望是生活的欲望。

但什么是欲望自身？欲望的本意是需要，是渴望，是需求和向往等。当人被人的欲望所袭击时，人就要去满足它；当人被欲望的对象所激动时，人就要去占有它；当人实现了欲望时，人会心满意足，踌躇满志；当人没有完成欲望时，人将身心痛苦、抑郁或者愤怒。此外，人要消灭那些阻碍或争夺我的欲望对象的敌人，人要在满足了一次欲望之后还要满足新的欲望。总之，欲望无边，欲壑难填。

但欲望不仅表现为一种状态，即欲望的渴求和欲望的满足等，而且也表现为一种意向行为，即它指向某物和朝向某物。欲望总是：人欲望某个对象，亦即人要某个对象。于是在欲望的现象中存在一种关系，即欲望者和所欲者的关系。

欲望者在此当然不是其他什么，如动物之类，而是人本身。在此要注意人与动物的区别。动物不仅有它的欲望，而且就是它的欲望。这也就是说，动物和它的欲望是同一的。但我们不能说人就是他的欲望，而只能说人有他的欲望。在这样的意义上，人和欲望的关系是复杂的。因此，人不能简单地说成是欲望的主人或者是奴隶。这是因为人既可能意识到他的欲望，也可能没有意识到他的欲望；既可能控制他的欲望，也可能无法控制他的欲望。基于这样的理由，人不能等同于欲望者，欲望者只是人的一种规定。

与欲望者不同，所欲者是物，当然这个物可能是人物，也可能是事物。物就其自身而言，虽相互关联，但大多自在自为，自生自灭。只是当它成为欲望者的欲望对象时，它才变成了所欲之物。但对于欲望者而言，所欲之物的基本特性正好是它的不在场性。只有当所欲之物不在场的时候，欲望才是欲望，并表现为欲望活动。然而当所欲之物在场的时候，欲望就实现了，从而欲望也消失了。这表明，欲望的在场性刚好是所欲之物的不在场性。

在对于欲望结构里欲望者和所欲物的不同描述中，我们已经看到了它们之间的关系。在欲望之中，人始终和对象构成一种关联，这是因为人自身不能在自身之中实现自身的欲望，人必须指向一个他者。它或者是人，或者是物。在此，人作为欲望者，对象作为被欲望者，人和对象的关系成为欲望者和被欲望者的关系。如果人是欲望者的话，那么人就被人的欲望所驱使，人不是一个自主、自觉和自由的主体；如果对象是被欲望者的话，那么它自身失去了作为物自身和人自身的独立性，而只是成为在某种程度和方式上满足欲望的填充者。人和对象相互作用，一方面，人朝向一个对象；另一方面，对象也刺激人。因此不仅对象因为人成为被欲望者，人也会因为对象成为欲望者。

在对于欲望现象的分析中，欲望的基本特性显示为欠缺。它意味着，人的存在不完满，人有一个没有的东西，但人又需要将这没有的东西变成有的东西。其实在此我们可以看到，欠缺成为一种驱力。在这样的意义上，我们可以说，欲望一方面是欠缺；另一方面是丰盈。它是力量的丰盈，是创造力的表现。人正是从欲望出发去创造他的生活。

欲望有很多种类。但人的欲望首先是身体的欲望。人之所以有欲望，是因为人有身体。因此，只要人具有身体，那么人就有欲望。这样，人们根本不可能绝对地禁止欲望，而只是能在某种程度上限制欲望。欲望就是人的身体的基本存在，是它的天然的需要和满足。于是，身体的欲望是与生俱来的，是身体的本能。所谓本能就是本来就有的能力，它是人的身体自然的、天生的禀赋。

人的本能有许多种。如果说人的本能包括了生本能和死本能的话，那么本能对于人而言就不只是一种本能，而是很多本能。这是因为生和死就是人的生命的全部领域。其中凡是依靠身体的自然性的活动就是本能的活动，如吃喝、睡眠、呼喊、行走等。

但就人的生活而言，主要有两大基本本能或身体的欲望：食欲和性欲。中国古人一向认为，饮食男女是人之大欲。它们之所以是大欲，是因为它们是生活的基础，从而也是其他欲望的基础。如果食欲和性欲不能得到实现的话，那么人的生命和其他的欲望也就不能实现了。

食欲是个体生存的需要。人作为个体的存在直接就是身体。人的身体的存在、发育和成长并不能只是依靠自身，而是要依靠它之外的食物所提供的营养。身体对于食物的欲望直接表现为饥渴，它是身体对于自身自在自足的状态的打破，并显现为不安和焦虑的症候。饥饿正好揭示了身体和食物的关系。但此时食物不在身体之内，而在身体之外，而且存在一定的距离。物变成食物需要一个加工过程，同时某一食物变成某一身体的食物也需要一个转换的过程。食欲的满足过程就是吃的行为自身，它是嘴唇、牙齿和肠胃的运动。吃将身外的食物变成身内的食物，因此，吃总是吃进去。同时吃也是对于食物的消灭，因此，吃也总是吃掉、吃完。当吃完了，食欲也就满足了，从而不存在了。

与食欲相比，性欲有它自身的特性。它不再是个体存在的需要，而是种族繁衍的需要。同时它所欲望的不是一可食的自然之物，而是一与自身性别相异的人。人作为个体的生命是要死亡的，但作为种族的生命却要维系下去。其唯一的方式就是通过生殖而繁衍。但任何个人都无法在身体自身完成这样的使命，而必须借助于与异性的合作而生产后代。因此，生殖成为性欲最原初的意义。性的欲望也表现为饥饿和渴求。它成为一种冲动，即朝向异性身体的冲动。这样，在所谓的性欲中始终包括了人和异性的关系。异性是那些与自己在身体上具有性别差异的人。但什么样的异性能够成为自身的性伴侣，却受制于外在和内在的条件的规定。婚姻就是基于对这种条件的考虑而形成的男女关系的契约。性欲的身体实现是所谓的交媾。虽然它只是男女双方的私密行为，但由于它关联到生殖，它自身便具有社会的意义。因此不仅有是否出于欲望的性行为，而且还有是否合乎道德和法律的性行为。性行为的完成是性欲的满足，但男女的身体依然存在，由此潜伏着新的性欲的激起。

食欲和性欲等人的身体的基本本能看起来只是身体的，但它实际上自身已经包括了许多非身体的因素。如食物的生产和分配就是一个社会问题。由性欲的实现所导致的生殖不仅相关于家庭，而且也相关于国家。于是由身体性的欲望便产生了很多非身体的欲望，如财产、名誉、权力等。但它们一般表现出和身体没有直接的关联。

关于财产的欲望是一种物欲，也就是对于物资的占有。物资主要是生活资料和生产资料。但如果人也只是被当做物的话，那么他也会被作为一种特别的物资。对于物的占有就是将自然物变成人之物，将他人之物变成属我之物。在占有之中，人的欲望得到了满足。因为人将自身的存在转变成了物的存在，所以物的价值便是人的价值的明证。物的增殖是人的增殖；反之，物的贬值也是人的贬值。

关于名誉的欲望不同于对于财产的欲望。如果说财产是实的话，那么名誉则是虚的。名誉主要是人的行为在社会上所形成的声望和名声，并表现为人们言谈中的评价。名誉当然有好坏之分。好的名誉是对于人的存在的肯定，坏的名誉则是对于人的存在的否定。由此，人对于名誉的追求是一种在他人那里对于自身肯定的追求。为了得到名誉，人的行为不仅指向自身，而且指向他人。当然，为名誉而名誉就只是一种虚荣了。

关于权力的欲望也是一种普遍的欲望。它不仅相关于政治，而且也相关于一般的社会生活。权力是一种力量，但最主要表现为语言或话语的力量，即语言通过某种体制而支配现实的人和物。因此，权力就是说话权和话语权。在权力现象中，我们看到一方面是语言对于现实的规定，另一方面是个人对于他人的控制。在此主动和被动的关系中，权力划定了社会生活中的上下级等级序列。对于权利的欲望就是希望狄得话语权，并由此在社会结构中居于支配者，而不是被支配者。

但不管是身体性的欲望，还是非身体性的欲望，它们都有自身的限度。因此，它们不是无限的，而是有限的。同时可欲之物也只是对于欲望的需要而言才是所欲之物，而对于满足了的欲望便不再是所欲之物了。但如果人在满足了欲望之后还拼命地追求所欲之物，那么此时的欲望便不是对于某物的欲望，而是对于欲望的欲望。某物在此其自身的意义是不重要的，而它是否能满足人的某种欲望也不是关键问题，它只是表明它是一个抽象的欲望之物。正是如此，它能满足人对于欲望的欲望。如果事情是如此的话，那么对于欲望的欲望将是无边的，而作为欲望的欲望的可欲之物也是无数的。这实际上是贪欲的实质。所谓贪欲就是越过了自身界限的欲

论儒道禅

湖北武当山三清殿

望。贪欲者甚至将自身等同于一个欲望者，只是沉溺于对于欲望的无限追求之中，如贪吃好色，攫取财产、名望和权力等。他们在对欲望的欲望的追求过程中感到了自身的存在。

人的身体性的欲望、非身体的欲望和对于欲望的欲望会以不同形态表现出来。

欲望的形态直接就是身体性的。不仅身体性的欲望自身表现为身体性的，而且非身体性的欲望和对于欲望的欲望也有身体性的表现。欲望的身体表现为身体的欠缺、渴求，以及由此而来的不安和烦躁等。它一方面显现为外在身体的征候：如面部的表情、四肢的运动、整个躯体的变化等；另一方面显现为内在身体的感觉，如呼吸的急缓和心跳的快慢等。

欲望的形态在表现为身体的同时也是心理的。它一般呈现为无意识的语言，如各种类型的象征符号等。这些没有意识的和不可言说的欲望在它出现的同时就面临着各种关于欲望的压抑机制，于是它便变形、转移和升华，以间接性的形态将自身表现出来。但无意识的欲望最后也会转化为有意识的，并且成可言说的。唯有如此，欲望才由莫名的欲望成为有名的欲望，并可能现实化。

欲望的形态不仅是心理的，而且也是社会的。如果欲望只是停留在心理范围特别是在无意识的领域中，那么它就是虚幻的。唯有当欲望走向现实，并且实行生产的时候，它才能完成自身，而成为真正的欲望。在这样的意义上，欲望必须将自身具体化为欲望的生产。这种生产就是人类历史的最基本的生产：人自身的生产和物质的生产。由性欲的繁殖出发的生产成为人自身的生产，而由食欲等出发的生产便构成了人的生活资料和生产资料的生产。人类的一切生产当然不能简单地还原为性欲和食欲的生产，但是后者的确是前者的最初动因。

对于欲望，人们一般只是注意到了其消费性。这是因为人们的欲望对于欲望的对象总是攫取、占有，甚至消灭。欲望不仅会消费物，而且会消费人。在消费欲望对象的同时，欲望者自身也在被消费。在这样的意义上，欲望是消极的和否定的，并因此可能是邪恶的。这也就是为什么在历史上欲望一直要被否定的原因。但消费性只是欲望的一个方面，它的另一方面却是创造性。欲望作为一种内在的驱力，既是人自身生命力的源泉之一，也是人的世界不断生成的基本要素之一。所谓的人自身的生产和物质的生产便是这种创造性的明证。

基于欲望自身的消费性和创造性两重特性，禁欲主义和纵欲主义都是对于欲望的误解，因而是片面的和偏激的。许多宗教、道德和哲学都主张禁欲主义。它们认为欲望是罪恶和迷误的根源，它既导致人自身痛苦，也导致整个世界的堕落。因此，人要最大可能地禁止自身的欲望，尤其是身体性的欲望，如食欲和性欲。但禁欲主义只能是相对的，而不可能是绝对的。这是因为只要人活着，只要人的身体存在，人的欲望活动就不会停息。禁欲主义不可能彻底地消灭人的欲望，而只能将它减少到最低度。在

145

这样的意义上，禁欲主义只是寡欲主义。在此，欲望依然是存在的，哪怕只是在最小的限度上。与禁欲主义相反，纵欲主义似乎在欲望的追求和满足中找到了通往幸福、快乐和美满的通道。身体性的欲望如食欲和性欲在此获得了特别的意义。一些宗教上的邪教，一些道德上享乐主义者和哲学上的非理性主义者都是纵欲主义的鼓吹者。但欲望是不能无限放纵的，因为其结果只能是欲望之物的消失和欲望者自身的毁灭。

事实上，禁欲主义和纵欲主义都没有意识到欲望的真正困境，即欲望的压抑。不仅如此，它们自身就是欲望压抑的思想根源。禁欲主义当然试图去压抑欲望，使它不敢越雷池一步。纵欲主义看起来不是压抑欲望，但实际上也是欲望的压抑，而且是其极端形态。这是因为它让欲望越过自身的边界，从而让欲望在自身消灭自身，而达到了对于欲望的根本否定。当代对于欲望的压抑主要在于欲望纳入了市场买卖的机制当中。因此关于欲望的生产和消费都被市场的游戏规则所规定。在这样的关联中，欲望不是人的欲望，而人成为欲望的人。同时欲望也不是自身，而是商品的买卖，是商品的生产和消费。

关于欲望困境的思考当然召唤欲望的解放。一方面，人要从关于欲望的各种主义中解放出来。既不是禁欲主义，也不是纵欲主义，而是要认识欲望的本性，使欲望回归自身。另一方面，人要从关于欲望的各种建制中解放出来。一些所谓的饮食文化，还有一些男女关系如婚姻制度等构成了人的基本欲望的实现形态。对此人们必须考虑建构新的制度的可能性。

二、技术

只要人的欲望是真实的欲望，那么它就要实现自身，而使自身现实化，而让自身生产和消费。但从欲望达到欲望的对象却不能只是限于人自身，而必须借助于人自身之外的事物。这种独特的事物便是工具。人制造和使用工具的活动是一种广义的技术活动。工具或者技术在人的生活世界中具有重要的作用。它不仅决定了人的欲望是否可以实现，而且还决定了它在何种程度上可以实现。

工具一般的意义如下：其一，工具是非动物性的，而是人类学性。人们一向把使用和制造工具看成是人区分于动物的突出性标志。有些动物偶尔也使用工具，但这并不构成其生活的根本特性。此外，动物根本不会制造工具，只是会利用一些现成的自然物。与此不同，人不仅会使用工具，而且会制造工具。人凭借工具不仅将自身区分于动物，而且区分自身的历史。由此，我们对于人类历史的划分往往就用其时代的主要工具的特质命名，如石器时代、青铜器时代、铁器时代和机器时代等。如果说人也是凭借工具而具有区分动物的特征之一的话，那么工具也获得了属人的特性。这就是说工具不是自然，而是文化。因此，工具自身就是人存在和力量的显示，是历史的发展的纪录。在这样的意义上，工具是人自身物化形态的延伸。

其二，工具作为手段服务于目的。工具是一物，但它不同于一自然之物，不是自在自为的，而是为它的。同时，它也不同于艺术作品，不是一为己之物，以自身为目的，而是以它物为目的。因此，工具自身就包含了自身和它物的关系，也就是手段和目的的关系。工具自身的存在表现为手段，作为如此，它始终源于自身之外的动机，并指向自身之外的目的。这里所谓的动机就是人的欲望。欲望驱使人去使用和制造工具。所谓的目的就是所欲之物。工具将帮助人去获取它和占有它。通过如此，工具建立了人和人、人和物的关系。对于工具这一手段而言，那些它所关联的人和物似乎都是目的。但如果它们成为可欲之物的话，那么它们自身则又成为手段。因此在工具所建立的世界关系中，人和物可能成为目的，也可能成为手段，表现出一种复杂性。在这样的关系中，工具似乎是不重要的，因为目的实现之日便是手段终结之时。工具在使用中消失自身。于是，工具需

147

论儒道禅

要更新，更需要创新。但比起某一短暂的动机和目的，工具作为手段却具有更长远的意义。

工具也是在其历史中不断显示出自身的。最早的工具是人的身体自身，即人的四肢和器官。其中双手具有特别的意义，它最具有工具性。正是在这样的意义上，手就是手段，也就是工具。从手出发，人们可以区分不同的事物，如手前的东西和手上的东西。手的功能是多样的，它既把握自然，也把握人，如握手、拥抱和爱抚行为等。与手一样，脚也是人非常重要的工具。正是人的直立行走，才导致了人的双手的形成和大脑的发达。就脚自身而言，它不仅走路，而且还在争斗、武术和表演等活动中起着重要的作用。此外，靠自己的双脚站立和行走还具有比喻的意义，即人生活和存在的独立性。除了四肢之外，人的感觉器官也在一定程度上充当了工具。视觉和听觉建立了人与万事万物的关系并敞开了事物自身。这里有必要指出人的嘴唇所发出的清晰的声音——语言的工具的意义。语言当然有其多重维度，但工具性是其最显而易见并被人们注意到的一种。语言的工具性主要表现为反映、表达和交流等。

在人自身的身体作为工具的同时，人们也使用现成的自然工具，如石头和木头。凭借它们，人更好地向事物施展自身的力量。但对于自然工具的使用还不足以构成人与动物的区分。只是火的使用才改变了人自身，并使人越过了动物使用工具的界限。在人类学的意义上，未使用火的生食和使用火的熟食既是人和动物的对立，也是野蛮和文明的对立，因而也是自然和文化的对立。火的利用不仅改变了人的基本欲望的满足方式，而且也开辟了人生活的新天地。它照亮了黑夜，驱赶了野兽，召唤了神灵，如此等等。

在利用自然工具的基础上，人开始制造工具。这样工具不再是自然的，而是人为的。人造工具经历了一个漫长的发展过程，如石器、陶器、青铜器和铁器等。在工具的制造过程中，一方面是人对于自然物质的发现和把握，另一方面是对于自身技能的培养和力量的发展。但这些形形色色的工具仍然为双手所把握，它们不过是身体力量的增强和扩大而已。

工具的制造的历史具有划时代意义的是两次重大的革命。一次是机器革命。它借助能源的消耗而具有自动的特性，从而运转、加工和生产。于是，机器不仅是人的身体的延长，而且也是身体的替代。另一次是信息革命。它不再是人的身体的替代，而是大脑亦即智能的替代。作为信息的处理者，计算机不仅能如同人脑那样计算，而且能够超过人脑那样计算。因此，计算机成为与人脑不同的电脑。它在现代生产中的运用完成了语言和现实之间的对立的克服，使语言变成了现实。

在工具革命的进程中，工具自身越来越表现为技术，并且在那里将自身的本性极端化。故理解现代工具必须思考技术的本性。技术是人的活动，而不是物的运动。因此它们在本性上与自然相对，技术不是自然，自然不是技术。不仅如此，技和技术都是人对于自然的克服，是人改造物的活动。人在没有物的地方制造物，在已有物的地方加工物，这使技术的根本意义表现为制造和生产。技术就是要制造一个在自然尚未存在且与自然不同的物，亦即人为之物。但这个物并不以自身为目的，而是以人为目的。通过如此，技术成为了人的工具或手段，人借此来服务于自身的目的。由于这样，它们都表明了人对于物的有用性的要求。有用性实际上意味着物具有技术化的特性，也就是能够成为手段和工具的特性。

但中国的技具有自身独特的意义。它主要是人用手直接或间接与物打交道的过程。作为手工的活动，技在汉语中就被理解为"手艺"或"手段"。那些掌握了某一特别手艺的手工活动者成为匠人。手是人身体的一部分，技因此依赖于人的身体且是身体性的活动。但人的身体自身就是有机的自然，是自然的一个部分，技因此是依赖于自然性的活动。这就使技自身在人与物的关系方面都不可摆脱其天然的限度，即被自然所规定。在这种限定中，人不是作为主体，物不是作为客体，于是，人与物的关系不是

论儒道禅

作为主客体的关系，而是作为主被动关系。人在技的使用过程中，要么让自然生长，要么让自然变形，以此达到人自身的目的。尽管如此，技作为人工要合于自然，即人的活动如同自然的运动，如庄子所谓"道进乎技"。这也导致由技所制作的物虽然是人工物，但也要仿佛自然物，即它要看起来不是人为，而是鬼斧神工，自然天成。由此我们可以看出，一般中国思想所理解的技是被自然所规定的人的活动。但如此理解的技依然不是自然本身，不是道本身；相反，它会遮蔽自然，遮蔽道，因此它会遮蔽物本身。

与中国的技不同，一般西方的技术指的不是手工制作，而是现代技术，即机械技术和信息技术。在手工操作到机械技术的转换中，人的身体的作用在技术里已经逐步消失了其决定性的作用。而在信息技术中，人不仅将自己的身体，而且将自己的智力转让给技术。因此，现代技术远离了人的身体和人的自然，自身演化为一种独立的超自然的力量。技术虽然也作为人的一种工具，但它反过来也使人成为它的手段。这就是说，技术要技术化，它要从人脱落而离人而去。作为如此，现代技术的技术化成为对于存在的挑战和采掘，由此成为设定。人当然是设定者，他将万物变成了被设定者，同时人自身也是被设定者，而且人比其他存在者更本源地从属被设定者整体。这个整体就是现代的技术世界。世界不再是自然性的，而且自然在此世界中逐渐消失而死亡。技术世界的最后剩余物只是可被设定者，它要么是人，要么是物。作为被设定者，人和物都成为碎片。而碎片都是同等的，因此也是可置换的。

对于现代技术对我们世界的设定，许多人采取乐观主义的态度。他们认为技术开辟了一条希望之途，由此可以克服我们时代的诸多问题。有的甚至相信技术万能，把技术思维贯彻到人类所有的领域。这也许会形成一种危险，即对于技术的崇拜，将技术当成了一个时代新神。但技术乐观主义没有注意到技术的两面性，即有利性和有害性。同时他们也没有考虑技术的有限性，因为人类的很多领域是在技术之外的。

当然，这绝对不能引发所谓的技术悲观主义。在这种论者看来，技术不仅导致了人的生存环境—自然的破坏，而且造成了人类社会自身的很多疾病。

显然，任何一个现代人都不可能离开技术而生活在所谓原初的自然里，也不能只是看到技术的弊端而忽视它对于人类的帮助。因此，现代对于技术的真正态度是抛弃乐观主义和悲观主义，确定技术的边界。

三、智慧

人从欲望出发，借助于工具的使用和创造，也就是技术的运用，来满足欲望的要求。但不论是欲望和工具，它们都需要智慧指引。我们当然可以说人的欲望不同于动物的欲望，同时人对于工具的运用也不同于动物对于工具的运用。但在这两方面，人和动物都有许多相似的情况。唯有智慧是人的独特本性，而将人与动物完全分离开来。在这样的意义上，智慧才是人的真正的开端。

智慧也可以称为大道、真理、知识等。知识就是知道，亦即知道事物自身。正是如此，智慧是愚蠢的对立面，因为愚蠢是不知道。同时智慧也不同于聪明和计谋。在聪明看来，智慧是愚蠢的，但在智慧看来，聪明是愚蠢的，当然它是一种特别的愚蠢，因为它带着一层面具。这就是说，它看起来是知道，但事实上是不知道。因此，人们对于智慧和聪明的分别一般具体化为大智慧和小聪明的对立。

但智慧不是关于其他的什么知识，而是关于人的基本规定的知识。这个知识告诉人们：人是什么和不是什么，也就是存在和虚无。但人的规定正好是通过人与自身的区分来实现的。在此不是人与动物的区分，而是人与自身的区分。这是因为人与自身的区分是首要的，与动物的区分是次要的。卢梭指出，人只有与自身相区分，才能成为公民，亦即自由人。康德也强调，当人被对象所激动时，他要与自身相区分，这样他才是一个理性的人。这里的人自身就是人的给予性和现实性。所谓人与自身相区分就是人与自身的给予性和现实性相区分。唯有如此，人才能获得自身的规定。

但这种区分首先不是世界性和历史性的，而是语言性的。于是，智慧成为真理性的语言或话语。所谓语言虽然是人的本性并显现为人的言说，但语言绝不是被人所规定，而是反过来，人被语言所规定。这是因为语言不仅是人的言说，而且也是语言自身的道说。于是语言包含了多重维度。首先是欲望的语言，它就是欲望直接或间接的显露。其次是工具的语言，它表达、交流并且算计。最后是智慧的语言，它教导和指引。智慧的语言与欲望和工具的语言相区分，它在历史上表现为神言、天言和圣言，而不同于人言。由于这种区分，智慧的语言就是语言自身，而不是语言之外的什么事情。在这样的意义上，智慧的语言就是纯粹语言。

作为纯粹语言，智慧的语言主要不在于描写、叙事和抒情，而在于说出道理。当然智慧的语言也会通过描写、叙事和抒情来表达自身的道理。如寓言就是描写、叙事而言说道理的典型，如圣歌就是歌唱了神圣的道理。这样，我们就不能要求智慧的语言要合乎某种历史的真实，并依据这样的真实来判定智慧语言的真伪。智慧语言的真实不是历史的真实，而是道理的真实，也就是关于事物之道的真理。因此，它比历史的真实更为真实。

作为真理的话语，智慧的语言具有否定性的表达式。这是因为在已给予的语言形态中，欲望的语言和工具的语言是原初的和主要的。它们是朦胧的、混沌的，甚至是黑暗的。面对这样的语言形态，智慧的语言首先就是否定，如同光明对于黑暗的否定，而达到对于自身的肯定。因此，智慧一般就具有光明的喻象，它是太阳、星星、烈火等。凭借自身的光明，智慧的语言展开了它的划界工作。它划清了什么是必然存在的和什么是必然不存在的，其弱形式亦即所谓的存在和虚无，是与非。与此相关，它还区分什么是显现的，什么是遮蔽的；什么是真实的，什么是虚伪的。在区分的同时，智慧的语言还进行比较，也就是分辨出什么是好的，什么是坏的，而且什么是较好的和什么是最好的。在这样的基础上，智慧的语言就要作出选择，人们既要放弃黑暗之路，也要告别似是而非的人之路，而要踏上真理之途。这便形成了开端性的决定。一般所谓的存在的勇气，去存在或者不存在的选择，最后都相关于是否听从智慧的语言的指引。

凭借说出道理，智慧的语言指出一条光明大道，并命令人们去行走。因此，智慧的语言在句型上就具有独特的形态。如果根据一般句法的分类的话，那么智慧的语言就一般不属于陈述句和疑问句，而是属于祈使句。它请求、命令、告诫、指引和规劝等。虽然它也会以陈述和疑问的形态出现，但它在这种已言说之中包含了尚未言说的，亦即一种祈使的意义。因此，智慧的语言始终具有一种否定或者肯定、毁灭和创造的力量。当然智慧语言的力量只是以一种特别的方式表现出来，它是言说，而不是行动。它看起来是无能，而不是大能。但智慧的语言的言说能够指引行动，于是，它的无能也就是它的大能。

智慧的语言作为否定性的语言经历了一个历史的发展过程。

人类学已经表明，人类最早的否定性的语言就是禁忌，也就是关于食物和性的禁忌：不能食用图腾，不能乱伦等。虽然禁忌确定了原初的人与自然、人与人之间的界限，并维系了他们的关系，但这种否定性语言却是神秘的。它并没有将自身的根据揭示出来，即说明为什么要禁忌。

在后来的各种宗教和文化中，否定性的语言构成了戒律的基本内涵。首先是人不能做什么，然后才是人能做什么。它们如犹太的《旧约全书》的"摩西十戒"中的不可杀人，中国传统文化中的各种礼仪等。虽然否定性的语言在此不再是禁忌，而是禁令，但它还不是思想本身。

否定性的语言告别了禁忌和禁令的形态，从而回到思想自身，这正是智慧的根本之所在。如果只是就西方中世纪的智慧而言，那么这种特征将

论儒道禅

变得更加明晰。例如《新约全书》中的否定性语言就是被思考的并召唤思考的，它充分表现于基督的言谈之中（最后的晚餐的谈话），更不用说保罗和约翰的书信了。它们的核心问题是神的真理和人的谎言的区分，并召唤人们放弃谎言，听从真理。但这种听从不是服从，而是理解，亦即思考。

到了现代，否定性的语言主要表现为各种法律。现代性社会的根本特征之一是法治社会。既不是神权，也不是王权，而是以人权为基础的现代法律制度制定了整个社会的游戏规则，并规定了人的现实生活。其中特别是作为各个民族国家的根本法——宪法以及联合国的人权宣言具有决定性的意义。法律作为游戏规则是人基于现实世界通过思考而约定的，但它却具有超出人之上的权威和力量。因此，法律作为智慧的语言是典型的权力话语。法律规定了人的权利和义务。所谓权利，就是人能够不做什么和能够做什么；所谓义务，就是人必须不做什么和必须做什么，如此等等。正是因为法律主要表现为否定性的语言，所以凡是法律所不反对的，便是可行的。

在智慧话语的这些历史演变中，我们又可以对它区分为神启的、自然的、日常的智慧形态。

神性的智慧主要是西方的智慧，其结构是由缪斯、圣灵和人的人性的言说所构成的。第一个时代（古希腊）的智慧表达于《荷马史诗》中，其主旨是：人要成为英雄；第二个时代（中世纪）的智慧显现于《新约全书》中，其核心是：人要成为圣人；第三个时代（近代）的智慧记载于卢梭等人的著作中，其关键是：人要成为公民，亦即成为人性的人和自由的人。这三个时代的智慧形成了西方历史的每一个时代的开端性的话语。如果对这些话语要提出后现代的问题："谁在说话"的话，那么回答将是明晰的：智慧在说话。于是在不同的时代在说话的不是荷马，而是缪斯；不是福音传播者，而是圣灵；不是卢梭，而是人的人性，亦即所谓的人的神性。这些言说者不可能回归于一个更高的本源，这在于言说者之所以可能，是因为它在言说中得到了规定，而它的实现正是话语。因此不是"谁在说话"，而是"说了什么"才是根本性的。它作为话语召唤思想。因为作为西方智慧的言说者是缪斯、圣灵和人的神性，所以西方的智慧在根本上是一种神性的智慧。

与西方的神性智慧不同，中国的智慧是自然的智慧。人们一般将中国的思想分为儒、道、禅三家。儒家的圣人追求仁义道德，道家的理想是参悟天地之道，而禅宗认为，最高的智慧在于自我觉悟，亦即发现自性。这三者虽然也有较大的差别，但它们具有共同的特点，即不是神性启示的，而是自然给予的。儒家的智慧主要是关于人生在世的智慧，但它在世界结构的等级序列的安排中始终是将天地放在基础性的位置，这就是说天道是人道的根据。道家的智慧的核心是人与自然关系的智慧，它主张人要如同自然界那样自然无为。禅宗的智慧的根本是关于心灵的智慧，它意在回到心灵自身，回到它光明的自性。这三者实际上都肯定了人的自身给予性，也就是自然性，而不是与人不同的神的启示和恩惠。不仅如此，它们甚至让精神沉醉于自然，也就是使精神始终囿于自然的限制，而不是让自身成长。

除了上述神性的和自然的两重主要的智慧形态之外，还有一种日常的智慧形态。它主要保存在日常语言之中，如谚语、格言、箴言、传说、故事和民谣等。它们通过不同的方式说明日常生活世界的道理，特别是为人处世的法则。这类智慧缺少系统的构建，也没有复杂的论证，大都简单明了，通俗易懂。但日常智慧不可避免有它的有限性，即它的经验性使它缺少深度和广度。

但在现代和后现代的社会里，传统的智慧已经终结。就西方而言，上帝死了。这意味着神启的智慧不再是我们时代的规定性。就中国而言，天崩地裂。这标志着自然的智慧在我们的世界不再起着关键性的作用。当然，终结不是简单的消失，而是作为传统依然保存着。

在我们的时代或者世界里占统治地位的是多元的智慧，或者多元的真理。这里没有唯一，而是多元。一方面古老的智慧还在言说，另一方面新的智慧却在生长；一方面民族自身的智慧具有强大的生命力，另一方面民族之外的他者的智慧也包含了巨大的诱惑力。这样，多元真理形成了多元的世界。

四、游戏

生活世界就是智慧和欲望、工具三者的聚集活动。我们称这种活动为游戏。

生活世界的游戏始终是被欲望所推动的。只要人存在着，欲望就存在着。欲望是人的存在的显现的一个标志。同时，欲望指向所欲望之物，它推进了人的生产和消费。不仅如此，欲望是永无休止的。一个欲望满足之后又会出现新的欲望，仿佛是一条无穷无尽的河流。但只要欲望是欲望并且要满足自身的话，那么它就需要工具。欲望将自身设定为目的，将工具作为手段。由此，欲望让工具获取所欲之物为自己服务。欲望不仅需要工具，而且也需要智慧。这是因为人的欲望不是动物的本能，它要得到智慧的指引。只有在智慧的规定下，欲望才能在其实现过程保证自身的满足。

在生活世界的游戏中，工具扮演着和欲望不同的角色。它似乎从来都不是自在自为的，而是为它所用的。一方面工具服务于欲望。它不仅要效劳于欲望自身，而且要作用于欲望的对象，由此使欲望的对象满足于欲望自身。另一方面工具也服务于智慧。就智慧自身而言，它只是知识，因此，智慧的现实化必须借助于工具。正是如此，工具不仅是欲望的手段，而且也是智慧的载体。除了为欲望和智慧效劳外，工具自身也有自身的任务。这就是说，它要成为一个好的工具，亦即利器。当然，这看起来也是为了更好地为欲望和智慧服务。

当欲望和工具各从自身的角度来参与生活世界的游戏时，智慧也到来与它们同戏。智慧自身本来是与欲望和工具不同而分离出来的知识，反过来，它又指引欲望和工具。智慧首先是对于欲望划界。它指出哪些欲望是可以实现的，哪些欲望是不可以实现的。它一方面对于吃进行规范，如文明初期的禁食图腾，后来的禁食人肉，宗教中的关于一些食物的禁忌等；另一方面是对于性的规范，如不可乱伦、不可通奸、对于同性之间的性的禁忌等。智慧其次是对于工具划界。它指出哪些工具是可以使用的，哪些工具是不可以使用的。它一方面是对于满足吃的欲望的工具进行划界，如生食和熟食等；另一方面是对于满足性的欲望的工具进行规范，如是否应该避孕、堕胎和克隆等。对此问题的争论看起来是一个宗教的、道德的和社会的问题，实际上是一个智慧的问题。在这样的划界过程中，欲望和工具也就区分成两种：一种是合于智慧的，另一种是不合于智慧的。

生活世界的游戏就是欲望、工具和智慧三者的游戏。每一方都从自身出发，并朝向另外两方，由此构成了两重关系。一方面它们是同伴。这是因为整个游戏依赖于三方的共同在场，这三方中任何一方的缺席都将导致这个游戏的失败。另一方面它们是敌人。这在于每一方自身的肯定都是对于其他两方的否定。在这样的意义上，欲望、工具和智慧是敌人般的朋友，或者是朋友般的敌人。因此，整个生活世界的游戏也就是它们的斗争与和平。

在整个游戏活动中，尽管欲望、工具和智慧的角色不同，但它们的权利是平等的，亦即每一方都要存在和发展。这样，在游戏中就没有绝对的霸权、垄断和权威，也就没有中心、根据和基础。于是，生活世界的游戏就不是一般的活动，而是没有原则的活动。这在根本上实现了游戏的本性。当然，任何一个游戏者从自身出发都想充当原则，尤其是智慧要申辩自身的指导身份，但这种主张不会得到另外两方的承认，而是得到它们的否定。由此也显示出，生活世界的游戏不仅是无原则的，而且也是否定任何原则的活动。

虽然如此，在生活世界的游戏的历史发展的过程中，欲望、工具和智慧会在某一阶段占据主导地位。于是便有三种游戏形态，即从欲望出发的游戏、从工具出发的游戏和从智慧出发的游戏。由此，历史就形成了三种可能的极端世界。

如果游戏从欲望出发去游戏的话，那么欲望将是规定性的。在欲望的世界里，智慧失去了作用，因此就有道德沦丧和世风日下的现象。同时工具只是片面化为欲望的手段，它既没有自身的自持性，也没有智慧的对于自身的限定。占主导的是欲望的需要和满足，以及满足之后新的需要和新的满足。这样便是人欲横流和物欲横流。不再是人有欲望，而是人就是欲望。人成为欲望者，人之外的世界成为所欲者。于是世界中的人和物失去了其自身的独立性，而只是被区分为可欲望的和不可欲望的。这样一种欲望化的世界使人的世界变成了动物的世界。正是在动物的本能的世界里，一切只是单一地区分为可食的和不可食的，可交媾的和不可交媾的，并由此区分同伴和敌人。人的欲望化的世界不过是这种动物的欲望化世界的扩大化而已。

如果游戏从工具出发去游戏的话，那么工具将是规定性的。工具本身只是手段，而不是目的。它不仅服务于欲望，而且也效劳于智慧。作为手段，工具似乎从来就是被规定者，而不是规定者。但工具作为手段不仅是手段，而且要成为更好的手段，甚至成为最好的手段。于是，工具就不仅以自身之外的欲望和智慧为目的，而且也以自身为目的。由此，工具就不仅是手段，而且也是目的。基于这样的角色定位，工具也就可以完全不顾欲望和智慧等的关联，而只是考虑自身的发展。这尤其表现在现代技术的技术化的进程中。显然技术的技术化不再只是手段，而是目的。技术的不断进步要求更快、更高、更强，因此，技术的真理不再是其他什么东西，而是效率。在技术化的社会里，工具不仅仅满足于欲望和智慧，而且也刺激新的欲望和要求新的智慧。

如果游戏从智慧出发去游戏的话，那么智慧将是规定性的。智慧的本性只是去指引欲望和工具，而不否定和消灭欲望和工具的存在性。这也就是说，它承认欲望和工具的存在，并且与它们同戏。智慧的指引在于给欲望和工具自身划分边界，让欲望作为欲望，让工具作为工具。在与欲望和工具同戏的同时，智慧自身也在生长。但一当智慧的指引成为极端化和片面化的时候，它就改变了自身与欲望和工具的关系。由此，它要消灭欲望和否定工具。西方的中世纪和中国的礼教传统都出现过这种极端化的智慧，但它们不是成为仁爱的真理，而是成为杀人的教条。这样，智慧就不再是智慧，而是愚蠢。

但真正的生活世界的游戏就其根本而言是对于上述三种极端的游戏形态的克服，是欲望、工具和智慧三者的相互和谐的发展。虽然它们有差异、对立和矛盾，甚至冲突，但它们依然同属一体，相互共存。它们的游戏如同三者的圆舞。

游戏就是游戏活动自身。游戏的根本意义不在游戏之外，而在游戏之内，也就是在游戏自身。这就是说，游戏既不源于什么，也不为了什么，而只是去游戏。这种去游戏始终是源于自身并为了自身。生活世界的游戏也是如此。它并不指向生活世界之外，而是指向生活世界之内。它是欲望、工具和智慧源于自身并为了自身的活动。作为这样的活动，生活世界开始成为自身。

这就是生活世界游戏的生成。生成不是一般意义的变化，不是从一种状态到另一种状态的过渡，甚至也不是从旧到新的更换，而是从无到有的活动。生成在根本上就是无中生有的事件。因此，它是连续性的中断，是革命性的飞跃。在生活世界的游戏的生成中，一方面是旧的世界的毁灭，另一方面是新的世界的创造。由此，它形成了生活世界的历史，也就是欲望、工具和智慧的生成的历史。

首先是欲望的生成。

作为基本的欲望，吃的本能是基于人的身体的生命特性。人的身体需要获得身外的食物，以维系自身的生存和生长，而避免衰弱、疾病和死亡。这种欲望表现为饥饿感，亦即要求通过吃将食物变成身体自身的营养。因此，吃的首要的意义是充饥。充饥对于任何一个人来说都是生存的第一需要，特别是对于那些处于饥寒交迫的人来说更是如此。于是，满足充饥的活动甚至成为推进人的生活乃至一个社会的动力。但当充饥满足之后，人的饮食行为就不再只是满足肠胃的需要，而是满足口舌的需要了。此时，吃便成为在与充饥同时的美食行为。它是对于食物的味道的品尝。人们不仅要求有一些食物，而且要求有精美的食物；不仅要求食物是有营养的，而且要求食物是形色香味俱全的；不仅要求食物是多样的，而且要求食物是变化的，如此等等。在此，人们往往只是为吃而吃。这种美食的兴起直接导致了鉴赏趣味的发展和提升。由此，人们不仅品谈食物，而且也品谈自然、人物和艺术。但吃最后还演化成为一种礼仪。这里吃的行为自身包含了许多吃之外的意义。中国人在春节时用食物祭祀先祖，让不在场的人和在场的人聚集在一起。西方基督教的圣餐中的葡萄酒和面饼是基督的血与肉，信徒们的领受不仅是对于基督的纪念，而且也是与上帝的共在。至于现代生活中各种私人的和公共的宴饮则具有许多不同的意义：聚会、庆祝、迎接和告别等。

如果说食欲是为了个人的身体不致死亡，那么性欲则是为了种族的身体不致消失。于是，性首先便表现为生殖。人是要死的，但这个要死的人却在自己的子孙后代身上看到了自己的死而复生，且生生不息。在生殖行为中当然有性欲的要素存在，但真正的性欲及其满足的快乐是与生殖相对分离的。由此，性行为不再作为生殖的中介，而是作为性欲本身，如此的性欲及其满足便以自身为目的。这时的性表现为纯粹的肉体感官愉悦，它就是人们讲的色情之乐。但既不是生殖，也不是色情，而是唯有爱情才是性的最高升华。爱是给予，因此，相爱就是给予与被给予。为什么？个体在他的成长过程中意识到了自身的界限及其残缺，他只有在异性中才能使之达到完满。由此，异性的存在便是自身渴望和追求的根据。它使人超出自身，在两性的合一中结束不完满并达到完满。在此过程中，每人对于他人而言都是给予者和被给予者。这种给予和被给予是全部身心的。异性不仅渴求精神的沟通，也渴求肉体的交媾，从而成为一体。但这个爱的一体是给予与被给予的统一。于是在爱中便开始了伟大的生成，男女成为新人。他们既各自展开自身独特的个性，又建立相互灵肉共生的关系。

其次是工具的生成。

工具最初只是手段。人为了满足自己的欲望，必须制造和使用工具。工具作为工具之日起，它就是作为直接或者间接的手段，为实现人的目的服务。于是，它既不同于纯粹的自然之物，是自在的；也不同于人所创造的艺术作品，是自为的。工具虽然是一个独立的物，但它始终指向自身之外。它源于人，并且为了人。在效劳于人的活动中，工具丧失了自身的独立性，它只是听命于人的安排。不仅如此，工具在使用过程中还会逐渐自身消失。因此，它作为一个被使用的手段将会被人抛弃。

虽然工具是人的手段，但为了成为更好的手段，它也成了自身的目的。这样，它便有了自身的规律和发展逻辑，而且是不以人的意志为转移的。特别是现代的科学技术不再简单地是人的手段，而是以自身为目的。它取代了历史上曾经存在过的上帝和天道，并成为新的上帝和天道。这种以自身为目的的现代科学技术不仅超出了人的控制，而且也丧失了自身的边界。这就是说，它成为无限的和没有穷尽的。如现代的原子技术、生物技术和信息技术所敞开的可能性，不仅是人未曾经历的，也是人无法想象的。

于是，工具既不能简单地看成人的手段，也不能简单地看成以自身为目的。特别是现代科学技术要求人们对于工具进行新的思考。这种思考必须抛弃片面的手段和目的的模式。也许工具自身既是手段也是目的，也许它既不是手段也不是目的。工具是人的伴侣，是沟通人与其生活世界关系的信使。因此，现代的工具如科学技术一方面要沟通人与自然的关系，另一方面要沟通人与自身的关系。在这样的关联中，工具既让自身存在，也让人和万物自身存在。

最后是智慧的生成。

一般人认为，比起欲望和工具，智慧或者真理是永恒存在的、千古不变的。它们存在得如同上帝，存在得如同天道。但事实上，智慧也是处于永远的生成之中，它不是永恒不变的，而是不断成长的。对于人的生活世界的游戏来说，并没有一个预先给予的智慧，而只有在此游戏中与欲望和工具一起生长出来的智慧。同时，智慧随着其历史性使命的完成，也有其死亡和终结。于是，人们既不能相信智慧的永垂不朽，也不能希望它的死而复活，而是要思考智慧的死亡和新生。这正是智慧的历史性的生成。

智慧的历史是一个由外在到内在的过程。人类历史古代的智慧总是以外在于人的形态表现出来的，它们或者是神灵，或者是天道。当然神灵和天道的显现最后还是依赖于人，这个人就是圣人。圣人向人们说出了智慧，指出了真理。但圣人既不是作为人，也不是作为个人自身在言说，而是作为神灵和天道的代言人在言说。因此，所谓智慧就是神灵的启示和天道的显现，它规定了人在世界中的生活和道路。与人类历史古代的智慧的外在性不同，现代的智慧却是内在性的。这就是说，人不需要借助于人之外的其他什么东西，而是依靠于自身。人自己说出了关于生活世界的智慧，规定了自己的存在、思想和言说，由此制定了生活世界的游戏规则。正如各种法律都是人的意志，并且是人的约定。但随着事物的变化，法律不仅有制定，而且有修订，甚至还有废止，由此重新制定。

智慧的历史也是一个由一元的到多元的过程。人类历史古代的智慧一般都是一元的智慧。特别是当宗教成为智慧的主要形态的时候，我们看到了每种宗教都宣称自己是唯一的真理，并以此统治那些信仰的民众。就一神教而言，有犹太教、基督教和伊斯兰教；就非一神教而言，有印度教、佛教和道教等。这些宗教，其中特别是一神教不仅主张自己所宣扬的智慧的唯一性，而且要求自己的普遍性。因此在历史上就出现了频繁的宗教战争。但人类历史进入现代之后，智慧进入到多元的格局。一方面，唯一的真神死亡了，由此历史进入到无神的时代。那些依然存在的各种宗教不再宣称自己的唯一性和普遍性，而是承认多元，并寻求和他者对话。另一方面，现代世界的智慧是差异的、异质的、多样的和非同一的。它们形成了不同的游戏规则，并指导了不同的游戏活动。由此，生活世界的大世界分离出许多小世界。

正是由于不断生成，欲望、工具和智慧才使自身日新月异。由此，它们创造了世界并形成了历史。但历史作为生活世界的游戏不是必然的，而是偶然的。它反对各种决定论和宿命论，而强调随机、选择和突变。由于这样，生活世界的游戏克服了有限性，而获得了无限性。于是，生活世界的游戏是一场无穷无尽游戏。

五、当代世界

当代世界有许多特点，但究其根本，大致有三：其一，虚无主义；其二，技术主义；其三，享乐主义。

1. 虚无主义

什么是虚无主义？它将存在理解为虚无。这听起来有些荒唐，因为世界就是有，而不是无。一个虚无主义者也生存于一个现实世界之中，他无法否认自身和世界的存在特性。但虚无主义显然是对于存在的背叛和反离。所谓的虚无并不是否定人和世界的存在，而是否认其存在的意义。因为存在没有意义，所以存在自身就是虚无。

那么什么是存在的意义？存在的意义是存在的根据和目的，它使存在作为存在成为可能。存在都有一根据，存在都有一目的。所谓的根据就是存在的所来之处，所谓的目的就是存在的所去之处。根据是事物存在的基础、理由和原因。正是凭借此基础，万物才能展开自身。目的是事物存在的方向、归宿和使命。它是关于事物本身的"为什么"的回答。基础和目的往往是重合的，因此所来之处也是所去之处。

我们一般给自己的存在设定一个基础和目的。这就是说，我们的生活总是"由于什么"和"为了什么"而获得了其存在的支撑点。这些什么在其历史的发展中是多种多样的。它可能是自然或天道，在其自然性的意义之外，还包含了伦理和宗教的意义。它可能是社会，如国家、民族和家族。它也可能是神灵，不管它是一神教的上帝，还是多神论的诸神。如果说人的存在是一条有限的道路的话，那么这些"因为什么"和"为了什么"正是道路的起点和终点。路途本身是没有意义的，唯有起点和终点才是有意义的。

但虚无主义否定了存在的根据和目的。存在没有了根据，亦即没有了基础。一个没有基础的生活就是立于沙滩之上，随时有倒塌的危险；就是处于深渊之中，始终面临吞没的厄运。一个没有目的的生活看不到任何远景，任何希望，它除了茫然，就是空白。当然，这种没有了基础和目的的存在也不以自身为基础和目的。虚无主义不仅认为存在自身之外的基础和目的是虚无的，而且存在自身也是虚无的。

不过，虚无主义并不是人类的普遍的历史命运，而是西方的独有现象。古希腊的柏拉图认为现实世界和理念世界相分离，现实是虚幻的，理念是真实的。中世纪的基督教相信在此岸之外存在着彼岸，人的话语都是谎言，神的道才是真理。到了近代，康德的现象界和物自体的区分构成了人类理性的界限。这样一种二元对立的思想始终设定了一个世界是虚幻的，另一个世界是真实的。只是现代的尼采指出了这个所谓的真实的世界并不是真实的，而是虚幻的；相反，那不真实的世界才是真实的，是不虚幻的。尼采的虚无主义实际上是对于西方历史上的虚无主义的否定，这集中地表达为"上帝死了"。只是在此，西方的虚无主义才到达了顶峰。

与西方的历史相比，中国历史上并没有产生虚无主义。虽然道家贵无，禅家论空，给人以虚无主义的嫌疑，但是它们与西方的虚无主义不可同日而语，因为它们在根本上并不否定现实世界。道家的贵无导向自然，禅家的论空归于自性。至于中国思想的主体儒家更是以肯定现实生命作为其根本。儒家不仅否定虚无主义，而且也否定道家的贵无和禅家的论空。作为儒家的核心就是具有多重意义的天道。它既是自然性的，又是伦理性的，也是宗教性的。以天道为基础的人道是基于血亲之爱的仁爱向非血缘关系群体的扩大化和普遍化。"天地君亲师"正是这样一个天人一体的世界中的结构序列。天道是任何一个个体存在的意义，是他的存在的基础和目的。

但19世纪末以来，中国传统精神处于一个危机的时刻。一方面它在千年的历史发展中已完成了自身的历史使命，缺少自我更新的能力。另一方面它无法抵抗来自西方的"他者"的侵入，而只能节节败退。作为儒家思想主体的天道观开始衰败。它表现为"天地君亲师"的世界结构在根本上开始瓦解。天塌了，天地不再是人们安身立命的不可动摇的根基。君主也不复被认为是真命天子；相反，人们要推翻帝制，实行共和。与此相关，那被认为是社会基本单元的家庭也失去了其尊严，人们要走出家庭，也就是青年人要摆脱父母对于他们命运的支配。最后大成至圣先师的孔子死了。人们高呼打倒孔家店，并揭示了仁义道德吃人的本性。

伴随着天崩地裂的历史现象，虚无主义开始在中国历史上产生，传播和流行。

论儒道禅

虚无主义首先在于存在的无根据。天道一向作为中国人及其世界存在的根据，但它自身是没有一个根据的，因为天道就是自然，亦即自然而然。于是天道自身为自身建立根据，它是自明的，不可怀疑，不容追问的。但是天道为何能成为人道的基础呢？这却是幽暗的，值得怀疑和需要追问的。天道和人道的关系的建立是基于这样一种理由，天人之间相关联且相类似，如天地与男女。但天道与人道之间的类似不过是似是而非，因此天道对于人道的决定不是必然的，确定的。这样天道并不能成为人道的根据。在天道作为人道的根据的虚幻性被揭示之后，人道自身便丧失了一个支撑点，它自身就处于深渊之中。

虚无主义其次在于思想的无根据。中国的思想的出发点并不是思想自身，而是思想之外的天道。这就是说，天道给思想确立基础，思想沿着天道所开辟的道路行走。由于这样，思想的任务就是描述自然以及在自然之上所建立的历史，而不是思考自身。但天道并不能给思想制定规则，因为思想超出自然之上。在这样的意义上，思想是超越的，并因此和自然之间存在断裂。于是思想不再以天道为基础，也不再以其他任何一种存在者为基础。一个不以天道为根据的思想，从此就如同幽灵一样漂浮在自然之外。

虚无主义最后还在于语言的无根据。汉语作为一种民族语言所形成的历史的话语表明了和天道的一种深刻的关系。天地无言，但天道显示，形成所谓的"道之文"。圣人体察天地的奥妙，并将其说出来，形成圣人之言，并书写为经书。这便构成了历史性的民众的话语，因为民众不过是倾听并言说圣人亦即天道之言而已，这就是所谓的"原道、征圣和宗经"的为文与言说之道。但在天道不复成为人的存在和思想的根据之后，它与语言的关系也变得十分脆弱。天地不再显示，圣人也不再言说，于是历史性的民众陷入了失语的困境。

由于虚无主义敞开了存在、思想和语言等维度的基础的无根性，一切建立在自然基础上的世界在现代生活中丧失了生命力，如山水诗、山水画和庭院建筑都走向了死胡同。它们的延续只是一种历史遗产的保留，它们的任何改革或改装在根本上也不能挽救其衰败的命运，它们似乎与我们的时代脱节了。

虚无主义惊醒了一个漫长的历史的民众的梦想。只要人继续做梦，他就在天地间拥有一个稳固的基础。但只要人走出了梦境，他就面对天地外一个巨大的虚空。生存于虚无中，这本身是一个悖论，是一个荒谬的事情。因此这召唤现代的知识分子来填充虚无。其中国粹派们不仅相信儒家可以拯救中国的未来，而且可以指导世界的明天。他们所构建的新儒学的新内圣外王之道就试图为现代人建立精神支柱。与此不同，西化派们则认为中国伦理资源亏空，唯有西方能提供帮助。于是不仅科学与民主，也不仅人道与自由，而且基督教上帝也引入了现代中国人的精神空间。但不管是中国的孔夫子的复活还是西方的基督教上帝的来临，都是虚无主义的独特表现，它不过是用一种虚无填充另一种虚无，因为天塌了和上帝死了成为中西历史上不可克服的命运。

因此中国现代的虚无主义在于，一个基础毁灭了，而另一个基础尚未建立。但问题是：任何一个另外的基础都必然也是没有根据的。于是虚无主义的真实本性不过是存在自身没有为自身建立根据。

2. 技术主义

虚无主义在中国的出现宣告了自然世界的隐退，取而代之的是技术时代的到来。现代技术的本性已不是传统的技艺，也不只是人的工具和手段。它成为技术化，成为技术主义，也由此成为我们时代的规定。这样一种规定正是通过设定而实现的。

现代技术当然首先设定了自然。在技术的世界里，自然不再是上帝的创造物，具有神性的意义，也不是天地的自行给予，自足自在。相反，技术通过发现自然的规律，使自然完全成为人的设定物。由此技术仿佛另一个上帝，可以创造并毁灭一个世界。现在的原子技术、生物技术和信息技术已经充分凸显了技术对于自然设定的特性。

现代技术其次也设定了人自身。人一向被看成是上帝所造和父母所生，因此人的身体的神圣性不允许它有任何改变。但我们可以美化人的身体，改变我们的身体的器官，乃至重塑性别。基因技术在生育中的使用，将可以人为地变更婴儿的遗传基因，而选择某些基因。克隆技术在人自身的实验将使人成为真正的上帝，按照自己形象造人。

最后，现代技术设定了思想，形成了虚拟世界。它超出了现实的可能性，也破坏了日常思维的惯常性，由此制造了人们的震惊。网络世界之所以可能是虚拟的，是因为它只是信息的集合和语言的集合。语言可以反映现实，但也可以不反映现实。如果语言与现实相关，那么它就有真与假，是与非的问题。合于现实的语言就是真话，不合现实的就是假话。如果语言摆脱了现实的限制，那么它就建立一个纯粹的想象的世界，并因此开辟了一个无穷的时空。这里就没有真与假，是与非的问题，而只有游戏。

3. 享乐主义

在我们的时代，除了所谓的虚无主义和技术主义之外，就是享乐主义的流行。享乐主义是欲望的极端化。虚无主义和技术主义相联推动了享乐主义的蔓延。

虚无主义否定了一切基础和目的，也就切断了欲望和人的存在其他方面的关联。当人生存于"天地君亲师"的世界的时候，他的欲望是被天地和国家所限制的，以致有"存天理，灭人欲"之说。当人还被称为"理性的动物"的时候，人的肉体和灵魂都被精神所规定。但对于虚无主义来说，欲望没有了规定。这种没有规定的欲望也没有边界。一切欲望都是可以满足的，一切人和物都是可欲的。

技术主义由于对于万物的技术化，给欲望提供了无穷的手段和工具。技术对于欲望的意义在于，它克服了欲望的身体亦即自然的限度，使之人为地刺激和满足，并且不断地刺激和满足。借助于技术，欲望可以说开辟了新天新地。例如，吃变成纯粹的吃，而且变换花样吃。满汉全席和中西大餐等吃的文化正传播各地。性由于避孕技术以及各种古今春药的运用，已使它的活动不断在超越极限。技术在不断地显示出欲望那幽深的领域。

当今世界图形是市场经济、消费社会和物质社会，其本性就是享乐主义的。如果整个世界就是欲望的生产和消费的市场的话，那么一切就欲望化了。人成为欲望者，世界成为欲望物。人们不断地刺激和满足欲望，并由此享受着快乐。

六、批判

面对虚无主义、技术主义和享乐主义，我们的思想能有何作为？

让我们追忆一下老子《道德经》的箴言，听听他对于欲技道说了什么。老子说道法自然，这也许可以克服虚无主义；老子说以道限技，这也许可以克服技术主义；老子说以道制欲，这也许可以克服享乐主义。当然，老子还强调道自身生而又生，生生不息，这会使道自身不断更新。

但老子的箴言究竟给予了我们什么启示？这也许不是其他什么东西，而是对于欲技道的批判。

何谓批判？在日常语言中，批判或者批评的意义是否定性的，与作为肯定性的表扬或者赞扬相对。批判通常是批判者指出被批判者的缺点，并揭示其原因。当批判者和被批判者相异的时候，批判就成为一般意义的批判；当它们相同的时候，就成为自我批判。这种批判之所以可能，是因

论儒道禅

为批判者借助于某种既定的尺度来衡量被批判者并由此发现其与尺度的不足。

这种否定意义的批判其实只是日常语言中的一种。批判的另一种语意包含了区分、分辩、审查、评判等。但它首先只是对于事实本身的描述，而不是对于事实的肯定或者否定的评价。如果它要评价事物的话，那么它既可能是否定的，也可能是肯定的。这种意义的批判已经克服了作为否定意义的批判的狭隘性，为接近批判的本性敞开了一条可行的通道。

让我们看看思想是如何作为批判现象发生的。

所谓思想总是关于所思考之物的思考，也就是关于事物的思想，不管这个事物是现实的还是非现实的。思想的任务就是要将它所思考的事物揭示出来，显示出来，从而让事物成为自身。

一个事物成为一个事物，也就是获得了它自身的同一性。但事物自身的同一性同时也意味着与他物的差异性。这就是说，一个事物是自己而不是他物。在"是"与"不"之间的界限正是事物自身的边界。

边界又意味着什么？边界是一条特别的界限，是一个事物的起点和终点。在起点的地方，事物开始自身；在终点的地方，事物完成自身；在起点和终点的中间，事物展开和发展了自身。于是事物在边界之中使自身成为一个完满的整体，也就是一个具有开端、中间和终结的结构。

因此正是在边界这个地方，一个事物才能成为自身，同时与其他事物区分。一般所谓的无序和有序、混沌和世界的差异就在于无边界和有边界。如果一个地方尚没有边界的划分，那么它就是无序的并因此是混沌；如果一个地方已经划分了边界，那么它就是有序的并因此是世界。边界构成了世界的开端。

虽然边界是事物本身的规定性，但它作为事物最大的可能也是其最大的限度。因此边界就是临界点。在这个特别的地方，一个事物既可能成为自身，也可能不成为自身。它或者是自身毁灭，或者是变成他物。在这样的意义上，所谓临界点也就是危机之处。汉语中的危机包含有危险和机遇双重语意，既是否定性的，也是肯定性的。所谓危险是指事物的死亡，所谓机遇是指事物的新生。

事物的边界并不是始终如一的，而是不断变化的。边界的位移在重新划定事物与其他事物的界限的同时，也改变了事物自身的本性和形态。正是在不断越过自身边界的过程中，事物才是不断生成的，而具有历史，并能够成为"划时代"的。所谓"划时代"就是历史的中断，亦即一个时代的终结和另一个时代的开端。

但事物在确定其边界时向思想发出了吁请，需要思想的参与。与此同时，作为关于事物的思考，思想就是要划分事物的边界。在这样的关联中，思想和事物是同属一起而共同生成的。作为边界的划分，批判就成为思想的根本规定。

那么，批判对于虚无主义、技术主义和享乐主义有何作为？

批判并不是简单地否认虚无主义、技术主义和享乐主义，而是要为它们区分边界。因此，一方面要抛弃存在之外的任何根据，另一方面要给存在自身建立根据；同时，一方面要让技术改变和改善我们的生存，另一方面要让人和万物自在自得，如其所是；最后，一方面要使欲望不断解放自己，另一方面却不要让它成为贪欲。

这种边界的区分实际上是为我们时代的生存提供某种游戏规则。唯有游戏规则的建立，人们才能进入游戏并去游戏。当我们确立了欲望、技术和智慧的边界之后，我们就可以进入到欲、技、道的游戏中去。在天地之间，我们建立一个美好的生活世界。

下 篇

《坛经》论述

第 一 章　性与心

　　在道家和儒家之后，中国历史又产生了以慧能的《坛经》为代表的伟大的禅宗智慧。

　　但汉地为何在原始儒家和道家之后接受了佛教？这是因为中国人对于一种不同于儒道思想的新的智慧充满了兴趣。智慧是关于人及其生活世界的认识，是关于存在的真理的言说。对于生活世界，虽然人们有多种描述和分类，但一般可以分成自然、社会和心灵三个方面。尽管儒道思想对于这三个方面都有不同程度的涉及，但它们仍有自己的重点。众所周知，原始儒家的主题是社会，原始道家的主题是自然。这也就是说，心灵在原始儒家和道家思想中并没有主题化。但人是一个有心灵的存在者。人们除了对于自然和社会把握之外，还渴求对于心灵自身的深入探求。心灵的本性是什么？它是如何作用人的存在及其世界的？这是需要人们追问的问题。正好印度佛教本身就是一种心灵的宗教，它已经提供了关于心灵的系统的思考。自传入中国之后，它就广被人们所接纳。

　　佛教在汉代就已经引入了中国。先是小乘佛教，后是大乘佛教。但大乘成为中国千年佛教思想的主体。为什么中国思想主要接受的不是小乘，而是大乘？这一直是一个饶有兴味的问题。一般认为，汉地本身就具有大乘气象。所谓小乘之人只是追求自身解脱，达到罗汉果位。而大乘之人却能自觉觉人，愿意普度众生，达到菩萨境界。这种大乘思想的确在中国的儒道思想中已经得到了充分表达。如儒家的仁爱天下、道家的泛爱众物等。因此，从儒道思想出发，中国人很容易接受大乘佛教思想，宣传菩萨

论儒道禅

精神。

当然，大乘佛教在汉地的传播经历了一个过程。首先是空宗的介绍，然后才是有宗的弘扬。不管是空宗，还是有宗，中国人的佛教实践主要是采取了两种途径。其一，是读经。它是对于印度佛教经典的翻译、理解和阐释。当然，中国对于印度思想的把握不可避免地先行具有一种解释学的先见，用中国已有的语词和思想去理解印度佛学。在对于佛经的阅读过程中，人们不乏对于佛教基本教义进行各种不同的解释，由此形成了不同的派别。其二，是禅定。一般认为，没有禅定，便没有觉悟可言。因此，禅定不仅是获得智慧的必要手段，而且是开启智慧的唯一途径。

禅宗作为佛教的一个派别，当然承认和接受了印度佛教的基本教义。这个教义的核心就是般若智慧的心色如一和空有不二。禅宗不仅认为自身是大乘佛教的一个宗派，而且还将自己的源头直接追溯到佛祖释迦牟尼那里。"世尊在灵山会上拈花示众。是时，众皆默然。唯迦叶尊者破颜为笑。世尊曰：吾有正法眼藏、涅槃妙心、实相无相、微妙法门、不立文字、教外别传、乃嘱摩诃迦叶。"[1]这也许只是一个美丽的传说。但这表明禅宗并非不是佛教，而是一个正宗的佛教派别，与佛祖的正统的思想一脉相承。佛祖在佛教的开端处就主张以心传心，唯论明心见性。而禅宗作为佛教后来历史上的一个派别，不过是将佛祖已有的思想发扬光大了。禅宗凸显了心的本性力量，故称为佛心宗或者心宗。

但禅宗有别于一般的印度佛教。与印度佛教的基本教义相比，禅宗去掉了其神秘性和思辨性，成为一种生活世界的智慧。不仅如此，禅宗也不同于一般中国的佛教。唯识宗主要深入细致地论述了人的意识如何产生和迷误，同时人又如何转识成智。天台宗倡导圆顿止观去体悟事物的即空即假即中，亦即圆融三谛。华严宗则显示了觉悟者已经证悟的如来藏清净

---

① 普济：《五灯会元》卷一，中华书局 1984 年版。

体。与它们不同，禅宗凸显的是个体的心灵在瞬间中直接了悟自身的本性。此外，唯识等宗虽然是中国的佛教，但还具有浓郁的印度色彩。与之迥异，禅宗是中国对于印度佛教最具创造性解释后的独特产物。它融合了儒家和道家的思想，适应了中国人独特的生存、思考和言说方式。因此，禅宗既是正统的佛教派别，也是典型的中国智慧。

也正是如此，禅宗弥补了中国精神结构中的缺失，丰富了心灵的维度。在禅宗产生之后，中国思想的主干就是儒道禅三家。于是，不再是儒道互补，而是儒道禅互补。这才有人们所说的据于儒、依于道和逃于禅的存在方式。一个人可以同时兼修儒道禅三种，也可以只是专修其中之一。禅宗显然开辟了一个新的精神空间。人们不仅能够生存于世间之内，而且可以既在世间之内，又超出世间之外。其神奇之处在于，人能够即世间而超世间，以出世来入世。

但禅宗在中国的发展经历了一个过程。

自汉代佛教传入中国以来，禅定作为佛教的戒定慧三学之一已经得到了广泛的传播。小乘和大乘的各种禅定法门均被研究和实践。但禅宗的真正的准备阶段是从南朝的达摩东来。作为禅宗的初祖，他凸显了禅定在佛教修行中的特别作用。不过，真正意义的禅宗是由唐朝的慧能创立的。正是他将禅作为禅定之禅变为了智慧之禅。禅由此不再是解脱的法门，而是存在的智慧。

其后唐宋的禅宗发展为五家七宗，主要有临济和曹洞等。虽然它们在思想上也有所创新，但主要是在接引学人方面建立了自己的门庭施设。同时，禅宗还相继出现了文字禅、默照禅、看话禅，其法门越来越丰富，越来越多样。最值得重视的是，一方面，禅宗不仅吸收了儒道的思想，而且也包容了其他的佛教派别，由此出现了禅净双修、禅净密合一；另一方

论儒道禅

面，禅渗透到人的整个生活世界和精神领域，影响到人的方方面面。

但就整个禅宗历史而言，其根本性的智慧主要凝聚在慧能的《坛经》之中。《坛经》在历史上有众多版本。但其中最早的版本为敦煌本，最流传的版本为宗宝本。宗宝本显然不是慧能一人的言说，而是禅宗历史上众多智者的言说。可以说，宗宝本《坛经》是禅宗历史集体智慧的结晶。此外，它在解释学上具有最广泛的接受史和效果史。

慧能的禅宗既不倡导片面的读经，也不主张单一的禅定。因此，禅宗之禅不是禅定之禅，而是智慧之禅。在这样的意义上，禅宗是中国佛教史和思想史上的一次伟大的创新。但创新并不意味着绝对地抛弃过去，不如说，它是对于过去的回归。但回归不是对于过去的简单的重复，而是对于过去的转化和创新。对于慧能而言，那个过去的传统既包括了印度佛教的空宗和有宗，也包括了中国的儒道思想。

禅宗首先直接继承了如来藏系的佛性思想。有宗主张一切众生皆有佛性。不仅对于那些善人，而且对于那些恶人，佛性都是永远长存的。佛性是人的不生不灭的内在本性。据此，任何人都有觉悟成佛的可能性。这种佛性论为禅宗成为一种大众和平民佛教奠定了理论基础。禅宗其次也采用了般若系的性空思想，也就是缘起性空，性空缘起。唯有缘起，才有性空；同时，唯有性空，才有缘起。空有不二，真空妙有。所谓真空，就是不空之空；所谓妙有，就是不有之有。

作为中国化的佛教，禅宗还运用了儒家的基本思想。儒家的心性理论可以直接通达禅宗的佛性论。儒家认为人人皆可成尧舜，禅宗主张人人皆可成佛。这两者具有惊人的一致性。同时，儒家是关于人的现实世界的学说，它制定了各种道德伦理规范。这些也和禅宗的戒律有近似之处，能直接或间接地为禅宗的戒律所接受。在这样的一种规范中，人一方面约束自己的心行，另一方面遵守人际关系的既定秩序。它们虽然是一个儒家的道德要求，但也能成为一个真正禅者的身心规范。

比起儒家而言，禅宗更具道家的色彩。人们甚至认为，禅宗就是道家化的佛教，是大众化的老庄思想。这当然有多种原因。道家反抗世俗世界的桎梏，追求自由自在的人生，采用玄学化的思想和言说。这些都可以在禅宗身上找到或显或隐的影子。

但无论如何，慧能所创立的禅宗是中国独特的智慧。

禅宗不是一般意义上的宗教。一般的宗教都是有神论。它们或者是一神论，或者是多神论。如果说禅宗是宗教的话，那么它不是有神的宗教，而是无神的宗教。

禅宗也不是哲学。哲学是理性的科学，运用概念、判断和推理来思考真理。而禅宗既非理性，也非反理性，而是直指人心，见性成佛。

禅宗也不是生活的艺术。艺术是技艺，生活的艺术也只是促进生活的工具和手段。而禅宗是大道，大道是关于生活的智慧。

禅宗只是亲证的智慧。它直接证入诸法实相，亦即人与世界存在的真理。这个真理就是心色如一，空有不二。人既不执著于心，也不执著于色；既不执著于空，也不执著于有，由此解脱而得大自在，得大自由。

一、佛性

佛教的核心的问题是：人如何学佛并成佛？当然，这首先必须回答：佛是谁？佛究竟意味着什么？禅宗智慧的伟大之处在于，它把佛不仅理解为佛性，而且理解为人的自性。

与世界上所有的一神教或者是多神教不同，佛教中的佛不是在任何意义上的上帝或者是神灵，不管它们是自然神还是人格神。佛的本义是觉悟，也就是觉悟了人生和世界的终极真理。那些人之所以被称为佛，是因为他们获得了觉悟。作为佛的释迦牟尼正是历史上的一位觉悟者。他虽然是一位圣者，但他不是神，而是人。甚至他自己也认为，诸佛世尊，皆出

论儒道禅

人间，非由天而得。既然佛是觉悟，那么学佛和成佛的关键便也是觉悟。

任何一种派别的佛教都主张对于佛的信仰。印度和中国历史上的一些佛教派别甚至有将佛外在化和偶像化的倾向。佛成为释迦牟尼佛或者其他佛，如三世佛和四方佛。这些佛又变成了各种形态的偶像。与此相适应，对于佛的信仰变成了对于释迦牟尼佛或者其他佛的崇拜，甚至是对于佛的偶像崇拜。

但禅宗与之相反。佛绝对不是人之外的其他什么东西，而就是人自身本来就已经拥有的佛性。因此，禅宗反对迷恋任何外在的佛，而是要求发现内在的佛或者佛性，从而使自己成为佛。

但什么是佛性？佛性是佛的本性，也就是佛作为佛存在的根据和原因。如前所说，佛是觉悟。佛性是觉悟的本性。所谓觉悟就是人从迷误之中惊醒起来。觉悟者觉悟到了诸法实相，而知道了自己和世界的真实存在。这也就是说，人知道了什么是真理，什么是假象，并且能去假存真。佛性还有一系列的名字，如实性（真实性）、自性（不改不变之性）、真如（真实如常）、如来藏（如来的种子）、道（既不同于儒家的社会之道，也不同于道家的自然之道，而是心灵之道）等。

与其他的思想学说相比，佛教所说的真理是独一无二的。它所说的真理是关于诸法的真理。诸法虽然包括了一切万法，但可分为色法和心法。色法是物质性的存在者，心法是精神性的存在者。但佛教认为三界唯心，万法唯识。因此，一切万法都是由心所生起。心即是色，色即是心，心色如如。因此诸法实相是心色如一。

但无论是心法，还是色法，它们都是缘起性空。所谓缘起是说有因（原因）有缘（条件），因缘和合而有结果。世界万物（一切有为法）既不是凭空而有，也不是孤立存在，而是因缘和合而成。当因缘消失，事物就不复存在。此有则彼有，此无则彼无，此生则彼生，此灭则彼灭。因此针对一般观念认为的诸行有常，诸法有我，佛教指出诸行无常，诸法无我。

所谓性空是说因缘和合而生的事物的相为假有，性为真空。但真空并非一般意义的虚无或者虚空，而是无常和无我，亦即没有永恒的本性。但这种空性自身却是永恒的，它不生不灭，不垢不净，不增不减，亦即寂静涅槃。空并非在有（万法）存在之外，也非在有消失之后，而就是有自身。有即是空，空即是有。有不异空，空不异有。

如果万法不是缘起的话，那么它就不能性空；同时如果万法不是性空的话，那么它就不能缘起。缘起性空，性空缘起。这亦即妙有真空，真空妙有。这用一般的语言来表达的话，大致可说成是的静相即动态，不易乃变易。

因此，佛教的独特的智慧可谓心色如一，空有不二。心色如一就是空有不二，空有不二就是心色如一。这是因为五蕴（色受想行识）皆空。不仅心空，而且色空。心色皆空，万法皆空。同时，空即心色，空即万法。

所谓的佛性就是人所具有的觉悟的本心。它知道此心色如一、空有不二的诸法实相。事实上，佛性就是诸法实相的自身的直接呈现。

那么，作为空性智慧的佛性自身具有什么样的本性？

慧能认为，佛性或者佛法是不二之法。他说："如高贵德王菩萨白佛言：犯四重禁，作五逆罪，及一阐提等，当断善根佛性否？佛言：善根有二，一者常，二者无常，佛性非常非无常，是故不断，名为不二。一者善，二者不善，佛性非善非不善，是名不二。蕴之与界，凡夫见二，智者了达，其性无二。无二之性，即是佛性。"（《行由品》）[1]

所谓佛法是不二法门，佛性是无二之性，是指佛法和佛性所揭示的事物存在的真理：心色如一，空有不二。因此，它超出了一切形态的二元对立，是一，而且是唯一。这一法门否定了人们非此即彼的思想方式。它既不是一般语言所断定的某一方面，也不是这一方面的对立面，当然也不是

---

[1]　本章及以后各章所引《坛经》文本只在其后标明其所在的品名。

论儒道禅

这两者的综合而产生的第三者。毋宁说，它超出这种语言的描述之外。它非此非彼，亦此亦彼。它强调，事物的实相既非有，也非空。同时，事物的实相既是有，也是空。不二法门不仅克服了人们认识上的片面性，而且也引导人们在修行上走向中道，消解了世间和出世间的绝对差异和距离。

佛性作为自性，是永远存在的。它既不是从无到有，也不是从有到无。因此，它不生不灭，不垢不净，不增不减。在这样的意义上，佛性是非常非无常；同时，它也是非善非不善。

不仅佛性不二，而且万法也是不二。蕴是五蕴（色受想行识），界是十八界（六根、六尘和六识）。这实际上指人及其世界，亦即万法或万物。一切事物虽然充满差异和对立，但它们都不离自性或自心。它们都被心所规定，是心的不同显现形态。因此它们都是同一的。同时，一切万法都是因缘和合，其本性是空的，亦即无常和无我。因此它们都是同一的。

慧能认为既然佛性不二，那么它甚至也不能理解为与黑暗对立的光明。他说："道无明暗，明暗是代谢之义。明明无尽，亦是有尽。相待立名，故《净名经》云：法无有比，无相待故。"（《护法品》）一般而言，迷误可比喻成黑暗，觉悟可比喻成光明。但这只具有相对的意义。这在于佛性超越了一切的对立。当人们将佛性理解为光明的时候，他就设定了其对立面黑暗。尽管光明无限，但黑暗也无限。只要无限的光明与无限的黑暗相对的话，那么光明自身就存在边界，因此是有限的。但佛性超出光明和黑暗的对立。光明和黑暗是因缘和合的相，其性则为空。"明与无明，凡夫见二。智者了达，其性无二。"（《护法品》）当人们证悟了光明与黑暗都是为心所造和其性为空的时候，就可明了其无二之性。

不二法门具体地表达为"八不中道"理论。"不生亦不灭，不常亦不断，不一亦不异，不来亦不去。"一般人执着于万法的生灭、常断、一异和来去，而生起无限烦恼。针对此种情况，"八不中道"理论用"不"来否定生灭、常断、一异和来去八种邪见。生灭、常断、一异和来去只是思想和语言的分别，而非诸法存在的实相。为了达到诸法实相，就必须放弃生灭、常断、一异和来去的邪见，而采用中道，亦即"不生亦不灭，不常亦不断，不一亦不异，不来亦不去。"这就是说，人们既不陷入肯定的一边，也不陷入否定的一边。这样就能达到诸法实相。在"八不中道"中，"不生不灭"或者是"无生"是其根本。它们就是寂静涅槃的意义。

慧能直接把实性或者道说成是不生不灭。"无二之性，即是实性。实性者，处凡愚而不减，在贤圣而不增，住烦恼而不乱，居禅定而不寂。不断不常，不来不去，不在中间，及其内外。不生不灭，性相如如。常住不迁，名之曰道。"（《护法品》）实性不是有为法，而是无为法。它不依因缘而生，是已经存在的，是长存的，是常在的。

慧能强调所谓的明心见性就是要达到无生无灭。"但识自本心，见自本性，无动无静，无生无灭，无去无来，无是无非，无住无往。"（《付嘱品》）坐禅也是要证入无生无灭的实性空性："无所从来，亦无所去，无生无灭，是如来清净禅。诸法空寂，是如来清净坐。"（《护法品》）梵语的波罗蜜的意义是到彼岸，亦即从有生有灭到无生无灭。"何名波罗蜜？此是西国语，唐言到彼岸。解义离生灭。著境生灭起，如水有波浪，即名于此岸。离境无生灭，如水常通流，即名为彼岸，故号波罗蜜。"（《般若品》）当人迷误时有生有灭，当人觉悟时就无生无灭，从而证入诸法实相。

但不生不灭容易导致误解。慧能指出，他所说的不生不灭不同于外道所说的不生不灭。"外道所说不生不灭者，将灭止生，以生显灭，灭犹不灭，生说不生。我说不生不灭者，本自无生，今亦不灭，所以不同外道。"（《护法品》）慧能所说的佛性的不生不灭超出了生灭的对立。同时，不生不灭并非在生灭之外，而是在生灭之中。佛性不离生灭，才能不生不灭。

一般错误的见解离开有生有灭而理解无生无灭。志道认为，一切众生皆有二身，即色身与法身。色身是法相，它由地水火风四大构成。法身是法性，它只是诸法的实相空性。色身无常，有生有灭。法身有常，无知无觉。假若是色身寂灭时，色身的四大（地火风水）分散，它全然是苦，不可言乐。假若是法身寂灭时，法身却同草木瓦石，它没有感觉，不可受乐。法性（身）是生灭之体，五蕴（色受想行识）是生灭之用，一体五用，生灭是常。如果生的话，那么它则从体起用；如果灭的话，那么它则摄用归体。假若它再生的话，那么它就如同有情之类，不断不灭。假若它不复再生的话，那么它就如同无情之物，则永归寂灭。如果是这样的话，那么一切诸法被涅槃禁伏，连有情之类尚不得生，何乐之有？

慧能认为志道是用外道的断见和常见这两种邪见来理解佛教的最上乘法。慧能认为，志道设定了在色身外另有法身，离生灭求寂灭。事实上，色身和法身同一无二，生灭和寂灭同一无二。在生灭之外无涅槃，在涅槃之外无生灭。同时，志道又推断涅槃常乐，言有身受用。这是执着生死，耽著世乐。佛的涅槃是为了开示迷人。一切迷人错认自体相为五蕴和合，外尘相为所分别的一切法。因此好生恶死，不知梦幻，枉受轮回。他们不知自性中就有常乐我净的大涅槃，反而把涅槃翻为苦相。佛所开示的涅槃真乐，刹那无有生相，刹那无有灭相，更无生灭可灭，这就是寂灭现前，也是无生无灭。佛所开示的涅槃现前时，也没有关于现前的思量，这就叫做常乐。此乐没有承受者，也没有不承受者，哪里有什么一体五用之名？何况还说什么涅槃禁伏诸法，令永不再生？

慧能还作了偈颂区分了涅槃的真伪之意：

"无上大涅槃，圆明常寂照。

凡愚谓之死，外道执为断。

诸求二乘人，自以为无作。"（《机缘品》）

这就是说，不生不灭的涅槃是永远存在的。它既不是凡愚所谓的死亡，与生命相对，也不是外道所说的断灭，与死常相对，更不是声闻与缘觉二乘之人所认为的无作，即人的无所作为。

与对于不生不灭一样，人们对于佛性的常与无常也有误解。人们既不可用确定死常来错解佛法所说的真常，也不可用断灭无常来错解佛所说的真无常。慧能说："佛性若常，更说什么善恶诸法，乃至穷劫，无有一人发菩提心者。故吾说无常，正是佛说真常之道也。又一切诸法若无常者，即物物皆有自性，容受生死，而真常性有不遍之处。故吾说常者，正是佛说真无常义。佛比为凡夫外道执于邪常，诸二乘人于常计无常，共成八倒。故于涅槃了义教中，破彼偏见，而显说真常、真乐、真我、真净。"（《顿渐品》）正是为了破解确定死常，慧能说佛性无常；为了破解断灭无常，慧能说善恶诸法有常。事实上，佛性非常非无常，超出常与非常的对立。

佛性的存在作为真实的存在就是其自身，因此是唯一的非对立的存在。

作为如此不二的存在，佛性建立了与思想一种奇特的关系。佛性是不可思议的。慧能说："学道之人，一切善念恶念，应当尽除。"（《顿渐品》）慧能还说："汝若欲知心要，但一切善恶，都莫思量，自然得入清净心体。湛然常寂，妙用恒沙。"（《护法品》）这在于当人思考佛性的时候，人就将思想和佛性对立。思想成为能思，佛性成为所思。佛性就不再是佛性自身。只有在无思之中，亦即在能所俱忘之中，既无能思的心，也无所思的境，不二的佛性才会自身呈现。因此，思议就是思议那不可思议。一切思议最后要归于无思。

佛性不仅是不可思议的，而且也是不可言说的。佛性与语言也建立了一种奇特的关系。一般认为，文字是语言的记录与书写，而语言是思想的表达，思想所思考的则是存在自身。但佛性自身是不可言说的。慧能说："无名可名，名于自性。无二之性，是名实性。"（《顿渐品》）他还认为佛性是超出文字表达的。"诸佛妙理，非关文字。"（《机缘品》）一切语言是对于佛性不可言说的言说，一切文字是对于佛性不可书写的书写。当人们要言说佛性的时候，语言文字成为能言，佛性成为所言。在语言文字中，佛性不再是佛性自身。只有在无言之中，不二的佛性才会自身呈现。因此，语言言说要归于佛性的不可言说。"但信佛无言，莲华从口发"（《机缘品》）文字记录也要归于佛性的不可记录。"去假归实，归实之后，实亦无名。"（《机缘品》）但言语能启发人觉悟。所谓一言即悟就是在一言的启发之下就能觉悟。这种语言是已经觉悟的语言，它源于自性且能开启自性。

在我们探讨了佛性自身的特性及其与思想、语言的奇特关系之后，我们要解释它与人的本性的关联。

佛性是佛之为佛存在的本性。当人拥有这种本性的时候，他也就可以成佛，达到佛的地位。在这样的意义上，佛性作为佛之为佛存在的本性，也是人成佛的根据和原因，是人成佛的可能性。

关于人是否拥有佛性，对此人们历来就有争论。

其一，是人没有佛性。佛是佛，人是人。人不可能成佛。这包括了两种观点。一种观点认为所有的人不可能成佛。佛只有唯一的一个，亦即释迦牟尼。另一种观点认为虽然有一部分人可以成佛，但至少也有一部分人不能成佛。如一阐提就断了佛性种子。

其二，是人本有佛性。一切众生皆有佛性，且能成佛。

其三，是人始有佛性。人并非先天具有佛性，而是后天获得佛性。

慧能认为，人本有佛性。"菩提般若之智，世人本自有之，只缘心迷，不能自悟，须假大善知识，示导见性。当知愚人智人，佛性本无差别。只缘迷悟不同，所以有愚有智。吾今为说摩诃般若波罗蜜法，使汝等各得智慧。"（《般若品》）

菩提般若之智，就是佛的智慧，也就是佛性。世人并非没有这种佛性，而是本来就拥有这种佛性。不仅智慧之人拥有这种佛性，而且愚蠢之人也有这种佛性。智慧和愚蠢之人的差别只是在于，一个已经觉悟到这种佛性，一个尚未觉悟到这种佛性。所谓上乘人和下乘人、上根人和小根人，其差别也只是迷误不同。

慧能认为大乘人自己知道自己具有佛性。"若大乘人，若最上乘人，闻说《金刚经》，心开悟解，故知本性自有般若之智，自用智慧常观照，故不假文字。譬如雨水，不从天有，元是龙能兴致，令一切众生，一切草木，有情无情，悉皆蒙润，百川众流，却入大海，合为一体。众生本性般若之智，亦复如是。"（《般若品》）大根人知道佛性不是由外赋予，而是在内本有。

小根人虽然不知自己有佛性，但也能觉悟自己的佛性。"小根之人，闻此顿教，犹如草木。根性小者，若被大雨，悉皆自倒，不能增长。小根之人，亦复如是。元有般若之智，与大智人更无差别，因何闻法，不自开悟？缘邪见障重，烦恼根深。犹如大云覆盖于日，不得风吹，日光不现。般若之智亦无大小。为一切众生，自心迷悟不同。迷心外见，修行觅佛，未悟自性，即是小根。若开悟顿教，不执外修，但于自心常起正见，烦恼尘劳，常不能染，即是见性。"（《般若品》）小根人一旦去掉自性的遮蔽，就能明心见性。

无论大乘人，还是小根人，人本来都拥有佛性。迷误者遮蔽了佛性，觉悟者显

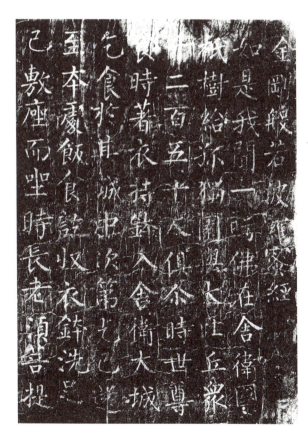

唐·柳公权《金刚经》（局部）

现了佛性。"不悟即佛是众生。一念悟时，众生是佛。故知万法尽在自心。何不从自心中，顿见真如本性?《菩萨戒经》云：我本元自性清净。若识自心见性，皆成佛道。《净名经》云：即时豁然，还得本心。"(《般若品》)从迷误到觉悟的过程不是外在的，而是内在的，即从自性的迷误到自性的觉悟。

不能自悟自己佛性的人可以借助他人的引导。"若自不悟，须觅大善知识，解最上乘法者，直示正路。是善知识，有大因缘。所谓化导，令得见性。一切善法，因善知识，能发起故。三世诸佛，十二部经，在人性中，本自具有。不能自悟，须求善知识，指示方见。"(《般若品》)已觉悟的人引导不觉悟的人，并非是前者赋予后者一种外在的佛性，而是前者用自性启发后者的自性。

能自觉悟自己佛性的人就不用借助他人的引导。"若自悟者，不假外求。若一向执谓须他善知识，望得解脱者，无有是处。何以故? 自心内有知识自悟。若起邪迷，妄念颠倒，外善知识虽有教授，救不可得。若起真正般若观照，一刹那间，妄念俱灭。若识自性，一悟即至佛地。"(《般若品》)这关键在于人自己的觉悟，而不是他人的开导。他人的开导只是开启我自己的自性。假若我能开启自己的自性，我就不需他人的开启；假若我不能开启自己的自性，即使有他人的开启也毫无意义。因此，自性自悟才是成佛的唯一道路。

既然人本有佛性，那么人也均有佛性。"人虽有南北，佛性本无南北。獦獠身与和尚不同，佛性有何差别。"(《行由品》)南人和北人只是地域不同，獦獠和和尚也只是身份的不同。但他们都是人，具有同一性。如果每个人本来都具有佛性的话，那么南方人和北方人一样具有佛性，獦獠和和尚一样具有佛性。人人皆有佛性，这就是说，每一个独立存在的个体均有佛性。

二、自性或自心

如果说人都具有佛性的话，那么佛性在人的存在整体中属于什么呢？在慧能看来，所谓佛性不是人的其他什么，而就是人的自性。

但何谓自性？一般而言，所谓性就是本性，是事物存在的规定。据此本性，一个存在者就是这一个特别的存在者。而所谓自性则更突出了事物存在自身的规定。自性是事物自身的本性，也就是存在者自身所是的特性。一方面，自性让这一个存在者区别于其他存在者；另一方面，自性让这一个存在者成为这一个存在者。但在慧能那里，自性具有独特的意义。它主要不是指诸法的自性，而是指人的自性。甚至可以说，在大千世界中，矿物、植物和动物没有自性，只有人才有自性。自性是人自己觉悟的本性，是自己成佛的根据和原因。凭借自性，人成佛无需外在的根据和原因。

为什么作为佛性的自性不是万物的自性而只是人的自性？在世界整体中，人是一个特别的存在者。唯有人才有心灵，甚至人就是心灵。人凭借心灵能觉悟自己和世界的真相，亦即心色如一，空有不二，因此而具有佛性。人的一切存在活动不仅显现为心灵的活动，而且在根本上被心灵活动所规定。虽然心是复杂的、多变的，但心的本性却是唯一的和永恒的。它是本心、真心、真如心、自性清净心。当人的心灵意识到自身的本心的时候，这个心便是觉悟之心。但人不仅意识到自己的心灵，而且意识到自己的存在，并意识到自己的本性或者自性。因为自心可以觉悟自己的自性，所以可以说人是知道自己作为自性存在的存在者。人有心灵而知道自己的自性，并拥有自性；万物没有心灵而不知道自己的自性，并没有自性。

慧能认为，佛心不二。即佛即心，即心即佛。他说：

"前念不生即心，后念不灭即佛。

成一切相即心，离一切相即佛。"（《机缘品》）

论儒道禅

前念已过，不再执着；后念已起，不再止住。心生成了一切法相；佛脱离了一切法相。即心即佛就是觉悟了心色如一和空有不二的诸法实相。

他的偈颂还说：

"即心名慧，即佛乃定。

定慧等持，意中清净。

悟此法门，由汝习性。

用本无生，双修是正。"（《机缘品》）

即心名为智慧，即佛名为禅定。这也可以互指，即心名为智慧，即佛名为禅定。禅定和智慧不是二，而是一，同属一体。它们达到清净心体。

一般而论，性与心是不同的。性是存在的规定，心是人的规定。但在慧能那里，它们都和人相关。性是人性，心是人心。但性与心是有差异的。"心是地，性是王。王居心地上。性在王在，性去王无。性在身心存，性去身心坏。"（《疑问品》）这就是说，性是规定者，而心是被规定者。尽管这样，但性和心在人身上相互作用。性生发了心，而心通达了性。因此，自心要依据于自性，自心要皈依于自性。慧能说："自心常生智慧，不离自性，即是福田。"（《行由品》）他又说："自心皈依自性，是皈依真佛。"（《忏悔品》）

但自心会真或者会妄，自性也会显现或者遮蔽。当自心妄时，自性就会遮蔽；当自心真时，自性就会显现。"此门坐禅，元不著心，亦不著净，亦不是不动。若言著心，心原是妄。知心如幻，故无所著也。若言著净，人性本净。由妄念故，盖覆真如，但无妄想，性自清净。"（《坐禅品》）慧能在此说心原是妄和性本是净，这看起来强化了妄心和净性的对立，但实际上是破解人们对于妄心和净性的执着。心有妄，也有真；性有净，也有染。当心真时，性就净；当心妄时，性就染。这就是说，慧能所理解的性与心在根本上是同一的。明心才能见性，不明心就不能见性。见性就是明心，不见性就不是明心。当明心见性时，心就是性，性就是心。自性就是自心，自心就是自性。心与性两者甚至可以合二为一，称为心性。但自心或者自性就其自身而言，在最终意义上是非净非染，非真非妄，超出了净染和真妄的二元对立。

慧能对于自性的发现和证悟实际上经历了一个过程。他在《行由品》中描述了自己悟道的三个步骤。

首先，人人皆有佛性。慧能初见弘忍时的言说，初证了心性的有性。慧能不仅认为人人皆有佛性，而且自述自心不离自性。

其次，自性非有而空。慧能针对神秀的偈颂所呈的偈颂，重证了心性的空性。

神秀的偈颂说：

"身是菩提树，心如明镜台。

时时勤拂拭，勿使惹尘埃。"（《行由品》）

神秀偈颂所说的此身并非人的肉身，而是人的佛身。人的佛身如同菩提树。此喻人自身有菩提。此心并非人的肉心，而是人的佛心。人的佛心如同明镜台。此喻人自身有清净。虽然人的身心是觉悟和清净的，但身心之外的客尘是不净的。它污染人的身心，因此人要时时除去尘埃。人通过修行，去掉客尘，回归清净。但神秀的偈颂并未见性。这在于：第一，它执著于身心的有相；第二，它将我与法分离，我清净，法污染；第三，它没有指出觉悟就在心的一念之间。

弘忍认为神秀的偈颂尚未见性，而指出了真正的见性是什么。"无上菩提须得言下识自本心，见自本性，不生不灭。于一切时中，念念自见。万法无滞，一真一切真，万境自如如。如如之心，即是真实。若如是见，即是无上菩提之自性也。"（《行由品》）

无上菩提是至高无上的智慧，是佛的觉悟智慧，但它重点只是人对于自己本心和本性的认识。心性迷时有二，悟时同一。人的本心和本性是实性空性，不生不灭，也就是永生或常住。人的本心和本性不仅能在瞬间显现，而且能在一切时中显现。当人明心见性之后，就能通达万法无碍。不仅一心性是真的，而且一切万法也是真的；不仅心性如如不动，而且万境也如如不动。真实就是没有虚伪的心，它是其自身，并保持其自身。

针对神秀的偈颂，慧能的偈颂说：

"菩提本无树，明镜亦非台。

本来无一物，何处惹尘埃。"（《行由品》）

与神秀的有不同，慧能的是无。慧能正是用无来破神秀的有。菩提智慧是无相的。它无形象，无大小，因此不可比喻为菩提树。心灵本性也是无相的。它无方圆，无明暗，因此不可比喻为明镜台。无论心法，还是色法，都是缘起性空。因此，不仅心空，而且境空。心境如一。既然一切法空，那么就是本来无一物。有的版本将"佛性常清净"取代了"本来无一物"。前者言有，后者言无。它们貌似对立，但实际一致。常清净就是空性，就是无一物。但就慧能偈颂的主题是空来说，本来无一物更符合该偈颂的语境。既然本来无一物，那么也就没有了尘埃。于是既没有尘埃的所来之处，也没有尘埃的所去之处。在这样的意义上，人无需天天勤拂拭。人本来是佛，何用修证？与神秀的偈颂执著于有相比，慧能偈颂的无显示了人的心性。

慧能所证悟的不仅我空，而且法空，一切皆空。此时，自性的空性彻底显露。但是，人们也不能执著慧能的无。

宋·张即之《金刚般若波罗蜜经》（局部）

对于慧能的偈颂，弘忍认为也没有彻底见性。

最后，自性真空妙有。慧能聆听弘忍讲解《金刚经》时的赞叹，三证了心性的心色如一，空有不二。

"应无所住而生其心"是《金刚经》的核心思想之一。它一方面言空，要心无所住；另一方面言有，要生清净心。"应无所住而生其心"是一种肯定的语言表达式（表诠），同时它还可以转换成一种否定的语言表达式（遮诠），即"不应所住而生其心"。这里的心所住就是住法相，心所生就是生烦恼。

当弘忍解说《金刚经》到"应无所住而生其心"时，慧能言下大悟"一切万法不离自性"。他对弘忍说：

"何期自性本自清净；

何期自性本不生灭；

何期自性本自具足；

何期自性本无动摇；

何期自性能生万法。"（《行由品》）

为何慧能对于自性有如此深深的惊讶？这在于人们一向认为佛性与自性有别。佛的佛性是光明的，人的自性是污染的。人们从来没有发现自性的伟大。慧能在觉悟后亲证了佛的佛性和人的自性无二。他由此赞美自性的美好。

所谓自性本自清净，是指它没有原始无明的污染、遮蔽，以及由此而来的无穷烦恼和痛苦，而是纯洁的、透明的。慧能除了指出自性或者佛性本身是无相的外，更强调了它自身是清净的、没有污染的。因此，对于自性的通达并不是各种外在的修行，而是内在本性的觉悟，亦即回到自性清静体。

所谓自性本不生灭，是指自性非有为法，而是无为法，无生灭相。自性是人的实相，是不二的实性。佛性不是如同一个物是存在于时间和空间之中的，因此，它并不具备任何时间性和空间性。相反，自性就是涅槃妙心。涅槃不是死亡或者圆寂，而是不生不灭。这里的不生不灭不是将灭止生，以生显灭，而是本无所生，也无所灭。它是超出了生灭轮回的圆满。

所谓自性本自具足，是指它自身是完满无缺的，具有佛或佛性的一切功德。佛就是觉悟。首先是自觉。佛证悟了自己不生不灭的真如本性。其次是觉他。佛慈悲为怀，普度众生，以自己的智慧来教化迷情，让他人发菩提心，达清净地。最后是觉满。佛不仅上求菩提，而且下化众生，悲智双运，福慧双足，因此功德圆满。

所谓自性本无动摇，是指它是宁静的，能保持自身的同一和纯净。如果人心存妄念的话，那么它就会随境动摇。这就是说，心既没有规定己，也没有规定境，而是反过来被境所规定。境的生灭便会导致心的生灭。与此相反，自性却是本无动摇。这意味着它毫无妄念，保持自身，不随境迁，定于自身。

慧能后来在解释不动时，强调不是身不动，而是心不动。"善知识！若修不动者，但见一切人时，不见人之是非善恶过患，即是自性不动。善知识！迷人身虽不动，开口便说他人是非长短好恶，与道违背。若著心著净，即障道也。"（《坐禅品》）

真正不动并非是静止不动，而是在动中有不动。慧能曾作偈颂阐明心不动摇。

"有情即解动，无情即不动。

若修不动行，同无情不动。

若觅真不动，动上有不动。

不动是不动，无情无佛种。

能善分别相，第一义不动。

但作如是见，即是真如用。"（《付嘱品》）

慧能认为，有情众生就会解动，无情万物才会不动。假若修不动行，如长坐不卧之禅定，就如同无情之物而不动。假若寻觅自心真正的不动的话，那么就应该是动上有不动。这就是动中有静，动静一如。长坐的不动只是身体的不动，它如同无情之物，也没有佛性的种子。无情之物是没有佛性的，只有有情众生中的人才有佛性。一方面，人能善于分别一切法相，应对万事万物；另一方面，人能安定于第一原则，也就是自心自性。只要作如此的见解，就是真如的运用。

所谓自性能生万法，是指它能让万法作为万法而显现。万法是指世界中一切存在者。它正是依靠自性或者自心从遮蔽而走向敞开。如果没有自性的话，那么便没有万法；如果有了自性的话，那么便有了万法。一切万法不离自性。这表明了万法唯自性，万法唯自心。

慧能对于自性的五点揭示实际上可以分为两个方面。一方面，本自清净、本不生灭和本自具足是就自性自身的本性而言；另一方面，本无动摇和能生万法则是就自性和万法的关系而言。

就人的自性的本性而言，它一方面是有性，另一方面是空性。慧能正是空有双运，以空摄有，证悟了实性空性，空性实性。这两个方面正好显示了自性的"不二"特性，亦即非空非有，亦空亦有，真空妙有。

一方面，自性有。它是存在的，不是非存在的。作为人的独特的规定性，它不仅使人成为人，而且也使人成为佛。此外，自性也使万法成为万法。

另一方面，自性空。它虽然是存在的，但是空性的。当思万法，自性才有；当不思万法，自性就空。

自性本空的意义实际上是说自性就是无自性。自性虽然是人成佛的根据和原因。但它不是任何外在的根据和原因，而是内在的根据和原因。这一根据和原因不是一法，不是一个存在者，因而是无。在这样的意义上，自性是无根据的根据，无原因的原因。自性作为无自性又可以将自身表述为无，而无也可表述为虚、空。虚无形质，空无障碍。这些又可近似地表达如同天空之虚空。

慧能就将自性比喻成虚空。"何名摩诃？摩诃是大。心量广大，犹如虚空，无有边畔，亦无方圆大小，亦非青黄赤白，亦无上下长短，亦无嗔无喜，无是无非，无善无恶，无有头尾。诸佛刹土，尽同虚空。世人妙性本空，无有一法可得。自性真空，亦复如是。"（《般若品》）这意在强调自性之空既不具有一般色法（物质存在者）的物理特性，也不具有一般心法（心理存在者）的精神特性。

虽然自性本空，不是一法，但能生万法。"若悟自性，亦不立菩提涅槃，亦不立解脱知见。无一法可得，方能建立万法。若解此意，亦名佛身，亦名菩提涅槃，亦名解脱知见。见性之人，立亦得，不立亦得。去来自由，无滞无碍。应用随作，应语随答。普见化身，不离自性，即得自在神通，游戏三昧，是名见性。"（《顿渐品》）万法（包括佛法）都是建立在自性本空的基础上的。因此，人们要透过万法的有而看到自性的空。

自性的这种空性当然不是恶，但也不是与之对立的善。自性是非善非恶。因此明心见性就要既不修善，也不造恶。"兀兀不修善，腾腾不造恶。寂寂断见闻，荡荡心无著。"（《付嘱品》）兀兀是不动。腾腾是无为。人不修善，不造恶，超出善恶之外。寂寂是安静。荡荡是平坦。人不住相，不住空，无相无念无住。

但慧能反对执著于自性之空。"莫闻吾说空便即著空。第一莫著空，若空心静坐，即著无记空。"（《般若品》）这种空一般称为顽空，恶趣空，是一种死亡之空，而非真空。

针对人们对于空的执著，慧能强调要看到自性空含万法。"世界虚空，能含万物色像。日月星宿、山河大地、泉源溪涧、草木丛林、恶人善人、恶法善法、天堂地狱、一切大海、须弥诸山，总在空中。世人性空，亦复如是。善知识！自性能含万法是大。万法在诸人性中，若见一切人恶之与善，尽皆不取不舍，亦不染著，心如虚空，名之为大。故曰摩诃。"（《般若品》）自性只有包括了万法才是真空，否则就是假空。

事实上，自性既非片面的有，也非片面的空，而是有即空，空即

明·陈贤《罗汉图》

有，是空有不二。慧能在解释解脱香和解脱知见香时就强调了自性的空有不二。解脱香重在空。"四解脱香，即自心无所攀缘，不思善，不思恶，自在无碍，名解脱香。"（《忏悔品》）解脱知见香重在不空。"五解脱知见香，自心既无所攀缘善恶，不可沉空守寂，即须广学多闻，识自本心，达诸佛理，和光接物，无我无人，直至菩提，真性不易，名解脱知见香。"（《忏悔品》）因此，人们既要内熏解脱香，而证悟空性，也要内熏解脱知见香，而实现自性的不空。

人的自性是空有不二的，同时，人的自心也能觉悟这种空有不二。慧能认为每一个人都有如此神奇的自性。这就为人们学佛和成佛提供了内在的可能性。"菩提自性，本来清净，但用此心，直了成佛"。（《行由品》）修道的关键是心灵呈露本性。这是成佛的唯一且简明的大道。弘忍知道慧能已经知悟本性，对慧能说："不识本心，学法无益。若识自本心，见自本性，即名丈夫、天人师、佛。"（《行由品》）不明心见性就不能成佛，能明心见性就能成佛。

论儒道禅

三、个体的心

慧能思想的革命性在于，它不仅将佛的佛性理解为人的自性，而且将人的自性解释为人的自心。自心不仅是一般的普遍的众生心，而且也是个别的个体心，是每一个人的心，也就是我的心、你的心和他的心。这就是说，佛性存在于每一个人自身的心中。

不仅在佛教史上，而且在中国思想史上，慧能所强调的自性和自心开创性地奠定了个体的地位。每一个个体都是独特的存在。作为个体，人是不可替代的，也是不可重复的。同样，个体的心也是不可替代和不可重复的。每个人不仅要从世界返回自身，而且要从他人返回自身。唯有自己的心，才是自己成佛的根据和原因，而且是唯一的根据和原因。

人的个体的心是成佛的出发点。人不是建立一种此心之外的某种特别的起点，而就是人此时此地的此心。"我心自有佛，自佛是真佛，自若无佛心，何处求真佛？"（《付嘱品》）我自己的心是真正的佛。找到了我心，就找到了真佛；找不到我心，就找不到真佛。

人的迷误在根本上是个体心的迷误，其表现为贪嗔痴三毒之心。"心中众生，所谓邪迷心、诳妄心、不善心、嫉妒心、恶毒心，如是等心，尽是众生。"（《忏悔品》）这些都是邪恶之心的各种形态。它们并不只是存在于他人的心中，而也是存在于每个人自己的心中。

人的修行是让自己的迷误之心转向智慧心。这种转变就是救度和解脱。但每个人需要自己救度自己。"各须自性自度，是名真度。"（《忏悔品》）即使人有师傅救度自己，但师傅也只是指引人自己救度自己。"迷时师度，悟了自度；度名虽一，用处不同。"（《行由品》）唯有人自己救度自己，人才能真正得救。因此，自心是解脱的唯一的道路。

人的个体心也是成佛的目的地。慧能强调人要自修自行，见到自心佛。佛不是外在的偶像，而是自己觉悟的心。"佛之知见者，只汝自心，更无别佛。"（《机缘品》）同样，西方净土乃心地净土。"心地无不善，西方去此不遥；若怀不善之心，念佛往生难到。"（《疑问品》）一切都还原到人的自心。

　　人对于自己本性的觉悟，唯有自己可以体会到。"如人饮水，冷暖自知。"（《行由品》）这种个体的觉悟是不可替代的。慧能说："汝若心迷不见，问善知识觅路；汝若心悟，即自见性，依法修行。汝自迷不见自心，却来问吾见与不见。吾见自知，岂代汝迷？汝若自见，亦不代吾迷。何不自知自见，乃问吾见与不见？"（《顿渐品》）每个人都要回到自己的内心。自己不可替代他人，他人也不能替代自己。

　　正是对于个人此时此地此心的强调，禅宗成为个人亲证的智慧。所谓亲证就是个人身心直接去经验事物的本性。在禅宗里，个人身心直接经验到了诸法实相，亦即心色如一，空有不二。这是禅宗作为智慧区分于其他智慧形态的独特之所在。

四、心念或心行

　　慧能所说的自心是个体的心，同时就是个人的此心，也就是每个人此时此地的心灵的活动。既然心是当下活的心，那么成佛的问题便不是一个一般世界的问题，而是人的问题，而且是一个人此时此地的问题，并且主要表现为一个人瞬间的心灵的问题。

　　作为现实活动的心，心表现为念。念是人的心灵所出现的念头。此念头不是空间性的，而是时间性的。它可看成是时间的最小单位，亦即一刹那，一瞬间。念是心的每时每刻的活动。一念如同闪电，短暂而迅速。

　　虽然念头有限，但它会念念相续，在时间中绵延，而形成无限。事实上，人的心灵就是有限念头的无限活动。念可以分为前念、今念和后念。前念是过去之念，今念是现在之念，后念是将来指念。

论儒道禅

一念虽然极其短暂，但其可以决定迷误，决定生死。所谓迷误和觉悟就在一念之间。慧能说："凡夫即佛。烦恼即菩提。前念迷，即凡夫；后念悟，即佛。前念著境，即烦恼；后念离境，即菩提。"（《般若品》）他又说："一切处所，一切时中，念念不愚常行智慧，即是般若行。一念愚即般若绝，一念智即般若生。"（《般若品》）佛与众生看起来距离甚远，但其实也就是一念之隔。因此，人要时时处处观照自己的念头。

消除心念的迷误就是要消除其贪嗔痴等念头。"从前念、今念及后念，念念不被愚迷染。"（《忏悔品》）此为消除愚痴之念。"从前念、今念及后念，念念不被骄诳染。"（《忏悔品》）此为消除骄诳之念。"从前念、今念及后念，念念不被嫉妒染。"（《忏悔品》）此为消除嫉妒之念。

慧能要求人的念头不住于法。"于诸法上，念念不住，即无缚也。"（《定慧品》）不住也就是无滞。"念念无滞，常见本性，真实妙用，名为功德。"（《疑问品》）于是，心念之间就没有间断，而无碍相续。"念念无间是功。"（《疑问品》）

当人的心念无迷时，就能觉悟。一念之间就完成了从迷误到觉悟的转变。心念的觉悟就是成佛。"于一切时，念念自净其心，自修其行，见自己法身，见自心佛，自度自戒，始得不假到此。"（《忏悔品》）心念自见本性的修行就是佛性的实现。"一念修行，自身等佛。"（《般若品》）

心念一定要和口念区分开来。所谓口念，是口念出声来，所谓心念是心去行动。佛教中的行一般指心的造作，也就是心灵的意志活动。但慧能所说的心行是真心的完全实现。唯有心行，心念才不是假的，而是真的。

慧能认为，修道的关键不在言语，而在心行。"摩诃般若波罗蜜是梵语，此言大智慧到彼岸。此须心行，不在口念。口念心不行，如幻如化，如露如电。口念心行，则心口相应。本性是佛，离性无别佛。"（《般若品》）在人的身语意三业中，心是根本性的。心规定了身和语。如果有心行的话，那么必定有身体的行为和语言的表达。如果没有心行的话，那么即使有语言的表达和身体的行为也是无意义的。

迷误之人只是口说，而不心行。"世人终日口念般若，不识自性般若，犹如说食不饱。口但说空，万劫不得见性，终无有益。"（《般若品》）口说心不行，不仅不能明心见性，而且反倒加重和加深掩盖了自己心灵的迷失。

与迷人的口说心不行不同，智者不仅口说，而且心行。迷人与智者的根本差别就在于是否心行。"迷人口念，当念之时，有妄有非。念念若行，是名真性。悟此法者，是般若法；修此行者，是般若行；不修即凡。一念修行，自身等佛。"（《般若品》）心行是般若智慧的真正实现。这在于心色如一和空有不二是心灵的智慧。只有当心灵实行了心色如一和空有不二时，般若智慧才是真的，而不是假的。

五、心与万法

慧能不仅揭示了人的自心的本性，而且还说明了心与万法的关系。法意味着自体和轨则。一切事物有自体，有轨则，因此称为万法。万法也可以理解为万物，亦即世界整体中的所有存在者。虽然心在根本上规定了万法，但它们之间的关系并非是单一的，而是多维的，具有丰富性。

第一，心是万法之一。

万法包括了一切法。对于万法的分类，佛教的瑜伽行派的唯识论是最为全面细致的。它提出的五位法把一切法分为了五类，即色法、心法、心所有法、心不相应法和无为法。色法是有质碍和变碍之物；心法是六识或者八识的主体，是相对于心所的心王；心所有法是不能独立而依附于心的心灵活动；心不相应法是既不相应心，也不相应色的生灭现象。上述四种法属有为法，均有所作为，因缘和合而成，有生亦有灭。与此不同，无为法无所作为，非因缘和合而成，无生亦无灭。在这样的意义上，心法只是万法中的一种。

但慧能主要采用了大小乘通用的三科学说。它以人的心为起点，对于世界整体作了不同类型的划分。慧能阐释了三科的意义。"三科法门者，阴界入也。阴是五阴：色受想行识是也。入是十二入，外六尘：色声香味触法；内六门：眼耳鼻舌身意是也。界是十八界：六尘、六门、六识是也。"（《付嘱品》）

阴是五阴：色受想行识。五阴也称五蕴，是五种类别的聚集。它们是构成世界的主要因素。色是物质，既指世界的四大（地水火风），也指人的身体（相应的四大要素）。受是感受。根据对于人的有利（顺）、不利（违）和无利害（俱非），感受可以分为乐、苦和舍（不苦不乐）。想是取相而形成名言概念的活动。想可分为苦想、乐想、无常想等类型。行是意志活动。它是心的造作、迁流。识主要是识别，亦即分别和判断。

入是十二入，也称十二处，意指进来的场所和进来的东西。这包括外六尘和内六门。外六尘也叫六境，指色、声、香、味、触、法。内六门也叫六根，指眼、耳、鼻、舌、身、意。十二入主要是区分了人的感觉思维的器官和感觉思维的事物。

界是十八界。界是界别。十八界包括了六尘、六门、六识。十八界实际上是在十二入之外增加了与其相应的六识，亦即眼识、耳识、鼻识、舌识、身识、意识。

三科意在破除人们对于心法和色法具有永恒固定本性的执着。但它们各有重点。五蕴最为简略，重在破除人们对于心法有我的执着。十二入持中，重在破除人们对于色法有我的执着。十八界最为广阔，重在破除人们对于色法和心法一起有我的执着。

在三科的分类中，心法就是除色法之外的所有法。虽然心法只是万法之一，但它却是万法中最重要的一法。这在于，只有从心出发，人才能通达整个世界。

但无论是色法，还是心法，万法都是缘起性空。缘起假有，自性真空。慧能说："五阴本空，六尘非有。"（《机缘品》）他因此强调要辨明真假。

"一切无有真，不以见于真。

若见于真者，是见尽非真。

若能自有真，离假即心真。

自心不离假，无真何处真？"（《付嘱品》）

一切万法不是真实的。凡所有相，皆是虚妄。于是，不可把虚妄的万法看作真实。假若将万法看成真实的话，那么这种见解完全就不是真实的。假若人能够自性获得真实的话，那么离去假象就可以获得自心的真实。假若自心不离开假象的话，那么它自身没有真实，而何处有真实呢？

只有证悟了万法缘起假有，自性真空，人的自心才能离假成真。如此的自心也才能通达万法的无二本性。"蕴之与界，凡夫见二，智者了达，其性无二。无二之性，即是佛性。"（《行由品》）既然万法的本性就是不二，那么，人们就既不能执著于心，也不能执著于色；既不能执著于有，也不能执著于空。与此不同，人要空有双运，以空破有，以有破空。慧能说："先须举三科法门，动用三十六对，出没即离两边，说一切法，莫离自性。忽有人问汝法，出语尽双，皆取对法，来去相因。究

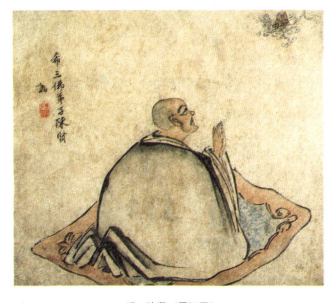

明·陈贤《罗汉图》

竟二法尽除，更无去处。"（《付嘱品》）此处慧能所强调的无非是心色如一，空有不二。

如果说三科是对于世界存在者的区分的话，那么三十六对法是慧能对于世界结构的独特的区分。它们分为三类。

第一类："对法外境无情五对：天与地对，日与月对，明与暗对，阴与阳对，水与火对，此是五对也。"（《付嘱品》）

第二类："法相语言十二对：语与法对，有与无对，有色与无色对，有相与无相对，有漏与无漏对，色与空对，动与静对，清与浊对，凡与圣对，僧与俗对，老与少对，大与小对，此是十二对也。"（《付嘱品》）

第三类："自性起用十九对：长与短对，邪与正对，痴与慧对，愚与智对，乱与定对，慈与毒对，戒与非对，直与曲对，实与虚对，险与平对，烦恼与菩提对，常与无常对，悲与害对，喜与嗔对，舍与悭对，进与退对，生与灭对，法身与色身对，化身与报身对，此是十九对也。"（《付嘱品》）

在上述分类中，第一类是外境无情。它们是自然事物。与人类等有情（有生命）的存在者不同，它们是无情的存在者，亦即无生命的存在者。

第二类包括了法相和语言。它们有的是指称诸法的现象，有的是描述诸法的语言。

第三类包括了自性生起作用而成的事物。自性有，则有这些事物；自性无，则无这些事物。

事实上，第一类属于色法，其明显采用了中国的儒道传统思维思想对于自然的区分及表达方式。第二类基本上是心法对于色法的构成物。第三类则完全是心法自身的生起作用。

对于这三类法，慧能指明要破除其对立。慧能提出的原则是超出两边。"此三十六对法，若解用，即道贯一切经法，出入即离两边。"（《付嘱品》）这在于，万法就其相而言是对立的，但就其性而言是超出对立的。

同时，慧能还将此超出两边的原则具体化。"若有人问汝义，问有，

将无对；问无，将有对；问凡，以圣对；问圣，以凡对。二道相因，生中道义。"(《付嘱品》)

慧能还根据超出两边的原则进行示例："如一问一对，余问一依此作，即不失理也。设有人问：何名为暗？答云：明是因，暗是缘，明没则暗，以明显暗，以暗显明，来去相因，成中道义。余问悉皆如此。汝等于后传法，依此转相教授，勿失宗旨。"(《付嘱品》)

在三科和三十六对的阐释中，慧能事实上不仅认为心法是万法之一，而且是万法之王。

第二，心生成万法。

首先，万法的缘起在于心。佛教有诸多缘起理论，如十二因缘的业感缘起和唯识宗的阿赖耶识缘起。但慧能明确提出了心性缘起。他认为，"自性能含万法是大。万法在诸人性中。"(《般若品》)既然如此，他强调："万法尽在自心，何不从自心中顿见真如本性。"(《般若品》)他主张不仅万法，而且佛法也源于人的心性。"一切修多罗及诸文字、大小二乘、十二部经，皆因人置。因智慧性，方能建立。若无世人，一切万法，本自不有。故知万法本自人兴。一切经书，因人说有。缘其人中，有愚有智。愚为小人，智为大人。愚者问于智人，智者为愚人说法。愚人忽然悟解心开，即与智人无别。"(《般若品》)心是万法存在的最后根据。

其次，万法的显现在于心。心如同太阳。没有心，万法是黑暗的；有了心，万法是光明的。慧能说："于自性中万法皆现。"(《忏悔品》)这在于"真如自性起用。"(《定慧品》)真如自性就是自心，它规定了人的眼耳鼻舌身意等六根。慧能说："念者念真如本性。真如即是念之体，念即是真如之用。真如自性起念，非眼耳鼻舌能念。真如有性，所以起念。真如若无，眼耳色声，当时即坏。善知识，真如自性起念，六根虽有见闻觉知，不染万境，而真性常自在。故经云：能善分别诸法相，于第一义而不动。"(《定慧品》)

论儒道禅

在说明心与万法的关系时，慧能借用了唯识宗八识理论，并加以了改造。唯识宗把人的意识分为眼、耳、鼻、色、身、意、末那和阿赖耶等八识。它认为，外境非有，内识非无。因此，唯识无境，一切为阿赖耶识所造。但慧能的自性或者自心不能等同于阿赖耶识。这在于，自性或自心超出了染净二元对立，无染无净。但阿赖耶识却是有染有净的。不过，自性或者自性却能生出染净。"自性能含万法，名含藏识。若起思

唐人《金刚般若波罗蜜经》

量，即是转识。生六识，出六门，见六尘，如是一十八界，皆从自性起用。"(《付嘱品》)

最后，万法的变化在于心。世界中本无善法和恶法，善法和恶法生于一心。同时，从善法到恶法，或者，从恶法到善法，也在于一心。"一念思量，名为变化。思量恶事，化为地狱。思念善事，化为天堂。毒害化为龙蛇。慈悲化为菩萨。智慧化为上界。愚痴化为下方。自性变化甚多，迷人不能省觉，念念起恶，常行恶道。回一念善，智慧即生。此名自性化身佛。"(《忏悔品》)慧能强调自性能生正邪和善恶。"自性若邪，起十八邪；自性若正，走十八正。若恶用即众生用，善用即佛用。用由何等，由自性有。"(《付嘱品》)

正是因为心生成万法，所以慧能在风幡之争时，提出了心动的观点。"时有风吹幡动。一僧曰'风动'，一僧曰'幡动'，议论不已。慧能进曰：'不是风动，不是幡动，仁者心动。'一众骇然。"(《行由品》)

二僧争风动还是幡动，慧能认为，"不是风动，不是幡动，仁者心动。"这里的"动"指的不是"动态"，而是"推动"，亦即：什么推动了幡动，或者：什么是幡动的原因。

二僧主张物动心不动。他们要么只是强调了风动，要么只是强调了幡动。他们没有看到风幡互动。与此不同，慧能主张心动物不动。但还有第三种可能：物动心亦动。此外还有第四种可能：心物皆不动。慧能主要是用"心动物不动"破二僧的"物动心不动"。唯有人的心念在动，物的存在和活动才能显现出来。这就是说，心才是物的原因。唯有心，才有风动和幡动的呈现。

第三，心与万法不二。

虽然心法是万法之一，但心决定万法。根据这种观点，万法不离心，但心也不离万法。没有万法，心自身是空的；没有心，万法自身是空的。

慧能强调了心与万法的合一："心量广大，遍周法界。用即了了分明，应用便知一切。一切即一，一即一切，去来自由，心体无滞，即是般若。"
（《般若品》）所谓的一就是一心，所谓的一切就是万法。心贯通万法，一心即一切万法，一切万法即一心。在这种情况下，心就是万法，万法就是心。因此，心即是色，色即是心。心色不二，心色如一。

第 二 章 心的戒定慧

佛教思想的核心是戒定慧三学。它们是佛教关于人如何学佛并成佛的学说。戒学主要是为欲望划分边界；定学主要是关于禅定的技术和方法；慧学主要是般若智慧，亦即关于人与世界的大道。一般而言，人由戒达定，由定生慧，而得解脱，获自在。这样一种学佛和成佛的学说实际上也是佛教关于"欲望、技术和大道"的独特学说。人由限制邪恶的欲望而修习禅定的技术，由修习禅定的技术生发智慧大道，并由此觉悟成佛。

对于佛教的戒定慧三学，慧能反对人们对于它们只是作外在的规定。其中最典型的是神秀的解释。他说："诸恶不作名为戒，诸善奉行名为慧，自净其意名为定。"（《顿渐品》）神秀将戒定慧分开。其中，定是一种心灵的净化，戒和慧则是人的行为规范，具体化为遵守善恶的伦理道德标准。

与此不同，慧能将它们全部置于心地和自性的基础之上。心地或者自性就是智慧的本源之地，甚至就是智慧本身。慧能不仅用心地或者自性规定了智慧，而且也去规定了戒律和禅定。因此，慧能将戒定慧三学完全内在化了和心灵化了。通过这种变革，禅宗成为中国历史上一种新的智慧之学。

"心地无非自性戒，

心地无痴自性慧，

心地无乱自性定。

不增不减自金刚，

身去身来本三昧。"（《顿渐品》）

论儒道禅

慧能认为，心地清净无染，远离贪欲，这就是自性戒，不是外在戒。心地光明无垢，除去无明，这就是自性慧，不是外在慧。心地常定自如，没有动摇，这就是自性定，不是外在定。自性本不生不灭，不垢不净，不增不减，如同金刚坚固不坏。行住坐卧，来去自由，心无挂碍执着，自是大定。

慧能解释道："自性无非、无痴、无乱，念念般若观照，常离法相，自由自在，纵横尽得，有何可立？自性自悟，顿悟顿修，亦无渐次，所以不立一切法。诸法寂灭，有何次第？"（《顿渐品》）戒定慧本于人的自性。但自性是实性空性。因此，戒定慧不能是有相的，而应是无相的。

一、戒

戒学作为三学之一，指的是佛教徒的规范、戒律。它一般分为止持戒和作持戒两大类。止持戒是否定性的，也就是说，人不应当做什么。作持戒是肯定性的，也就是说，人应当做什么。戒律事实上确定了一个佛教徒存在的边界，它具体化为善恶的区分：诸恶莫作，众善奉行。这包括了身体、心灵和言说等方面。当然，佛教的众多戒律还可分为小乘和大乘戒律等类型。

慧能虽然接受了佛教的戒律，特别是大乘菩萨戒律的基本思想，但他以作为自性的佛性对于它们重新进行了解释。一般的戒律执着于某种外在的规范，分为戒法（规范制度），戒行（守戒的行为方式），戒体（戒的本体），是有相戒。而慧能主张以佛性为戒体。佛性自身是内在的，实相无相。故以佛性为戒体的戒律是无相戒。慧能的无相戒主要不是对于佛教戒律条文的重新阐释，而是使人归依佛教的受戒活动由外在化变成内在化。

慧能为来山听法的信众传授了学佛的步骤或者次第。它主要包括下列几个方面：第一，自性五分法身香；第二，无相忏悔；第三,四弘誓愿；第四，无相三归依戒等。这些内容并非只是限定于传统的戒学，而是包括了戒定慧学。但是，戒学始终构成了所有内容的底线。

第一，自性五分法身香。"一戒香，即自心中，无非、无恶、无嫉妒、无贪嗔、无劫害，名戒香。二定香，即睹诸善恶境相，自心不乱，名定香。三慧香，自心无碍，常以智慧观照自性，不造诸恶；虽修众善，心不执著，敬上念下，矜恤孤贫，名慧香。四解脱香，即自心无所攀缘，不思善，不思恶，自在无碍，名解脱香。五解脱知见香，自心既无所攀缘善恶，不可沉空守寂，即须广学多闻，识自本心，达诸佛理，和光接物，无我无人，直至菩提，真性不易，名解脱知见香。善知识！此香各自内薰，莫向外觅。"（《忏悔品》）

上述五分法身香所包括的五个方面有所不同。戒香重在去恶；定香重在于善恶境相而不乱；慧香重在不执着善恶而观照自性。解脱香重在不攀援善恶而证空性得自在；解脱知见香重在不执着空性而获得菩提。从戒香到解脱知见香是一个层层递进的关系。其中，戒香的无恶是其他四香的基础。这也就是说，无恶不仅使戒香成为可能，而且使其他四香成为可能。如果没有戒香的话，那么其他四香都丧失了基础。但就戒香本身而言，它不是外在的，而是内在的。它是自性戒或者自心戒。

第二，无相忏悔。这是人以佛教的戒律为标准，对于自己犯戒的反省、审查、批评和改正。人通过外在的仪式来认清自己身、语、意的罪过。这一般要求人普请礼赞十方诸佛名号，诵经咒，在佛像面前念忏悔文并发露忏悔。但慧能认为，忏悔的根本不是在于其外在形式，而是在于其内在的念头。

慧能所说的忏悔重在消灭人心念的罪恶。"今与汝等授无相忏悔，灭三世罪，令得三业清净。

善知识！各随我语，一时道：弟子等，从前念、今念及后念，念念不被愚迷染；从前所有恶业愚迷等罪，悉皆忏悔，愿一时消灭，永不复起。

弟子等，从前念、今念及后念，念念不被骄诳染；从前所有恶业骄诳等罪，悉皆忏悔，愿一时消灭，永不复起。

弟子等，从前念、今念及后念，念念不被嫉妒染；从前所有恶业嫉妒等罪，悉皆忏悔，愿一时消灭，永不复起。善知识！以上是为无相忏悔。"（《忏悔品》）

上述的所说的忏悔内容包括了愚痴、骄诳和嫉妒等。愚是愚蠢，痴是痴迷。愚痴是人处于无明状态；骄是骄傲和贪爱，诳是欺诈。骄诳是贪爱自己而轻欺他人。嫉为害贤，妒为相忌。嫉妒是对于优于自己的他人的嗔恨。总之，愚痴、骄诳和嫉妒属于贪嗔痴三毒。它们是人们遵守佛教戒律必须消灭的罪恶。

慧能阐释了忏悔的意义。"云何名忏？云何名悔？忏者，忏其前愆。从前所有恶业、愚迷、骄诳、嫉妒等罪，悉皆尽忏，永不复起，是名为忏。悔者，悔其后过。从今以后，所有恶业、愚迷、骄诳、嫉妒等罪，今已觉悟，悉皆永断，更不复作，是名为悔。故称忏悔。凡夫愚迷，只知忏其前愆，不知悔其后过。以不悔故，前愆不灭，后过又生。前愆既不灭，后过复又生，何名忏悔？"（《忏悔品》）慧能用前与后区分了忏与悔，强调人们不仅要消灭以前的罪过，而且要消灭以后的罪过。唯有如此，人们才能保证前念、今念和后念永远断绝贪嗔痴三毒。

第三，四弘誓愿。四弘誓愿是大乘佛教中菩萨戒（三聚净戒）。它聚集了摄律仪戒、摄善法戒、饶益有情戒。摄律仪戒综合了大小乘的一切戒律；摄善法戒包括了十万八千出离法门；饶益有情戒涵盖了慈悲喜舍等基本精神。菩萨戒表达了人上求菩提、下化众生的决心。它分别是：众生无边誓愿度，烦恼无边誓愿断，法门无尽誓愿学，无上佛道誓愿成。这相关于众生、自我、法门和佛道等四个方面。但慧能认为四弘誓愿的关键最终在于自心和自性。他将四弘誓愿表达为："自心众生无边誓愿度，自心烦恼无边誓愿断，自性法门无尽誓愿学，自性无上佛道誓愿成。"（《忏悔品》）

在这种创造性的转化中，慧能将人的迷误、修行和成佛等步骤还原为个体的心。这就把一种外在化的意愿变成了一种内在化的意愿。

首先，自心众生无边誓愿度。一般认为众生是有生命的存在者，但特别指具有无明烦恼、流转生死的迷界凡夫。他们是被救度者。同时，发愿修佛者则是救度者。但慧能将被救度者和救度者都阐释为人自己的心。"所谓邪迷心、诳妄心、不善心、嫉妒心、恶毒心，如是等心，尽是众生。"（《忏悔品》）众生并非外在众生，而是内心众生。同时人自性自度。"何名自性自度？即自心中邪见烦恼愚痴众生，将正见度。既有正见，使般若智打破愚痴迷妄众生，各各自度。邪来正度，迷来悟度，愚来智度，恶来善度。如是度者，名为真度。"被救度者是自己内心中的各种邪见，救度者是自己内心中的正见。

其次，自心烦恼无边誓愿断。一般将烦恼理解为迷惑不觉，包括了根本烦恼贪嗔痴三毒以及随烦恼。它能引起人的身心不安，带来痛苦，是生死轮回的原因。烦恼是被断者，发愿修佛者是能断者。但慧能将被断者和能断者都阐释为人自己的心。"烦恼无边誓愿断，将自性般若智，除却虚妄思想心是也。"（《忏悔品》）被断者是人的虚妄思想心，能断者是人的自性般若智。

再次，自性法门无尽誓愿学。它就是四圣谛中的道谛。一般将法门理解为众多修道者所入的门径，也是如来得道者所在的处所。法门一方面作为佛所说法具有绝对同一性，而称为不二法门；另一方面具有无限的差异性，而称为八万四千法门。但慧能将法门阐释为自性法门。"法门无尽誓愿学，须自见性，常行正法，是名真学。"（《忏悔品》）没有其他法门，唯有明心见性才是真正的法门。

最后，自性无上佛道誓愿成。一般认为人无法成佛，或者需要经历许多阶段才能成佛。但慧能认为修成佛道就在人内心的瞬间觉悟。"无上佛道誓愿成，既常能下心，行于真正，离迷离觉，常生般若，除真除妄，即见佛性，即言下佛道成。常念修行，是愿力法。"(《忏悔品》)佛道既消除迷情，也超离觉悟，达到心色如一，空有不二。

第四，无相三归依戒。归依是入教，在此由非佛教徒而成为佛教徒，而遵守佛教的戒律。三归依戒要求信众归依佛、法、僧三宝。佛是佛祖，法是佛法，僧是僧人。它们都以外在形态存在着。但慧能认为佛是觉、法是正、僧是净。它们都相关于人的自性和自心。因此，三归依戒由有相归依变成无相归依，由外在的归依变成了内在的归依。

慧能解释三归依。"归依觉，两足尊。归依正，离欲尊。归依净，众中尊。

从今日起，称觉为师，更不归依邪魔外道。以自性三宝常自证明。劝善知识，归依自性三宝。佛者，觉也。法者，正也。僧者，净也。自心归依觉，邪迷不生，少欲知足，能离财色，名两足尊。自心归依正，念念无邪见，以无邪见故，即无人我贡高贪爱执著，名离欲尊。自心归依净，一切尘劳爱欲境界，自性皆不染著，名众中尊。"(《忏悔品》)

慧能认为佛是觉悟，突破迷情，了达诸法实相；法是正道，远离邪路，以求明心见性；僧是纯净，没有污染，保持自身本性。在这样的意义上，所谓三宝就是人的内在三宝，是自性和自心，也就是人的佛性。

因此，三归依是人向自身佛性的归依。慧能说："若修此行，是自归依。凡夫不会，从日至夜，受三归戒。若言归依佛，佛在何处？若不见佛，凭何所归？言却成妄。善知识！各自观察，莫错用心。经文分明言自归依佛，不言归依他佛。自佛不归，无所依处。"(《忏悔品》)如果人们试图寻找一个外在的佛的话，那么永远也不可能寻找到佛，因此也永远不可能归依佛。人们只有回到自己的内在的心性，才能发现自己的佛性，因此才能归依自己的佛。

人们所归依的佛一般有一体三身说。但慧能认为，一体三身佛实际上是一体三身自性佛。因此慧能要求信众："于自色身归依清净法身佛；于自色身归依圆满报身佛；于自色身归依千百亿化身佛。"(《忏悔品》）三身佛并非是三种神秘的外在的佛的存在，而其实就是人的自性的三种不同形态。

二、定

与戒学一样，定学也是佛教的三学之一。禅定也叫禅观，其梵语的音译为"三昧"或者"三摩地"。所谓的禅定是指心灵专注一境的修炼活动及其状态。但事实上，禅定作为一种修行的方式存在于佛教之外的许多宗教实践之中。在印度，一些外道就非常重视禅定，如瑜伽等。佛教只不过是更凸显了禅定的意义并将其系统化了。在中国，儒家和道家关于心的修炼功夫实际上也具有禅定的相似特性。正是因为如此，所以唐宋以后儒家的静坐、道家的内丹、禅宗的禅定能够相互借鉴。当然，只是在佛教中，禅定才形成了主题，并具有非常重要的意义。

禅定虽然合在一起，但禅与定仍有一定的差异。禅是静虑，是观照内心；定则是心不散乱而止于一处。作为心灵自身净化的过程，禅定事实上包括了止和观两个方面。

为了心灵的修炼，佛教采用了一系列的禅法。小乘佛教一般将禅定划分为四禅八定的修行层次。四禅分别是：离生喜乐、定生喜乐、离喜妙乐和舍念清净。八定除了四禅的四色界定之外，还包括四无色界定。它分别是：空无边处定、识无边处定、无所有处定和非想非非想处定。大乘佛教则发展了更多的禅定的方法，如念佛禅、实相禅。在中国佛教实践中，人们也使用了一些禅法，最突出的如五门禅法（数息观、不净观、慈悲观、因缘观、界分别观）、止观双修等。

禅宗以禅命名，容易给人误解，仿佛它只是突显了戒定慧中的禅定。事实上，禅宗之禅与禅定之禅相关，但并非就是禅定之禅。

论儒道禅

首先，慧能认为禅宗的根本问题是般若，而不是禅定。它"惟论见性，不论禅定、解脱。"（《行由品》）既然禅宗所追求的是心灵的觉悟，那么它只有通过心灵而不是身体的修行来实现。但一般所说的禅定只是被狭隘地理解为单纯的身体的静坐行为。虽然身体的修炼为心灵的觉悟可以提供一定的条件，但它并不能直接解决心灵自身的问题。正如慧能所质疑的："道由心悟，岂在坐也。"（《护法品》）他还作偈说：

"生来坐不卧，死去卧不坐。

一具臭骨头，何为立功课。"（《顿渐品》）

人生来常坐不卧倒，人死去常卧不坐着。人的身体在生时有生的形态，在死时有死的形态。身体只是一具臭骨头，是被心灵所规定的。坐卧只是人的身体的状态，而非心灵的状态。但觉悟不在身，而在心。因此，人何必不在心灵上，而在身体上强立什么功课？这意在强调关键不是静坐禅定，而是明心见性。

其次，慧能指出禅定并非定于一相，而是定于无相。他当然也肯定禅定对于佛教修行的重要作用，但并不认为禅定就等同于坐禅或者静坐，而是认为它要遍及于人的日常生活世界的一切行为、思想和言说之中。人的日常生活世界的禅定化就是人一心一意地从事任何事情。这种禅定才是真正的禅定。

再次，慧能强调禅定在根本上就是般若。如此规定的禅定就不再是身体的静坐，而是心灵的觉悟。慧能将禅定解释为心地法门。禅定是自性不为外在的善恶境界所动摇。慧能说："何名禅定？外离相为禅，内不乱为定。外若著相，内心即乱；外若离相，心即不乱。本性自净自定。只为见境，思境即乱。若见诸境心不乱者，是真定也。"（《坐禅品》）慧能又说："何名坐禅？此法门中，无障无碍，外于一切善恶境界，心念不起，名为坐。内见自性不动，名为禅。"（《坐禅品》）

这种禅定同时就是明心见性。"于念念中，自见本性清净。自修，自行，自成佛道。"(《坐禅品》)因为禅定是心灵本性的呈现，所以它不是有相的，而是无相的。如此理解的禅定不仅能呈现自身的心性，而且能直接通达诸法的真实本性。"无所从来，亦无所去，无生无灭，是如来清净禅。诸法空寂，是如来清净坐"(《护法品》)。

关于真正的禅定，慧能的弟子转述其思想说："我师所说：'妙湛圆寂，体用如如，五阴本空，六尘非有，不出不入，不定不乱。禅性无住，离住禅寂。禅性无生，离生禅想。心如虚空，亦无虚空之量。'"(《机缘品》)慧能也对于真正的禅定予以说明："汝但心如虚空，不著空见，应用无碍，动静无心，凡圣情忘，能所具泯，性相如如，无不定时也。"(《机缘品》)这种作为般若的禅定就证入了心色如一和空有不二的诸法实相。

佛教主张的禅定有许多种，慧能也曾列举了数种禅定或者三昧，如那伽定和游戏三昧。所谓那伽定是龙定。龙处深渊，能静安默思，大有定力。佛如此，在行住坐卧中常保持大定。所谓游戏三昧是狮子之定。狮子入众兽之中，自在无所畏惧。菩萨如此，在诸种三昧中，能自在入，自在住和自在出。但慧能主要阐明了三种禅定，即般若三昧、一相三昧和一行三昧。

关于般若三昧，慧能说："智慧观照，内外明彻，识自本心。若识本心，即本解脱。若得解脱，即是般若三昧。般若三昧，即是无念。何名无念？若见一切法，心不染著，是为无念。用即遍一切处，亦不著一切处。但净本心，使六识，出六门，于六尘中，无染无杂，来去自由，通用无滞，即是般若三昧，自在解脱，名无念行。若百物不思，当令念绝，即是法缚，即名边见。"(《般若品》)般若三昧就是定于智慧，或者是智慧之定。在这种定或者三昧中，人不是定于一相，而是定于一性。

所谓一相三昧，是大乘诸多三昧之一。它是定于一相，而达到实相无相。人观佛相好而念佛，进而转入无相念，最终达到法界一相，而证入无相不相之实相。所谓一行三昧，也是大乘诸多三昧之一。它是定于一行，而最终也达到法界一相。这也如同一相三昧一样。因此，人们认为一相三昧和一行三昧虽然名称有二，但实为一种。一相三昧重在相，它要求人心系于一相，亦即人专注于佛相自身。但一行三昧重在行，它要求人心系于一行，亦即人连续修持静坐修禅。

但慧能所说的一相三昧和一行三昧与传统大乘所阐释的不同。慧能说："若欲成就种智，须达一相三昧，一行三昧。若于一切处而不住相，于彼相中不生憎爱，亦无取舍，不念利益成坏等事，安闲恬静，虚融澹泊，此名一相三昧。若于一切处，行住坐卧，纯一直心，不动道场，真成净土，此名一行三昧。若人具二三昧，如地有种，含藏长养，成熟其实。一相一行，亦复如是。"(《付嘱品》) 慧能还对一行三昧加以说明："一行三昧者，于一切处行住坐卧，常行一直心是也。《净名经》云：直心是道场，直心是净土。莫心行谄曲，口但说直，口说一行三昧，不行直心。但行直心，于一切法，勿有执著。迷人著法相，执一行三昧，直言常坐不动，妄不起心，即是一行三昧。作此解者，即同无情，却是障道因缘。"(《定慧品》)

慧能所说的一相三昧不是专注于佛相，而是不住于一切相，于相而离相，达到实相空相，而定于自性；他所说的一行三昧不是静坐禅修，而是不住于一行，于行而修行，达到随缘任运，定于自心。常行直心即行真心，呈现自性自心。

对于慧能而言，所谓三昧其实不再只是禅定，而是般若，亦即智慧。

三、慧

在对于禅定的解释中，慧能已经引入了关于禅定和智慧之间关系的探讨。

一般认为，定慧有别，因定生慧，或者因慧生定。但慧能的禅宗反对这种关于定慧惯常的看法："诸学道人，莫言先定发慧，先慧发定，各别。

作此见者，法有二相，口说善语，心中不善，空有定慧，定慧不等。若心口俱善，内外一如，定慧即等。"(《定慧品》)

慧能认为定慧一体。"我此法门，以定慧为本。大众勿迷，言定慧别。定慧一体，不是二。定是慧体，慧是定用。即慧之时定在慧，即定之时慧在定。若识此义，即是定慧等学。"(《定慧品》)

慧能把定慧的关系比喻成灯与光的关系。"有灯即光，无灯即暗，灯是光之体，光是灯之用。"(《定慧品》) 灯是光之灯，光是灯之光。一方面，灯在光之中显现自身为灯；另一方面，光是灯发出和照耀的光芒。于是，定是慧之定，慧是定之慧。这表明禅定和智慧要相互规定。但在事实上，慧能要求智慧最终去规定禅定。

但什么是智慧本身？佛教所说的智慧就是真理。它是对于诸法破除了一切迷情妄相的真知，因此，它证悟了诸法实相并能解脱人的生死。因为它与世间的智慧（也就是聪明）不同，所以人们一般采用梵语的"般若"一词。般若可理解为一种伟大的圆满的智慧。

佛教的智慧虽然是关于世界万法的智慧，但主要是关于心的智慧。这

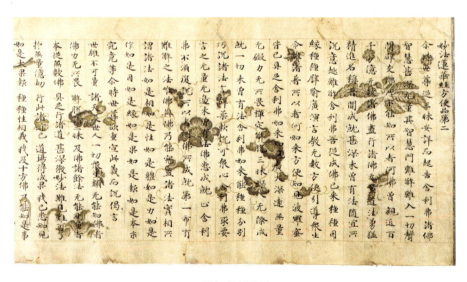

唐人《法华经》

在于万法唯识，一切唯心。同时，佛教的智慧是空性的智慧。这在于缘起性空，性空缘起。佛教智慧的根本是心色如一，空有不二。由此，佛家的智慧成为一种特别的智慧，而区分于其他形态的智慧，如西方的神的智慧和中国佛道的天的智慧。

一般而言，般若可以分为实相般若（佛所达的诸法如实之相）、观照般若（理解并亲证佛所说的道理）和文字般若（佛所言说的亲证的实相）等。其中，实相般若是指诸法如实之相的智慧。诸法实相是不可思议和不可言说的。首先，实相无相，它没有一法；其次，实相无不相，它遍一切法；最后，实相无相无不相。它无一法却遍一切法。空而非空，有而非有。真空妙有，妙有真空。

无论是对于小乘佛教而言，还是对于大乘佛教而言，般若都具有特别的意义。无论是在戒定慧三学中，还是在布施、持戒、忍辱、精进、禅定和般若六度中，智慧无疑是最重要的。唯有获得了般若智慧，人才能解脱生死轮回，而成就佛果。

就智慧本身而言，其修习有其次第，它们分别为闻所成慧、思所成慧、修所成慧和证所成慧等。

与一般佛教对于智慧的理解不同，慧能所说的智慧又具有自身独特的内涵。他在解释"大智慧到彼岸"时，把一切归于心的本性。他认为大就是心空，如同虚空一样；智慧就是心对于万事万物的认识；到彼岸就是克服了生灭的变化，达到了无生无灭的诸法实相。虽然智慧是特别的、伟大的，但它并不神秘。慧能将智慧还原到人的日常生活世界之中。智慧就存在于人生命时时刻刻的一念之中。但人的一念可能是智慧的，也可能是愚蠢的。智慧是作为智念与愚念相区别并保持自身的觉悟。慧能说："何名般若？般若者，唐言智慧也。一切处所，一切时中，念念不愚，常行智慧，即是般若行。一念愚即般若绝；一念智即般若生。世人愚迷，不见般若。口说般若，心中常愚，常自言我修般若，念念说空，不识真空。般若

无形相，智慧心即是。若作如是解，即名般若智。"(《般若品》)

慧能认为，般若并非只是佛才具有，而是人也具有。同时，般若不是外在于人，而是内在于人的。根据慧能的观点，心就其本性而言不仅拥有智慧，而且就是智慧。他认为，世人性净，犹如青天。"智如日，慧如月，智慧常明。于外著境，被妄念浮云盖覆自性，不得明朗。故遇善知识，闻真正法，自除迷妄，内外明彻，于自性中万法皆现。"(《忏悔品》)这是一个比喻说法。它描述了这样一个过程：

首先，人具有光明的智慧。其本性是清净的，没有污染的。

其次，人的智慧被遮蔽。所谓妄念就是贪嗔痴三毒。它们将人清净的本性变成污染。

最后，人重新获得自身的智慧。人由他人启发，自己觉悟，而明心见性。

但这一过程实际上并不漫长，不过是一念之间，也就是以智慧之念克服愚蠢之念。

人获得佛的智慧也就是获得了佛的知见。《法华经》说，诸佛世尊，唯以一大事因缘故出现于世。所谓一大事，慧能认为不是其他什么事情，而就是佛的知见，也就是佛关于心色如一和空有不二的智慧。关于佛的知见，一般都分为开、示、悟、入四个方面，也就是开启、显示、证悟和契入。

慧能解释了佛之知见的开示悟入。"佛，犹觉也。分为四门：开觉知见，示觉知见，悟觉知见，入觉知见。若闻开示，便能悟入。即觉知见，本来真性而得出现。"(《机缘品》)这是一个循序渐进的完整过程。慧能认为，所谓佛的知见的开、示、悟、入不是外在于人的自性的，而是内在于人的自性的。它正是人的自性的开、示、悟、入。诸佛世尊出现于世，是为了众生自性的开、示、悟、入；同样，智者的开导，也是为了愚者自性的开、示、悟、入。

在开、示、悟、入的过程中，开佛知见是获得佛的智慧的最重要的开端。开是开启，它把人从迷误开为觉悟。"世人外迷著相，内迷著空。若能于相离相，于空离空，即是内外不迷。若悟此法，一念心开，是为开佛知见。"（《机缘品》）

慧能认为，不是佛开启自己的佛之知见，而是开启众生的佛之知见。同时，不是一个外在的佛在开启人的佛之知见，而是人内在的佛性在开启人的佛之知见。"汝慎勿错解经意，见他道开示悟入，自是佛之知见，我辈无分。若作此解，乃是谤经毁佛也。彼既是佛，已具知见，何用更开？汝今当信佛知见者，只汝自心，更无别佛。盖为一切众生，自蔽光明，贪爱尘境，外缘内扰，甘受驱驰。便劳他世尊，从三昧起，种种苦口，劝令寝息，莫向外求，与佛无二。故云开佛知见。"（《机缘品》）

佛之知见区分于众生知见。前者是觉悟，后者是迷误。因此，慧能说："吾亦劝一切人，于自心中，常开佛之知见。世人心邪，愚迷造罪。口善心恶，贪嗔嫉妒，谄佞我慢，侵人害物，自开众生知见。若能正心，常生智慧，观照自心，止恶行善，是自开佛之知见。"（《机缘品》）从佛知见与众生知见的不同也是出世与世间的差别。"汝须念念开佛知见，勿开众生知见。开佛知见，即是出世；开众生知见，即是世间。"（《机缘品》）人只有从众生知见转向佛之知见，才能超离世间而达到出世。

第 三 章 心的迷误

　　虽然自性或者佛性常在，但它却又常被遮蔽。为何如此？正是因为每人天生就具有佛性，所以他才有可能迷失和遮蔽佛性。对于一个没有佛性的存在者来说，它既不可能拥有佛性，也不可能失却佛性。因此，人的佛性及其遮蔽具有内在关联。

　　慧能认为，佛性之迷误就是人清净的本性被污染，仿佛是青天被浮云所遮盖一样。这并非一个个别的事件，而是一个普遍的事实。那些具有自性的大众一般都处于其自性的迷误之中。根据这种情况，人的自性存在一个原初的悖论，亦即两种对立的现象。一方面，人的自性并不是原始无明，而是清净的；另一方面，人的自性又不是完全不受他物的影响，而是无时不处在迷误之中。不过，自性的清净是内在的、必然的和永恒的，而自性的迷误是外在的、偶然的和暂时的。但自性的迷失却形成了无明、烦恼和种种罪过。

　　人自性的迷失在根本上表现为人的自心的迷失。这就是说，心灵自身蒙蔽了自身或者被他物蒙蔽了自身。这是如何发生的？心迷在于起念，在于人产生了意念。当然所谓的意念并不是意味着一般的意念或者是任何一种意念，而是一种与正念不同的邪念。这里的起念指的正是邪念的生起。佛教所说的邪念不是其他什么念头，而就是三毒，亦即贪嗔痴。贪是贪欲，是对于外在事物的渴求和占有；嗔是愤怒和仇恨，是要伤害甚至是要消灭他人或者他物；痴就是无明，是无知或者是误知。当人的心灵产生这三种邪念的时候，人的自性就隐而不现了。

论儒道禅

慧能将心的迷误区分为为著相和著空两种形态。

一、著相

著相是心游履攀缘于外在事物并被它们所影响。但当心受制于物的时候，它就会被物所束缚，并被物所遮蔽。

但外迷著相不仅表现为一般的自性的迷失，而且表现为人们在学佛和成佛的道路上的种种迷失。这就是说，人们虽然发现了自性的迷失并试图返回自性，但这一寻找自性的过程也会发生外迷著相。只是人们没有觉悟自身，不知道自己处于迷误之中。

一般追求觉悟的过程就是大小乘佛教所共同主张的戒定慧三学的修习过程。如果人们如慧能那样将戒定慧三学理解为自性或者佛性的话，那么他将走向自性觉悟的道路。反之，人们不仅误解了佛教的基本学说戒定慧，而且也导致了自性的迷失。这有种种不同的表现。

第一，人们将戒律不是理解为无相的，而是理解为有相的。佛教有很多教规，借此将佛教徒从非佛教徒中区分出来。但仅仅遵守外在的规定，并不能使人达到心灵的觉悟。相反，对于规则的被动服从也许只是成为一种空洞的无意义的行为。

第二，人们的禅定不是心灵的觉悟，而是身体的静坐。这种静坐以身体的修炼取代了心灵的开启，以空心无思、常坐不动置换了日常生活的随缘任运、来去自由。它实际上是一种对于身心的损害。只有当禅定和智慧结合的时候，它才能使人达到自性。

慧能批判了关于禅定的种种错误行为。"善知识！道须通流，何以却滞？心不住法，道即通流。心若住法，名为自缚。若言常坐不动是，只如舍利弗宴坐林中，却被维摩诘诃。

善知识！又有人教坐，看心观静，不动不起，从此置功。迷人不会，

便执成颠。如此者众。如是相教，故知大错。"（《定慧品》）

真正的禅定既非看心观静，也非不动。慧能说："此门坐禅，元不著心，亦不著净，亦不是不动。若言著心，心原是妄。知心如幻，故无所著也。若言著净，人性本净。由妄念故，盖覆真如，但无妄想，性自清净。起心著净，却生净妄。妄无处所，著者是妄。净无形相，却立净相，言是工夫。作此见者，障自本性，却被净缚。"（《坐禅品》）

第三，人们追求智慧时不向内求，而向外求。于是，一种对于智慧的追求变成了一种对于愚蠢的向往。慧能多次指出，佛即佛性或自性。因此，求佛不能向外，而要向内。但很多人却把佛性等同于佛的偶像，并把自性的觉悟误解为偶像的崇拜。同时，人们只是注重读经，相信由此可以获得无上菩提。但慧能认为，口念般若，不认自性般若，这是愚不是智。另外，对于般若口念心不行，不过是如幻如化、如露如电。

除了戒定慧之外，大乘佛教还主张有与小乘佛教所不同布施、忍辱和精进等，它们合称六度。其中，布施是六度之首。这是因为布施体现了大乘佛教普度众生的慈悲情怀。但慧能认为，造寺、度僧、布施、设斋只是修福，而不是修功德。"武帝心邪，不知正法，造寺度僧，布施设斋，名为求福，不可将福便为功德。功德在法身中，不在修福。"（《疑问品》）

那么什么是真正的功德？慧能强调："见性是功，平等是德。念念无滞，常见本性，真实妙用，名为功德。内心谦下是功，外行于礼是德。自性建立万法是功，心体离念是德。不离自性是功，应用无染是德。若觅功德法身，但依此作，是真功德。若修功德之人，心即不轻，常行普敬。心常轻人，吾我不断，即自无功。自性虚妄不实，即自无德，为吾我自大，常轻一切故。"（《疑问品》）慧能又说："念念无间是功，心行平直是德。自修性是功，自修身是德。"（《疑问品》）

修炼功德是修炼人的自性和自心。但人们往往将修福代替了功德。慧能的偈颂批评说：

"迷人修福不修道，只言修福便是道。

布施供养福无边，心中三恶元来造。

拟将修福欲灭罪，后世得福罪还在。

但向心中除罪缘，各自性中真忏悔。"（《忏悔品》）

修福主要是修善业，以求获得福报。修道是修心性，以求明心见性。修福和修道是两种不同的事情，但迷人错把修福当成了修道，而遗忘了修道。布施供养虽然也属于大乘的六度之一，但它只是修善业。当人希求福报的时候，他心中还怀有贪嗔痴三恶。修福无法消灭自己贪嗔痴。即使人通过修福获得了福报，但人依然还有罪恶。人要在心中除去贪嗔痴三毒，在自性中进行真正地忏悔。

修福之人并没有修炼人的心性，也就是没有修炼功德，故依然处于深重的迷误之中。"功德须自性内见，不是布施供养之所求也。是以福德与功德别，武帝不识真理，非我祖师有过。"（《疑问品》）

此外，慧能还批评了一些修佛过程中的著相的行为。"若著相于外，而作法求真，或广立道场，说有、无之过患，如是之人，累劫不可见性。"（《付嘱品》）这些行为无关于人的心性本身。它们不是显现心性，反而是遮蔽心性。

二、著空

慧能指出，自性的迷误不仅有外迷著相，而且有内迷著空。在修道的过程中，虽然人们能意识到一切有相的虚幻性，并克服对于它们的执着，但也会陷入另外一种情形之中，即执着于一种空洞的心灵。慧能说："又有迷人，空心静坐，百无所思，自称为大。此一辈人，不可与语，为邪见故。"（《般若品》）

著空之人错误地理解了正见和正知。有一法师指导人说："汝之本性，犹如虚空，了无一物可见，是名正见。无一物可知，是名真知。无有青黄长短，但见本源清净，觉体圆明，即名见性成佛，亦名如来知见。"（《机缘品》）

慧能认为，这种所谓本性虚空的思想仍然存在见知。它看起来虽空，但依然是一种有。据此，人并没有达到对于自性的觉悟。慧能以偈颂揭示了其虽言说空但执着有的实质：

"不见一法存无见，大似浮云遮日面。

不知一法守空知，还如太虚生闪电。

此之知见瞥然兴，错认何曾解方便。

汝当一念自知非，自己灵光常显现。"（《机缘品》）

慧能指出，虽然自性不见一法，但还存在无见的妄念，此无见遮住自性，就如同浮云遮住了太阳的光辉。虽然自性不知一法，但还守住空知的妄念，此空知障碍本性，就如同闪电闪耀在太空之中。这种无见和空知的妄念突然兴起，如果人们把它错认为是真实的知见的话，那么何曾理解了见性的方便法门？你要一念之间自己知道存无见和守空知是错误的，于是自己心性的灵光就会永远闪现。

著空之人的修道行为也是错误的。有一僧人的偈颂说：

"卧轮有伎俩，能断百思想。

对境心不起，菩提日日长。"（《机缘品》）

慧能认为，这一偈颂没明心地。人自性真空，但如不知真空就已经为迷误所束缚；同时，人用断思而求性空，则又为迷误所束缚。此为双倍束缚。针对此著空行为，慧能的偈颂说：

"慧能没伎俩，不断百思想。

对境心数起，菩提作么长。"（《机缘品》）

慧能声称他自己没有什么技能。这是因为佛在自性，无需技能。他自己不能断除各种思想。这是因为自性本来无思想，无需断思想。面对外境

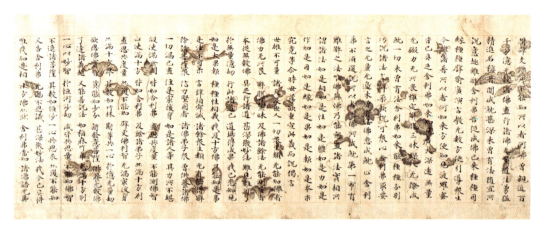

唐人《法华经》

心念数起。这是因为自性清净光明，能现万象。菩提智慧如何生长？这是因为菩提智慧不生不灭、不垢不净、不增不减。

另外，那些著空之人甚至反对文字，反对经文。这种极端的做法不仅否定了佛所言说的智慧，而且也自相矛盾，否定了自己任何言说的可能。慧能认为这不过是一种邪见而已，因为它并没有显现心性，而是遮蔽心性。慧能说："执空之人有谤经，直言不用文字。既云不用文字，人亦不合语言。只此语言，便是文字之相。又云直道不立文字，即此不立两字，亦是文字。见人所说，便即谤他言著文字。汝等须知，自迷犹可，又谤佛经。不要谤经，罪障无数。"（《付嘱品》）诸法实相空有不二。它虽不可言说，但人要言说此不可言说。只有在言说之中，此不可言说才能显示出来。同时，佛经作为诸法实相的言说，一方面源于不可言说的佛性智慧；另一方面能够开启这一不可言说的佛性智慧。

第 四 章　心的三无

　　人的迷误虽然有很多方面，但关键在于其迷念，也就是人自身心灵的迷失。针对这种情况，对于迷误的克服就不是借助其他什么方法，而只是依靠心灵自身消除心灵的迷失。

　　慧能指出："菩提般若之智，世人本自有之，只缘心迷，不能自悟。须假大善知识，示导见性。当知愚人智人，佛性本无差别，只缘迷误不同，所以有愚有智。"（《般若品》）虽然人人都有自性，但迷误的人没有发现它，所以是愚蠢人；反之，开悟的人获得了它，所以是智慧人。愚人之所以是愚人，是因为他不能自悟。当他要觉悟自性的时候，就必须借助于智者的开导，然后达到自己觉悟。

　　但那些迷误的人们如何才能真正觉悟呢？这唯有获得佛教的智慧。慧能说："摩诃般若波罗蜜最尊最上最第一，无住无往亦无来，三世诸佛从中出。当用大智慧，打破五蕴烦恼尘劳。如此修行，定成佛道。变三毒为戒定慧。"（《般若品》）此智慧就是心色如一和空有不二的智慧。它宛如利剑，空有双运，以空破有，以有破空。

　　慧能将此智慧法门表述为"无念"，并且认为是禅宗自己最基本的修行法门。这在于慧能将智慧的根本归结为心，而心的现实活动就是时时刻刻的心念。"我此法门，从一般若生八万四千智慧。何以故？为世人有八万四千尘劳。若无尘劳，智慧常现，不离自性。悟此法者，即是无念。无忆无著，不起诳妄，用自真如性，以智慧观照，于一切法，不取不舍，即是见性成佛道。"（《般若品》）尽管佛教法门众多，有八万四千种法门，

229

但也归一，只有不二法门。此不二法门就是佛教心色如一和空有不二的智慧。由此智慧生出八万四千种法门。

对于无念，慧能做了三个方面的具体规定，亦即"无念"、"无相"和"无住"。慧能说："我此法门，从上以来，先立无念为宗，无相为体，无住为本。"(《般若品》)所谓的"宗"、"体"和"本"虽然在语意上略有差异，但都具有相同的意味，是指事物的根本。无念、无相和无住同为禅宗修行法门，三者都具有一个共同的特性：否定。否定是让一个已经的存在者转变为其对立面，成为非存在者。作为一种心灵的否定活动，无念、无相和无住就是去掉心灵的已经的遮蔽，从而显示真实的自身，也就是让心灵获得智慧。虽然无念、无相和无住都具有否定的特性，但它们之间也有一定的差异。如果说无念重在心念，无相重在法相的话，那么无住则重在行为。

一、无念

无念是对于念的否定。但这首先必须承认人是有念的。心的现实活动是念，心即念。因此，无念不能被理解为没有心灵的活动，如同石头和植物一样，或者如同人们所说的心如死灰。这是对于无念的极大的误解。人作为一个有生命的存在在根本上也是一个具有心灵活动的存在，据此，人不可能为了达到心灵的无念而消除其心灵活动本身。慧能说："若只百物不思，念尽除却，一念绝即死，别处受生，是为大错。"(《定慧品》)这种无念不是心灵的觉悟或者新生，而是它的彻底死亡。

但人的念头有真念和妄念之分，也就是纯念和杂念。因此，无念也就具有两种不同的意义。当念是杂念的时候，无念就是否定这种念头；当念相反是纯念的时候，无念就是显示这种念头。当然，在慧能那里，无念更主要是在消除杂念的意义上说的。

于是，真正的无念不是离念和断念，而是于念而不念，在妄念中获得真念。慧能说："于诸境上心不染，曰无念。于自念上，常离诸境，不于境上生心。"（《定慧品》）这无非表明，无念虽然是心灵的活动，但它不执著于万物，也就是不被外物所遮蔽。在这一语境中，念是指被外物污染之念，而不是纯洁之念。无念就是要消除被外物污染之念，而达到纯洁之念。无念超出了善恶之念。"不思善，不思恶，正与么时，那个是明上座本来面目？"（《行由品》）这并非否定善恶的实际区分，而是强调心灵要远离善恶的对立。纯洁之念不仅要排除恶念，而且要排除善念。这在于一种善念也会导致其对立面恶念的出现。同时，人执着于善念也是一种邪念。故纯洁之念是非善非恶的。

无念不仅否定人的心灵的已有的杂念，而且它要人们不要生起未有的杂念。起念是在真如之念外另生杂念。它是心外生心，念外生念。慧能在此从妄净两个方面都否定了起心看心。人的心念是虚妄的，一旦起心看心，就会妄念产生；同时人的本性是清净的，一旦起心看心，也只会净外加妄。因此，关键是保持本性的清净，同时保持心灵回归到本性。

念与无念虽然在相上具有差异，但在性上却是同一的。它们都是真如自性的功用。真念和妄念都是同一个心念。真念是真如自性的显现，妄念是真如自性的遮蔽。无念不过是真念对于妄念的否定而已。这样，无念既是无邪之念，也是真如之念。"无者无何事，念者念何物？无者无二相，无诸尘劳之心；念者念真如本性，真如即是念之体，念即是真如之用。"（《定慧品》）无念是人的心念从妄念转向真念。在此，念和真如建立了一种内在的体用关系。一方面，真如不是无心灵的，而是有心灵的；另一方面，念不是杂念，而是纯念，也就是真如之念。

二、无相

无相则是对于相的否定。所谓的相就是与心灵相对的各种事物，包括心之外的各种境界。同时，相也是与性相对立的各种现象，它具有时空性，有生有灭。人容易为相所迷，而执着于相。被相所胶着也就是起相和住相。但所有相，皆是虚妄。相由心生，为人所造。

但实相无相。这在于缘起性空，缘起假有，自性真空。因此，人不可执着于相。

什么是无相？无相是对于实相的遮诠，亦即否定性的表达。它不是指彻底消灭相，而是指于相而离相。慧能说："外但离一切相，名为无相。但能离于相，即法体清净。"（《定慧品》）与此相应，所谓无相也包括了两方面的意义：一方面是不起相，另一方面是不住相。慧能不仅强调人们要克服对于境相的执著，而且认为自己所有的禅宗修行都是"无相行法"。这种无相一方面是由色回到心，另一方面是由有回到空。

三、无住

无住是对于住的否定。住是指人执著于诸法，并被它所束缚。同时，人在心念上系缚于前念、今念、后念。

但万法本来不住，人心亦本来不住。万法都是迁流不息的。诸行无常，诸法无我。一切法都是变化的，生住异灭。因此，人不可住法。《金刚经》强调了"应无所住而生其心"。

何为无住？慧能说："无住者，人之本性，于世间善恶好丑，乃至冤之与亲，言语触刺欺争之时，并将为空，不思酬害，念念之中，不思前境。若前念、今念、后念，念念相续不断，名为系缚。于诸法上，念念不住，即无缚也。"（《定慧品》）无住就是人摆脱对于心念的束缚，而达到自由。一旦人能达到心念的无住，便能瞬间体悟人的清净的本性。心不住法，道即流通。

无念、无相和无住作为禅宗的修行的法门在根本上是般若法。它唯一的目的就是为了明心见性，获得心色如一和空有不二的伟大智慧。慧能说："智慧观照，内外明彻，识自本心。若识本心，即本解脱。若得解脱，即是般若三昧。般若三昧，即是无念。何名无念？若见一切法，心不染著，是为无念。用即遍一切处，亦不著一切处。但净本心，使六识，出六门，于六尘中，无染无杂，来去自由，通用无滞，即是般若三昧，自在解脱。名无念行。"（《般若品》）

作为获得心色如一和空有不二的智慧法门，无念、无相和无住始终是空有双运的。一方面，念中无念、相中无相、住中无住；另一方面，无念不无念，无相不无相，无住不无住。在此，三无与三有是不二的。因此，无念、无相和无住的根本就是既不执著于色，也不执著于心；既不执著于有，也不执著于空。

作为智慧的法门，无念、无相和无住表现为禅定（三昧）。无念对应于般若三昧。基于般若智慧的缘起性空，无念就是无邪念，亦即无分别、无对立。但无念同时是念自性，念真如，念清净。无相对应于一相三昧。它不执著于一相。无住对应于一行三昧。它不停滞于一行。从无念、无相和无住的规定来看，慧能的法门在根本上定慧不二、定慧合一。

如果说"无念"主要是从否定方面而言，那么"开悟"则主要是从肯定方面而言。但无念自身就是开悟，开悟自身就是无念。这在于无念是去蔽，开悟是显示。但去蔽同时就是显示。慧能说："悟无念法者，万法尽通。悟无念法者，见诸佛境界。悟无念法者，至佛地位。"（《般若品》）诸法的实相就是无相，诸佛的境界就是空性。由此，人证得无上菩提的圣果：缘起性空，明心见性。慧能说："见性之人，立亦得，不立亦得，去来自由，无滞无碍，应用随作，应语随答，普见化身，不离自性，即得自在神通，游戏三昧，是名见性。"（《顿渐品》）明心见性获得了伟大智慧，无人无我，得大解脱，获大自在。

慧能的无念法实现了从迷悟到觉悟的根本转变。他说："著境生灭起，如水有波浪，即名为此岸。离境无生灭，如水常通流，即名为彼岸。"（《般若品》）于是，无念法作为禅宗的法门是从此岸到彼岸的大智慧。

这种转变只是发生在一念之间，也就是心的瞬间。因此，禅宗在本性上不是一种渐修法，而是一种顿悟法。"前念迷即凡夫，后念悟即佛。前念著境即烦恼，后念离境即菩提。"（《般若品》）顿悟不是理智，不是逻辑推理，而是直观，是直接呈露人与世界的本性。

禅宗的顿悟意味着，人不仅可以成佛，而且从凡夫到佛的提升的过程并不是一个漫长的修行过程，而是刹那间的事情。这样一种顿悟成佛说是对于佛教历史上关于成佛学说的一次根本性的革命。小乘佛教认为人通过修行只能证得阿罗汉果，达到个人的解脱。人不可能成为菩萨，更不可能成为佛。与此不同，大乘佛教以成佛为目的，自觉觉人。但菩萨的修行是一种渐修，并有着极为复杂的次第阶级。虽然它也承认顿悟，但它认为渐修始终是顿悟的基础，而顿悟只是发生在渐修的最后次第。有别于历史上的佛教，慧能的无念法是对于自性的顿悟，因此，"自性自悟，顿悟顿修，亦无渐次。"（《顿渐品》）这是心念的转变。这便为芸芸众生每时每刻的觉悟和成佛敞开了一条广阔而方便的道路。

第 五 章　自心佛与净土

一、佛

所谓的顿悟成佛实质上意味着人能即身成佛，也就是能肉身成道，成为肉身菩萨或肉身佛。成佛不是未来的事情，更不是死亡后的事情，而是现实的，且是此时此地当下的事情。当人自身成为佛的时候，那么所谓的佛自身的意义就需要重新理解和解释。

一般将修行者分为声闻、缘觉和菩萨三乘，另外还有最上乘的佛。但

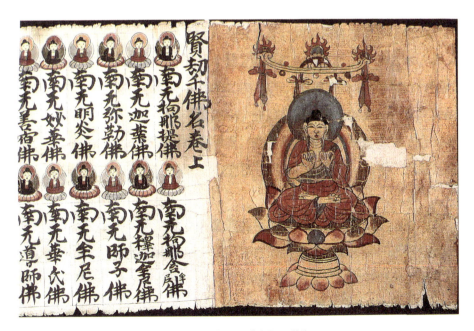

五代人《写贤劫千佛名经及彩绘》

论儒道禅

慧能认为，三乘只是方便说法，实际上唯有一佛乘。他说："诸三乘人，不能测佛智者，患在度量也。饶伊尽思共推，转加悬远。佛本为凡夫说，不为佛说。此理若不肯信者，从他退席。殊不知坐却白牛车，更于门外觅三车。况经义明向汝道，'唯一佛乘，无有余乘，若二、若三。'乃至无数方便，种种因缘，譬喻言词，是法皆为一佛乘故。汝何不省？三车是假，为昔时故。一乘是实，为今时故。只教汝去假归实，归实之后，实亦无名。应知所有珍财，尽属于汝，由汝受用。更不作父想，亦不作子想，亦无用想。"（《机缘品》）

佛法自身只有一种，亦即关于心色如一、空有不二的智慧。它并无四乘的区分：小乘、中乘、大乘和最上乘等。人们之所以将修行者区分为四乘，是因为他们对于佛法的修行的层次不同。慧能对弟子说："汝观自本心，莫著外法相。法无四乘，人心自有等差。见闻转诵是小乘。悟法解义是中乘。依法修行是大乘。万法尽通，万法俱备，一切不染，离诸法相，一无所得，名最上乘。乘是行义，不在口争。汝须自修，莫问吾也。一切时中，自性自如。"（《机缘品》）

因此，人并非天生只能达到某一果位。只要精进修行，人就一定能够成佛，亦即证悟诸法实相，证悟心色如一、空有不二。

慧能明确指出，众生即佛，佛即众生，生佛不二。他说："后代迷人，若识众生，即是佛性；若不识众生，万劫觅佛难逢。吾今教汝识自心众生，见自心佛性。欲求见佛，但识众生；只为众生迷佛，非是佛迷众生。自性若悟，众生是佛；自性若迷，佛是众生。自性平等，众生是佛；自性邪险，佛是众生。汝等心若险曲，即佛在众生中；一念平直，即是众生成佛。我心自有佛，自佛是真佛。自若无佛心，何处求真佛？汝等自心是佛，更莫狐疑。外无一物而能建立，皆是本心生万种法。"（《付嘱品》）生佛不二在于一心。

关于佛自身，大乘佛教认为佛有三身、即法身、报身、化身。法身是法性，是佛教真理亦即佛法凝聚而成的佛身，也是佛完全证入法性而与之无别的佛身；报身是指佛通过无量利己利人的善行而获得报答的相好庄严的佛身；化身或者应身是指佛为下化众生随各种机缘而变化显现的佛身。法身佛是毗卢遮那佛，报身佛是卢舍那佛，化身佛即应身佛是释迦牟尼佛。在佛教信仰中，三身佛往往被外在化。他们或者是一个神灵，或者是一个觉悟的人，或者是一个被雕刻的偶像。

但慧能认为，佛经所说的法、报、化三身佛不在人的心灵之外，而就在心灵之中。三身佛就是人的心灵的三种变化形态。他从自性即佛出发，对于三身佛予以了阐释。

第一，清净法身佛是人已经具有的自性。慧能说："何名清净法身佛？世人性本清净，万法从自性生。思量一切恶事，即生恶行。思量一切善事，即生善行。如是诸法，在自性中，如天常清，日月常明，为浮云盖覆，上明下暗。忽遇风吹云散，上下俱明，万象皆现。世人性常浮游，如彼天云。

善知识！智如日，慧如月。智慧常明，于外著境，被妄念浮云盖覆自性，不得明朗。若遇善知识，闻真正法，自除迷妄，内外明彻，于自性中，万法皆现。见性之人，亦复如是。此名清净法身佛。"（《忏悔品》）

与一般佛教一样，慧能认为佛的法身或者法性是清净的。但慧能的独特之处在于，他将佛的清净法身变成了世人的清净自性。法身就是自性。它一方面清净自足，另一方面却能生起万法。因此，法身在世人身上就会有显现和遮蔽。一旦去掉遮蔽，自性就会显示出来。

第二，圆满报身佛是自性的实现。慧能说："何名圆满报身？譬如一灯能除千年暗，一智能灭万年愚。莫思向前，已过不可得。常思于后，念念圆明。自见本性。善恶虽殊，本性无二。无二之性，名为实性。于实性中，不染善恶，此名圆满报身佛。自性起一念恶，灭万劫善因；自性起一念善，得恒沙恶尽。直至无上菩提，念念自见，不失本念，名为报身。"

论儒道禅

圆满报身佛并不是佛的修行所获得的相好庄严的报答，而是自性超出了善恶，显现了自身的不二本性，也就是自性的圆满实现。达到实性就是实现了佛性，亦即圆满报身佛。

第三，千百亿化身佛是自性的变化。慧能说："何名千百亿化身？若不思万法，性本如空。一念思量，名为变化。思量恶事，化为地狱。思念善事，化为天堂。毒害化为龙蛇。慈悲化为菩萨。智慧化为上界。愚痴化为下方。自性变化甚多，迷人不能省觉，念念起恶，常行恶道。回一念善，智慧即生。此名自性化身佛。"（《忏悔品》）

一般理解的化身佛是佛随机度人的各种形象，但慧能把他解释为由心念思量所呈现的去恶扬善的法相。心随善生善，随恶生恶。所谓千百亿化身佛不过是心在现实世界中的千万种变化而已。法虽然有善恶，但是心要去恶得善，且最后超出善恶。世人恶中生善，便是自性化身佛。

为了让人们更好地理解自性三身佛，慧能还作了更简明的解释。所谓清净法身是人的性；圆满报身是人的智，千百亿化身是人的行。同时，慧能对于三身佛之间的关系作了如下描述："法身本具，念念自性自见，即是报身佛。从报身思量，即是化身佛。"（《忏悔品》）人本有的自性就是法身佛；人明心见性就是报身佛；人自性思量万法就是化身佛。

人要成为佛首先要归依佛。但人不是归于外在佛，而是内在佛。人要归依自己。但人不是归依自己的色身，而是自己的自性。"色身是舍宅，不可言归。向者三身法，在自性中，世人总有。为自心迷，不见内性。外觅三身如来，不见自身中有三身佛。汝等听说，令汝等于自身中见自性有三身佛。此三身佛，从自性生，不从外得。"（《忏悔品》）三佛都在人的自性自身。他们不过是自性的不同的阶段和形态的表现而已。所谓归依三身佛就是归依自己的自性。这种归依的过程也就是人自己成为佛的过程。

自性归依也是自心归依。人要去掉心灵的无明而达到光明。"自心归依是归依自性，是归依真佛。自归依者，除却自性中不善心、嫉妒心、谄曲心、吾我心、诳妄心、轻人心、慢他心、邪见心、贡高心及一切时中不善之行。常自见己过，不说他人好恶，是自归依。常须下心，普行恭敬，即是见性通达，更无滞碍，是自归依。"(《忏悔品》)

慧能不仅说明了佛的三身，而且还揭示了佛的四智。

印度的瑜伽行派和中国的唯识宗认为，万法唯识。但人的烦恼八识借助修行可以转化成佛的四种智慧。前五识（眼耳鼻舌身）转成任运无碍的"成所作智"，第六识（意识）转成毫无分别的"妙观察智"，第七识（末那识）转成视诸法没有高下的"平等性智"，第八识（阿赖耶识）转成清净圆明的"大圆镜智"。通过转识成智，人便证得了佛果。但唯识宗转识成智的过程有着循序渐进的次第。它首先必先去掉外法而归识，然后转识而成智。

但慧能所理解的佛的四智如同佛的三身一样，都是人的自性的不同显现。他说："自性具三身，发明成四智。"(《机缘品》)如果离开了自性的话，那么所谓佛的三身就是有身无智。"若离本性，别说三身，即名有身无智。若悟三身无有自性，即名四智菩提。"(《机缘品》)如果离开了自性的话，那么所谓的佛的四智也会是有智无身。"若离三身，别谈四智。此名有智无身。即此有智，还成无智。"(《机缘品》)佛的三身四智都立于人的自性之中。

关于四智本身，慧能说：

"大圆镜智性清净，平等性智心无病。

妙观察智见非功，成所作智同圆镜。

五八六七果因转，但用名言无实性。

若于转处不留情，繁兴永处那伽定。"(《机缘品》)

慧能认为，第八识阿赖耶识转为大圆镜智时，它离开了污染，自性清静，洞照万法。作为佛智，它如同大圆镜映现了诸法实相，亦即心色如

论儒道禅

一，空有不二。第七识末那识转为平等性智时，它破除了我执和法执，没有爱憎，消除心病，达到万法无滞，众生平等。第六识意识转为妙观察智时，它能善分别诸法的自相和共相，但不起妄想。虽然观察明了，但不涉计度，不假功成。前五识眼耳鼻色身转为成所作智时，它们能随物应用，成其所作。成所作智如同大圆镜智一样，都是人在成佛之后的后得智。前五识和第八识都是在果地上转，只有在人成佛之后才有成所作智和大圆镜智；第六识和第七识都是在因地上转，在未成佛之前就能获得妙观察智和平等性智。虽然六识和七识是在因地中转，前五识和第八识是在果地上转，但这只是转其名，而不转其实。其实性就是自心和自性。它迷则为识，悟则成智。转处是转识成智之处，也就是转迷为悟之处。在转处绝不退转，亦即毫不留情。虽然外境复杂多变，但自心和自性大定。

四智虽然彼此具有差异，但它们在最根本上却是清净无病的自性本身。同时，人获得佛的四智并非是由外到内、由浅入深的过程，而是超然顿悟、豁然开朗的瞬间。

二、净土

对于禅宗而言，在人自身成为佛的同时，世界也成为净土。

净土是纯净的国度，是极乐的世界。它一方面是菩萨自身修行所得的报土，另一方面是佛为普度众生所现的化土。中国的净土崇拜有多种，但主要是相信西方净土，也就是弥陀净土。但此净土存在于远离现实世界的遥远的西方。人们必须一心不乱地持诵"南无阿弥陀佛"，也就是归依无量光佛、无量寿佛。在临终时能受到阿弥陀佛的接引，而往生西方净土。这种净土不仅就其自身的存在及其方位而言是有相的，而且就其与现实世界的距离也是有相的。同时，人生活在净土不是生前的事情，而是死后的事情。

慧能对于西方净土进行了新的阐释。慧能认为，西方净土的远近在于人心。迷误者信其遥远，觉悟者知其亲近。"世尊在舍卫城中，说西方引化经文，分明去此不远。若论相说，里数有十万八千，即身中十恶八邪，便是说远。说远，为其下根；说近，为其上智。

人有两种，法无两般。迷悟有殊，见有迟疾。迷人念佛，求生于彼；悟人自净其心。所以佛言：随其心净，即佛土净。"（《疑问品》）

慧能指出，关键不在于东方西方，而在于心净或不净。"使君！东方人，但心净即无罪。虽西方人，心不净亦有愆。东方人造罪，念佛求生西方；西方人造罪，念佛求生何国？

凡愚不了自性，不识身中净土，愿东愿西，悟人在处一般。所以佛言：随所住处恒安乐。使君！心地但无不善，西方去此不遥。若怀不善之心，念佛往生难到。今劝善知识，先除十恶，即行十万；后除八邪，乃过八千。念念见性，常行平直，到如弹指，便睹弥陀。

使君！但行十善，何须更愿往生。不断十恶之心，何佛即来迎请？若悟无生顿法，见西方只在刹那。不悟，念佛求生，路遥如何得达？"（《疑问品》）

慧能强调净土就存在于人的自性与自心中。他揭示了人的身心："世人自色身是城，眼耳鼻舌是门。外有五门，内有意门。心是地，性是王。王居心地上。性在王在，性去王无。性在身心存，性去身心坏。佛向性中作，莫向身外求。"（《疑问品》）

慧能把佛教世界中的诸佛众生转化成种种不同的心法，其中有善有恶。"自性迷即是众生，自性觉即是佛。慈悲即是观音。喜舍名为势至。能净即释迦。平直即弥陀。人我是须弥。邪心是海水。烦恼是波浪。毒害是恶龙。虚妄是鬼神。尘劳是鱼鳖。贪嗔是地狱。愚痴是畜生。"（《疑问品》）

慧能坚信，如果人扬善去恶的话，那么就能修成自性净土。"常行十

论儒道禅

善，天堂便至。除人我，须弥到。去邪心，海水竭。烦恼无，波浪灭。毒害除，鱼龙绝。自心地上觉性如来，放大光明。外照六门清净，能破六欲诸天。自性内照，三毒即除。地狱等罪，一时消灭。内外明彻，不异西方。不作此修，如何到彼？"（《疑问品》）

慧能的净土不是有相的，而是无相的，也就是唯心净土。他认为，净土既不存在于与东方不同的西方，也存在于与现实世界相距甚远的国土。所谓的净土和秽土一样都存在于人的心灵自身。因此，当人们渴求生存于净土的时候，就必须回到人自身，自净其心。随其心净则佛土净。直心是道场，直心是净土。当人的心灵净化之后，人所生活的现实的世界也就成为一个净土。人居住于此，并感到了安乐。根据慧能这种心灵化的解释，净土就是此地，生存于净土就是此时。人也就能够即身成佛。

三、世间出世间

慧能的禅学主张生佛不二，世间出世不二。即世间而出世间，出世间而即世间。他的偈颂说：

"世人若修道，一切尽不妨。

常自见己过，与道即相当。

色类自有道，各不相妨恼。

离道别觅道，终身不见道。

波波度一生，到头还自懊。

欲得见真道，行正即是道。

自若无道心，暗行不见道。

若真修道人，不见世间过。

若见他人非，自非却是左。

他非我不非，我非自有过。

但自却非心，打除烦恼破。

憎爱不关心，长伸两脚卧。

欲拟化他人，自须有方便。

勿令彼有疑，即是自性现。

佛法在世间，不离世间觉。

离世觅菩提，恰如求兔角。

正见名出世，邪见名世间。

邪正尽打却，菩提性宛然。"（《般若品》）

慧能认为，人们修成佛之道，既不是自然之道（道家），也不是社会之道（儒家），而是心灵觉悟之道。其关键是明心见性，觉悟人和世界的真理。因此，这并不妨碍人们在世界中的一切活动。如果修道就是明心见性的话，那么就要觉察自己的过错，也就是妄念。只有消除了妄念，人才能获得正念，而达到道。世界中种种色身，亦即一切众生各有自己的道，亦即自己的本性。它们互不妨碍，互不惹恼。道就在世界的众生之中。假使人们离开了众生之道而寻觅其他的道的话，那么人们永远走的是邪道，而见不到道。人的心灵奔波，四处攀缘，这只是行走在邪道上。如此与道无缘的一生就是荒废了，而人只有懊恼。人从邪道走向真道，就是去除妄想，回归真心。这是走在正路上，是真正的修道。假若人无道心，也就是无觉悟之心的话，那么他就没有光明，而只能在黑暗中行走，而看不见道。真正的修道之人消除了自己的虚妄之心，因此也就不会看到世间的过错。假若人看到他人有非，就是自己有非。将他人之非转变成自己之非，这是错误的。他人之非是他人之非，不是我之非。这在他人，而不在我。但我将他人之非以为是非，这就不是他人之非，而是我之非。人除去了非人之心，就可以消除自己的妄心，而打破烦恼了。人无憎无爱，也就是无善无恶，自然无烦恼，得清净，自由自在。假若人要度化他人的话，那么他自己就要明心见性。他不仅要有道，有智慧，而且要有术，有方便。度

论儒道禅

化他人就是去除疑惑，而同时就是显露自性。因为佛法就是关于人与世界的智慧，所以要在世界之中寻找佛法。假若人离开世界去寻找菩提智慧的话，那么这就是在寻找一种根本不存在的东西，如同兔子的角一样。这是完全不可能的。正见是佛的知见，即般若智慧。它是觉悟的出世；邪见是非佛的知见，即愚痴见解。它是迷误的世间。正邪是相对的、对立的。当

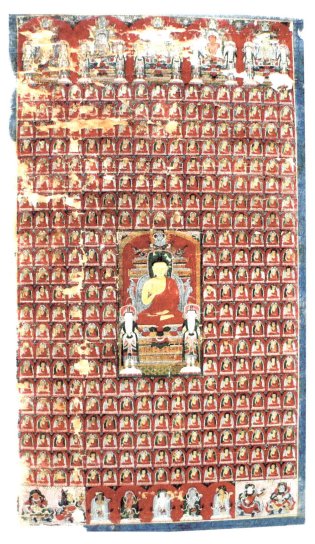

唐人彩绘《千佛像》

正见消除了邪见之后，正见也要消除。此时正是菩提自性显现之时。

基于世间出世不二，慧能认为佛教的修行在家出家都行。"若欲修行，在家亦得，不由在寺。在家能行，如东方人心善。在寺不修，如西方人心恶。但心清净，即是自性西方。"（《疑问品》）他的偈颂说：

"心平何劳持戒，行直何用修禅。

恩则孝养父母，义则上下相怜。

让则尊卑和睦，忍则众恶无喧。

若能钻木出火，淤泥定生红莲。

苦口的是良药，逆耳必是忠言。

改过必生智慧，护短心内非贤。

日用常行饶益，成道非由施钱。

菩提只向心觅，何劳向外求玄。

听说依此修行，西方只在目前。"（《疑问品》）

慧能所说的心平不是日常所言的心平气和，而是自性清净心。心平就会沿道而行，行善去恶，因此无需持戒。他所说的行直不是日常所言的行为正直，而是自性般若行。行直就会去除妄念，一心不乱，因此无需修禅。有感恩之心就会孝养父母。有仁义之心就会怜爱他人。礼让他人则尊卑有序，和谐共存。忍受耻辱则不思报复，冤仇有尽。精进修行，奋斗不息，必能明心见性。烦恼定生菩提，众生定能成佛。良药虽然苦口，但能治疗疾病。忠言虽然逆耳，但有利于人行。改掉过错，就是改掉愚迷，因此能生智慧。保护短处，就是保护恶行，因此并非贤良。在日常生活中要利益众生，也就是爱众生。布施钱财无法成道，甚至可能障道。获得菩提智慧只能寻找内在，明心见性。向外寻找菩提智慧只是徒劳。听见性法，说见性法，并能依照见性法修行，就能见到西方天堂。这是因为真正的西方天堂不是某种其他的西方天堂，而就是自性西方天堂。

第 六 章 禅与当代智慧

一、禅的边界

作为亲证的智慧，禅宗亲证诸法实相，也就是亲证人与世界存在的终极真理。这个真理就是心色如一，空有不二。但这同时也是禅宗的边界。

禅宗虽然强调心色如一，但实际上重心不重色，重精神不重物质。因此，禅宗是心灵的宗教。它认为，世界万法为心灵所显现、所生成和所变化。正如佛经所说，心生则种种法生，心灭则种种法灭。既然心灵是世界的规定者，那么关键的问题就不在于物质，而在于精神。长久以来，禅宗就囿于心灵自身，并因此与世界脱节。这样一种心灵就变得空洞、萎缩而无能，甚至死亡。

禅宗虽然强调空有不二，但实际上重空不重有，重变化不重静止。因此禅宗是空性的宗教。它认为，世界万法是无常和无我的，也就是没有永恒不变和固定的本质。于是，它轻视了世界万物相对的常性和我性，而否定了事物自身存在的意义。这样就会导致人们看破红尘和遁入空门，也就是不能直面人生而逃避世界。在这种情况下，所谓空性的思想蜕变成了一种虚无主义和颓废主义。

最为根本的是，禅宗轻视了现实存在和生活。人生活在天地之间，人与他人共在，人同时也开辟了心灵空间。这就是人存在的真相或真理。禅宗和佛教所说的心色如一、空有不二必须置于在现实世界之中。只有在现实存在中，心灵才能真正显示、生成和变化万物；也只有在现实存在中，常和无常、我和无我才能相互转化和统一。因此可以说，人的现实存在才是心色如一、空有不二的真正基础。

二、当代现实与思想

作为智慧，禅宗在历史上显示了其伟大的生命力。但禅宗也应该与时俱进，面对当代世界的问题，开辟新的思想道路。

当代世界暴露了许多问题。

首先，是生态危机。大自然自身的生态保持着自身的本性，走着自身的道路，一直生生不息。但人类现在破坏了自然，导致了生态危机。天不再是蓝色的天，地不再是纯净的地。空气污染，河水断流，植物死亡，动物绝种。这些都直接和间接地毁坏了人在天地间的家园，伤害了人的生存。

其次，是社会矛盾。社会是人的生命共同体，每一个个体只能在社会中才能得到真正全面自由的发展。但现在世界上各种不完美的制度设计限制和阻碍了个体的生存。同时，社会阶层之间的不平等引发了阶层之间的矛盾和冲突。因此，这个世界还有很多痛苦和悲伤，甚至还有仇恨和战争。人们向往一个更加美好的世界。

再次，是心灵迷误。心灵是人的存在的指引的明灯。一个光明的心灵能引导人行走在正确的大道上。但当代人的心灵出现了许多病症，其主要有虚无主义、技术主义和享乐主义。所谓虚无主义是指存在缺少基础，没有根据和目的；所谓技术主义是指技术控制了人与万物；所谓享乐主义是指人不断满足和刺激自己的欲望，欲望无限，所欲无限。

在这样的时代里，人们都在寻找解决问题的思想方案。这些方案很多，但主要可分为法律、道德和宗教三个方面。

首先，是法律方案。法律就是规则，规定人的存在、思想和语言。法律包括了允许和禁止两个方面，人们能做什么和不能做什么，也就是哪些必须是存在的，哪些必须是不存在的。当然，法律本身就是正义的代名词。合乎正义的法律是良法，否则就是恶法。目前无论是在国际上，还是在国家内，人们都要求有法可依和有法必依。根据正义的原则，人们立法、废法和修法。

其次，是道德方案。法律方案只是一个最低的道德方案，为道德方案提供了一个基础。因此，人们力求在法律方案的基础上建立道德方案。人不仅要成为一个法律人，而且要成为一个道德人。道德一方面是内在的良知，另一方面是外在的伦理。它们构成了人内外两方面的规范。人们不仅力图重建传统道德为现代人的生存提供指引，如儒家的仁、义、礼、智、信，而且要为新的社会现象确定边界，如生命伦理学等。

再次，是宗教方案。宗教一向被认为是关于世界最根本的真理的信仰，也就是关于神的信仰。千百年来，基督教、伊斯兰教、印度教和道教塑造了不同的文化和民众，世界不同的文明形态基本上是不同的宗教形态。当代的宗教仍然有其不可忽视的强大的生命力。虽然不同宗教之间存在着差异和冲突，但也出现了对话和沟通。许多宗教都力图与时代同步。

三、新禅宗智慧

作为无神的宗教，禅宗也应该提出自己独特的方案，说出新的智慧话语。

如前所述，禅宗智慧的核心虽然是心色如一和空有不二，但实际上是重心而轻色，重空而轻有。同时，心色如一和空有不二没有一个真正的现实基础。针对这种情况，新的禅宗智慧应该将心色如一和空有不二置于人的现实生活和存在之中，完成以心造色和凭空化有。

所谓以心造色就是以心改造和创造世界。禅宗所亲证的诸法实相虽然不可思议，但要思议此不可思议；虽然不可言说，但要言说此不可言说。由此，将现实的不存在转换成存在。鉴于此，禅宗必须越过自身心灵的边界走向语言和存在。因此，当代不仅要有心灵禅，而且要有语言禅和存在禅，让禅的智慧之光彻照人的心灵、语言和存在。

所谓凭空化有就是凭空转化和升华实有。禅宗不仅要意识到实有是无常和无我的，而且要用无常和无我来改变实有。这就是说，一方面，万物缘起而性空，另一方面，万物性空而缘起。由此，人们除去世界的恶，兴起世界的善，让一个不美好的世界变得美好，让一个美好的世界变得更美好。

这样一种新的禅宗的智慧将赋予禅宗新的名字：存在禅。它不仅只是人的心灵的智慧，而且也是包括了心灵、语言和存在的智慧。事实上，人的现实生活就是心灵、语言和存在不可分割的统一体。在这样一个统一体中，欲望、技术和大道从事着生生不息的游戏活动。人在此游戏中成为人。新的禅宗智慧将为欲望、技术和大道的游戏提供新的指引。

第一，存在禅给欲望划分边界。人天生有欲望，人活着就是满足自己的欲望。在享乐主义的时代里，人们追求的就是欲望的无限性。禅既不放纵欲望，也不禁止欲望，而是行走中道。

第二，存在禅给技术划分边界。人要依靠技术，也就是工具和手段实现自己的欲望。在技术主义的时代里，技术不仅控制了自然，而且控制了人自身的存在、思想和语言。禅宗既不崇拜技术，也不否定技术，而是让技术能保护人存在的基础。

第三，存在禅让心灵之道走向存在之道。所谓大道就是智慧，是关于人存在的真理。人在大道的指引下，使用技术，满足欲望，建立自己的生活世界。在虚无主义的时代，大道隐去，真理遮蔽。西方是上帝死亡，中国是天道衰微。禅作为无神的宗教能成为新的大道。存在禅不仅是心灵的，而且是语言的，更是存在的。它结合儒家的社会之道和道家的自然之道，最终所实现的既身心合一，也人我合一，且天人合一。

由此，佛教和禅宗的戒定慧三学在世界的欲望、技术和大道的游戏的视野中获得了新的意义。在欲望方面，它不再只是相关于个人身语意的戒律，而是相关于人类欲望的有限和无限；在技术方面，它不再只是限于个人身心专注的训练，而是扩大到一切维系人类与自然存在的工具与手段；在大道方面，它不再只是心灵的智慧，而是人与世界存在的真理。

存在禅开辟的是一条光明的通天大道。

参考文献

一、关于《论语》

1. 何晏集解，邢昺疏：《论语注疏》，载阮元校刻：《十三经注疏》，北京：中华书局，1980 年。

2. 朱熹：《四书章句集注》，北京：中华书局，1983 年。

3. 刘宝楠：《论语正义》，北京：中华书局，1990 年。

4. 杨伯峻：《论语译注》，北京：中华书局，1980 年。

5. 钱穆：《论语新解》，北京：九州出版社，2011 年。

6. 李泽厚：《论语今读》，北京：三联书店，2004 年。

7. Arthur Waley（tr.），*The Analects*，北京：外语教学与研究出版社，1998 年。

二、关于《道德经》

1. 陈鼓应：《老子注译及评价》，北京：中华书局，1984 年。

2. 丁四新：《郭店楚竹书〈老子〉校注》，武汉：武汉大学出版社，2010 年。

3. 傅奕：《道德经古本》，载《正统道藏》。

4. 高明：《帛书老子校注》，北京：中华书局，1996 年。

5. 河上公：《老子道德经河上公章句》，北京：中华书局，1993 年。

6. 王弼:《王弼集校释》,北京:中华书局,1980 年。

7. 瓦格纳:《王弼〈老子注〉研究》,南京:江苏人民出版社,2008 年。

8. 夏瑞春:《德国思想家论中国》,南京:江苏人民出版社,1997 年。

9. Mitchell, Stephen (tr.), *Tao Te Ching*, New York, Harper & Row, 1988.

10. Schwarz, Ernst (tr.), *Daudedsching*, Muenchen, Deutscher Taschenbuch Verlag, 1998.

11. Star, Jonathan (tr.), *Tao Te Ching*, Jeremy P. Tarcher/Penguin, 2008.

12. Ular, Alexander (tr.), *Die Bahn und der rechte Weg*, Leipzig, Insel-Verlag, 1920.

13. Ulenbrook, Jan (tr.), *Lau Dse, Dao doe Djing Das Buch vom Rechten Wege und von der Rechten Gesinnung*, Bremen, Carl Schueneman Verlag, 1962.

14. Von Strauss, Victor (tr.), *Lao-tse's Tao Te King*, Leipzig, Verlag der "Asia Major", 1924.

15. Waley, Arthur (tr.), *Tao Te Ching*, 北京:外语教学与研究出版社, 1998 年。

16. Wilhelm, Richard (tr.), *Tao Te King*, Hamburg, Nikol Verlag, 2010.

三、关于《坛经》

1. [美] 比尔·波特:《六祖坛经解读》,海口:南海出版公司,2012 年。

2. 丁福宝:《佛学精要辞典》,北京:宗教文化出版社,1999 年。

3. 丁福宝:《六祖坛经笺注》,北京:国际文化出版公司,2014 年。

4. 杜继文等:《中国禅宗通史》,南京:江苏人民出版社,2007 年。

5. 郭朋：《坛经校释》，北京：中华书局，1983 年。

6. ［日］忽滑古快天：《中国禅学思想史》，上海：上海古籍出版社，2002 年。

7. 吕澄：《中国佛教教源流略讲》，北京：中华书局，1979 年。

8. 麻天祥：《中国禅宗思想发展史》，武汉：武汉大学出版社，2007 年。

9. 普济：《五灯会元》，北京：中华书局，1984 年。

10. 释明生：《六祖坛经研究集成》，北京：金城出版社，2012 年。

11. 太虚：《太虚大师全书》，北京：宗教文化出版社，2004 年。

12. 汤用彤：《隋唐佛教史稿》，武汉：武汉大学出版社，2008 年。

13. 王儒童：《〈坛经〉诸本集成》，北京：宗教文化出版社，2014 年。

14. 印顺：《中国禅宗史》，南昌：江西人民出版社，1999 年。

15. 杨曾文：《唐五代禅宗史》，北京：中国社会科学出版社，1999 年。

16. ［日］织田得能：《佛学大辞典》，北京：中国书店出版社，2011 年。

17. Wing-tsit Chan（tr.），*The platform scripture*，NewYork：St. John's University Press.

后 记

　　本书的出版主要归功于人民出版社的洪琼先生，他的友好和睿智的建言激发了我实行关于本书的计划。同时，我要感谢武汉的赵发所先生，他是我所遇的中国最有智慧的农民，他一直支持了我的思想研究。本书的出版也得益于下列友人：武汉的张华女士，她组织我参观了孔子故里；北京的张永恒先生，他帮助我考察了老子从周口鹿邑到函谷关的路程；广州的江黎明先生，他安排我追寻了慧能的足迹。武汉的彭国进先生、桑建新先生、杨凯军先生、雷利平女士、张凡枝女士、徐忠玉先生、姚海泉先生、荣先明先生、彭卫国先生和肖世孟先生等也以不同方式对此书有所贡献。

彭富春

2018 年 10 月 15 日